분단과 경제의 재구성

한국경제의 운영원리

분단과 경제의 재구성
:한국경제의 운영원리

초판 1쇄 발행 2023년 4월 28일
초판 2쇄 발행 2023년 12월 15일

지은이 ㅣ 신용옥
펴낸이 ㅣ 윤관백
펴낸곳 ㅣ 선인

등 록 ㅣ 제5-77호(1998.11.4)
주 소 ㅣ 서울시 양천구 남부순환로 48길 1, 1층
전 화 ㅣ 02) 718-6252 / 6257
팩 스 ㅣ 02) 718-6253
E-mail ㅣ sunin72@chol.com

정가 20,000원

ISBN 979-11-6068-811-5 93910

· 잘못된 책은 바꿔 드립니다.
· www.suninbook.com

* 이 저서는 2014년 대한민국 교육부와 한국학중앙연구원(한국학진흥사업단)의
  한국학총서사업의 지원을 받아 수행된 연구임(AKS-2014-KSS-1210001)

근현대 한국인의 경제적 상상 3

분단과 경제의 재구성

한국경제의 운영원리

신용옥 지음

'근현대 한국인의 경제적 질서관념'이란 주제는 아직 한국근현대사 연구자들에게는 매우 낯선 것이라고 할 수 있다. 누구누구의 경제 사상, 경제 개혁론을 다룬 수많은 연구들이 나와 있지만, '질서관념'이란 어휘가 일반적으로 사용되지는 않았다. 대한제국 정부, 조선총독부, 호조, 탁지부, 김홍집 등 특정한 주어를 중심에 두고 서술했던 기존의 역사 서술 관점에서는 아마도 쉽게 용납할 수 없는 용어일 것이다. '질서관념'이란 표현에는 특정한 주어가 생략되어 있기 때문이다.

질서관념은 특정 시대, 특정한 공동체가 공유하는, 그렇기 때문에 공동체 구성원의 행위를 지배하는 생각들이다. 특정인의 생각이 아니라 그 생각들이 서로 연결, 대립, 중첩되면서 특정한 질서관념을 형성하는 것이다. 그리고 이러한 생각은 객관적이고 과학적인 지식들이 결합되고, 오랫동안 공유와 중첩의 과정이 반복되면서 형성되기 때문에 사람들은 이것을 당연하게 여긴다. 질서관념은 또한 지식에 의해 사실 또는 진실로 확증되는 과정을 거치면서 형성되었기 때문에 의심과 비판에서 빗겨나 있는 경우가 많다.

다소 모호하고 생소한 개념을 통해 근현대 시기 한국인이 경제문제를 어떻게 생각해 왔는가를 연구하겠다고 생각한 것은 한국경제가 저성장시대로 접어들면서 경제를 바라보는 기존의 패러다임이 전환되고 있고, 또 전환되어야 한다고 생각했기 때문이다. 현재 경제문제를 바라보는 생각들을 의심하고 비판하지 않으면 안 된다고 생각했다.

일반적으로 '시장의 자유'라고 할 때 우리는 먼저 사유재산의 자유로운 처분, 거래와 투자의 자유를 떠올리면서도 노동력이 유일한 재산인 노동자가 노동력을 자유롭게 판매할 자유, 소비자가 상품을 자유롭게 구매할 자유를 먼저 떠올리지는 않는다. 또 '경제 발전'이라고 할 때 우리는 먼저 국내총생산, 1인당 국민소득, 무역수지 등의 상승을 떠올리고, 그러한 상승이 개인의 경제적 이익을 증대시킬 것이라고 생각한다. 그러나 1인당 국민소득이 1만 달러였던 1995년보다 3만 달러가 넘은 지금이 먹고 살기 더 힘들어졌다고 이야기하는 사람들이 많다. 청년 취업도 지금이 더 어렵다. 그렇다면 과연 1인당 국민소득이 4만 달러로 올라간다면 지금보다 상황이 더 나아질 수 있을까? 지금 우리는 당연하게 여겼던 생각들이 변화하고 있고 또 변화하지 않으면 안 되는 지점에 서 있다고 할 수 있다.

역사학 연구자로서 경제에 대한 현재의 관념들이 어떻게 만들어졌는지를 탐색한다면 적어도 현재 상식화된 우리들의 관념을 역사화하고 객관화할 수 있는 일정한 거리를 확보할 수 있다고 생각했다. 이에 우리 세 사람은 2014년 한국학중앙연구원 한국학진흥사업단의 한국학총서지원 사업의 도움을 받아 1876년 개항에서 최근까지 경제와 연관된 질서관념에 대한 한국인의 생각을 고찰해보기로 했다.

제1권은 개항부터 1910년대까지, 제2권은 1910년대부터 해방까지, 제

3권은 대한민국 수립부터 노무현정부까지를 대상으로 하고, 경제, 시장, 노동 등을 키워드로 지식인의 저작, 신문과 잡지 등을 통해 유통되었던 경제 담론을 분석했다. 공동연구를 지원해준 한국학중앙연구원의 한국학진흥사업단, 이 책의 출판에 기꺼이 응해주신 선인의 윤관백 사장님, 그리고 거친 원고를 편집하느라 수고하신 선인의 편집부 분들께 감사드린다.

도면회 · 김윤희 · 신용옥

차 례

.
.

서론

서론
.

.

 제2차 세계대전을 거치면서 이데올로기나 정치적 신념에 관계없이 파시즘에 반대하는 모든 세력이 국민전선으로 통합되었고 자본주의체제와 사회주의체제는 연합전선을 형성하게 되었다. 종전 후 1947년 트루먼 독트린(Truman Doctrine)으로 촉발된 냉전은 세계자본주의와 자유주의 사회의 불확실한 미래를 의식한 미국의 생각에 기반하고 있었고, 전쟁을 통해 국제적 강대국으로 성장했지만 고갈되고 가난해 진 소련 역시 자신의 불안정한 지위를 방어하기 위해 미국에 비타협적인 전략으로 대응하면서 나타난 결과였다.

 대공황을 거치면서 자유방임의 전통적인 자유주의 질서에 대한 믿음은 사라졌고, 전후 각국의 경제는 그 질서로 되돌아가지 않았다. 더욱이 파시즘을 야기한 대공황의 경험으로 전후 각국의 경제질서 구상은 체제 안정을 위해 노동권의 개념을 포함해야 했다. 자본주의가 대공황을 거치는 동안 이에 대비되는 눈부신 발전을 보인 소련의 계획경제는 물론이거니와, 전후 각국의 자본주의 경제 역시 정부의 적극적인 개입만이 자유시장경제에 안정을 가져올 수 있다고 생각했다. 바야흐로 경제에 대한 정부의 적극적 개입은 세계적 조류가 되어 갔다. 시장경제와 자유경쟁에 반대하지는 않았지만 자본주의경제는 수요와 고용의 낮은 균형보다는 높은 균형에서 보다 잘 작동한다고 생각한 케인즈(J.M. Keynes)의 이론은 전후 혼합경제의 발전에 결정적인 역할을 했다. 더욱이 경제에 대한 정부의 적극적인 개입은 전후에 경제성장 이론으로 확장되어 많은 자본주의 국가들은 더 빠른 초고도 성장을 지향하게 되었으며 경제계획을 세우는 것도 흔한 일이 되었다.

전후에 식민지 혹은 반식민지 상태에서 해방된 국가들은 세계시장에 수출하는 1차 산품 생산국으로는 발전할 수 없다는 사실이 대공황 이후 더 명백해지면서 공업화를 통해 농업사회의 후진성을 벗어나고자 했으며, 이는 중앙계획식 소련형 모델이든 수입대체산업화를 통해서든 정부의 활동과 정부의 통제를 필요로 했다. 더욱이 이들 국가들의 민족주의와 반제국주의는 구 제국에 덜 의존적인 정책을 요구해 비동맹 중립주의의 '제3세계'를 형성하는 바탕이 되었다.

1945년 8월 15일 조선의 '해방'은 근대 국민국가를 수립하고 그 경제적 기초를 마련해 독립국가의 면모를 가능하게 하는 재생산구조를 확립해야 할 과제를 함께 제기했다. 그러나 식민지시대를 거치면서 반파시즘과 반제국주의 민족해방의 과제가 일치했던 조선의 '해방'은 반파시즘의 반일(反日) 민족주의에서 비롯된 생산수단의 사회적 통제 지향이 공산주의 계획경제의 반제국주의 지향과 결합되거나 분화되는 가운데 하나의 뚜렷한 민족사회의 정형을 만들어내지 못한 채 남북 분단으로 귀결되었다.

근대적인 국민경제를 형성하는데 실패한 후 식민지 경제체제하에서 더욱 촉진된 한국경제의 후진성은 분단으로 경제구조가 양단되면서 한층 심화되었다. 대한민국정부 수립과 함께 제공되기 시작한 미국의 원조는 6·25전쟁 이후 본격화되면서 한국경제구조의 골격을 형성해 갔으며, 1960년대 이후에는 차관 공여와 세계경제에서 차지하는 자신의 정치군사적 경제적 지위를 바탕으로 미국은 한국경제에 큰 영향을 미쳤다. 이 과정에서 한국 정부와 미국 정부는 동아시아 냉전질서에 대한 각자의 이해를 반영하면서 자립경제의 토대를 구축하고 경제를 발전시키기 위한 경로와 방법을 둘러싸고 한편으로는 갈등을 노정하고 다른 한편으로는 반공과 승공이라는 공동의 목표를 추구해 갔다.

한국 역시 '제3세계'의 다른 신생국들처럼 급속한 공업화를 통해 전근대적인 농업사회의 후진성을 벗어나고자 했지만, 분단과 6·25전쟁은 '제3세계'와 다른 한국의 국제적 위치를 고착화했다. '제3세계' 역시 미국을 지지하지는 않더라도 비공산주의적이었고 비동맹도 소련의 군사적 블럭에 속하지 않는다는 것을 의미했지만, 아시아의 반공전초기지라는 한국의 국제적 위치는 '제3세계'와 달랐으며 이는 한편으로 향후 그들과 또 다른 경제발전 지향을 형성해 가는 계기가 되었다.

대한민국 제헌헌법은 '해방' 공간에서 격화된 정치·사회세력의 대립과 갈등이 분단으로 귀결되면서 현상된 뚜렷한 하나의 결과였다. 따라서 제헌헌법의 경제질서는 정치적 민주주의와 경제적 사회적 민주주의의 조화를 추구하며 '해방' 공간의 이데올로기 대립과 계급 갈등을 사회개량적으로 해소하기 위한 경제적 추상의 형태로 제시되었다. 제헌헌법은 사회정의의 실현과 균형 있는 국민경제의 발전을 경제질서로 제시했지만 특정 경제체제를 명시하지는 않았다. 제헌헌법의 경제질서는 한편으로 한국인의 경제질서 관념이 형성되어 가는데 기본적인 토양을 제공했고, 다른 한편으로는 이후 한국의 경제체제와 경제운영원리를 입법자의 형성 의지로 남겨 놓았다.

이에 따라 이 책에서는 대한민국 제헌헌법이 제정된 이후 한국경제

가 재구성되어가면서 경제운영원리가 형성되고 분화되어 간 과정을
정부 영역과 이에 대응한 사적 영역을 중심으로 살펴보고자 한다. 각
장의 서술이 고르지 못한 점은 다음 기회에 바로 잡기로 하며 독자 여
러분의 양해를 구한다.

제1장

대외의존적 자본 축적과
경제운영원리의 형성

1. 자본 축적의 조건

1) 6·25전쟁과 원조의 국제적 환경

제2차 세계대전의 종전을 앞두고 미국은 전후의 세계경제질서 재편을 구상하였는데, 그것은 전후 수년간 미국 주요 지도자들의 정책연설에서 자유무역제도의 창설과 세계경제 확장의 달성이라는 수사로 표현되었다. 미국은 1930년대의 공황이 파운드 블럭 등 배타적인 무역 블럭의 출현을 야기했으며, 그러한 경제적 경쟁이 제2차 세계대전의 일차적 원인이라고 생각하였다.

따라서 미국은 재정 및 무역 장벽의 철폐, 배타적인 무역 블럭의 철폐 등을 내세우며, 1944년 브레튼 우즈 회의에서 설립된 국제통화기금(IMF)과 국제부흥개발은행(IBRD), 국제무역기구(ITO) 등과 같은 국제조

직체를 이용하여 세계경제질서의 재편을 시도하였다. 국제통화기금은
대외무역의 장애요인을 제거하기 위한 것이었으며 국제부흥개발은행
은 대부분 미국 몫이 될 미래의 사적 자본 투자가 정부 차원에서 보장
되도록 하기 위한 것이었으며, 국제무역기구는 관세를 낮추어 교역을
자유화하고 거의 모든 종류의 무역제한의 철폐를 주 내용으로 하는 것
이었다.[1] 이러한 미국의 전후 세계경제질서 재편 구상이 관철될 수 있
었던 것은 전쟁을 통한 주요 자본주의 열강들의 상대적인 경제력 변동,
즉 미국의 지배적인 경제적 지위 때문이었다.[2]

　이러한 미국의 전후 구상은 기본적으로 미국의 장기적인 풍요를 위
한 것이었으며, 이를 위해서는 미국 상품의 해외 수출과 투자의 안정적
확보가 필요했다. 종전 시기에 미국의 경제자립도는 타국에 비해 월등
히 높았으나, 반대로 미국이 세계 최대의 무역국이라는 것도 또한 사실
이었다. 즉 1952년 말 현재 미국의 수출액과 수입액은 세계무역액에서
각각 20%와 14%를 점하고 있었다. 또한 미국은 1949~51년간 국내산 미
곡의 39%, 원면의 38%, 소맥과 소맥분의 37%를 수출하였고 기계류의
1/3을 매년 수출하였다. 이처럼 미국의 무역의존도는 비록 낮다고 하
더라도 곡물과 기계류와 같은 국내 제품의 수출은 미국경제에 큰 의미
를 가지고 있었다.

　따라서 미국의 전후 과제는 1930년대 공황의 결과를 원상태로 되돌
려 놓음으로써 세계무역에서 미국의 분배 몫을 회복하고, 공황에 뒤이
어 나타났던 전시 중의 높은 이익을 유지하는 것이었다.[3] 물론 여기에

---

[1] 조이스 콜코, 가브리엘 콜코, 「세계경제의 재편성」, 『분단전후의 현대사』, 일월서각, 1983,
　　12~13 · 16~18쪽.

[2] 필립 암스트롱, 앤드류 글린, 존 해리슨, 『1945년 이후의 자본주의』, 동아출판사, 1993,
　　51~52쪽.

[3] 조이스 콜코, 가브리엘 콜코, 앞의 글, 16 · 22쪽.

는 종전을 전후한 시기 미국의 최대 경제문제였던 과잉생산 공황 문제가 결부되어 있었다. 전쟁 중 주로 정부 투자에 의해 크게 확충되었던 군수생산은 경제동원 해제 시에 그 설비의 3/4이 민수생산으로 전환될 수 있는 것이었는데, 그 전환은 과잉생산에 의한 공황을 야기할 것으로 예견되었다. 이에 따라 미국은 국내 시장에 비해 지나치게 비대해진 생산력의 배출구를 해외시장에서 구할 수밖에 없었고, 그것은 각국의 달러 부족으로 인해 통상무역보다는 대외원조라는 형태로 나타나게 되었다.[4]

원조를 매개로 한 수원국에 대한 미국의 입장은 두 가지가 있을 수 있는데, 하나는 미국의 우월한 경제적 지위를 이용하여 미국 상품 침투의 절대적 자유를 요구하는 것이며, 다른 하나는 수원국의 경제회복이 장기적으로 미국의 무역과 투자를 위한 시장 확대에 기여할 것이라는 판단하에 수원국의 경제회복에 총력을 기울이는 것이다. 미국은 이 두 가지 정책 대안 중 전쟁 말기와 전후 몇 해에는 전자의 입장을 취했다. 이에 따른 대표적인 대외원조가 국제연합구호재건기구(UNRRA), 미 육군의 구호원조, 영국과 프랑스에 대한 차관 등이었다. 미육군성의 예산에서 공여된 원조 중 대표적인 것이 점령지역행정구호원조(GARIOA)였는데, 이 원조는 점령지역 주민의 기아와 질병 등 긴급한 사태를 해결하기 위해 공여되었다. 한국도 미군정기 동안 이 원조를 받았다. 1946~1947년간 약 105억 달러에 이르는 미국의 대외원조 중 일부만이 증여였고 대부분은 차관이었는데 차관에는 심한 조건들이 부과되었다. 특히 37억 5천만 달러의 대영차관을 위한 1945년 12월의 미영 금융협정은 IMF협정을 영국이 비준할 것과 미국에 대해 어떠한 차별적인 수입쿼터도 적용하지 않는다는 조건을 수반한 것이었다.[5]

4) 坂井昭夫, 『독점자본주의와 군사노선』, 세계, 1986, 57~58쪽.

그러나 동구 및 발칸반도의 처리를 발단으로 미소 대립이 격화되면서, 1947년에는 냉전의 시작을 공식적으로 선언한 트루먼 독트린(Truman Doctrine)이 발표되고 그 실현 형태로서 유럽부흥계획(European Recovery Programme)이 제시되면서, 미국은 앞서 언급한 두 가지 정책 대안 중 후자로 이동하게 되었다. 자유무역제도의 창설과 배타적인 무역 블럭의 철폐 등과 같은 전후 미국의 세계질서 재편 구상은 기본적으로 사회주의, 국유화 등과 양립할 수 없는 것이었다.

사실 제2차 세계대전의 경제적 결과는 통념과 달리 대부분의 자본주의 국가들에서 전쟁의 피해에도 불구하고 노동인구의 심각한 감소는 없었고, 새로운 설비와 기계류가 설치되어 1945년의 총자본 스톡은 대략 전전의 수준이었으며, 생산능력 또한 전쟁 발발 당시와 같거나 더 증대되었다. 오히려 물질적 파괴보다 더욱 위협적인 것은 노동에 대한 자본의 지배라는 기본적인 자본주의 사회관계가 전쟁으로 심각하게 손상되었다는 점이었다.[6] 이에 따라 미국은 노동자 계급의 사회 통제 가능성을 방지하고 전쟁에 의해 물질적 파괴보다 훨씬 심각하게 손상된 자본주의적 사회관계를 복구하기 위하여 유럽부흥계획을 제시했던 것이다. 따라서 이 원조에는 이전의 긴급구호원조와는 달리 군사원조 외에 경제원조가 포함되게 되었는데, 이것은 공산권의 위협을 경제적 수단으로 봉쇄하고 자본의 통제를 강화하려는 미국의 인식이 반영된 것이었다.

그러나 유럽부흥계획의 이면에는 자유무역제도의 세계적 확장이라는 전후 미국의 세계재편 구상을 관철하기 위한 수단으로서의 원조라는 본질적 측면, 공황을 극복하기 위한 미국 상품수출의 유지·확대라는

---

5) 필립 암스트롱, 앤드류 글린, 존 해리슨, 앞의 책, 58~60쪽.
6) 위의 책, 28~35쪽.

미국 국내경제의 직접적인 필요성이 강하게 게재되어 있었다. 즉 미국은 유럽부흥계획을 매개로 유럽이 평가절하의 전제 조건으로 IMF 협의를 수락할 것, 국제무역기구의 원칙에 무조건 동의할 것을 요구했다.[7)]

미국은 유럽부흥계획을 제공하기 위해 '1948년 대외원조법(Foreign Assistance Act of 1948)'을 제정하였는데, 이 법은 유럽부흥계획, 중국·그리스·터키에 대한 군사원조, 국제연합국제아동긴급기금(UNICEF) 등 대외원조를 일괄 포함하는 것이었다.[8)] 동법 제1장의 '1948년도 경제협조법(The Economic Cooperation Act of 1948)'에 의거하여 경제협조처(ECA: Economic Cooperation Administration)가 설치되어 경제원조를 주로 담당했기 때문에 이때의 경제원조를 흔히 ECA 원조라고 한다. 한국은 비유럽국가이면서도 1948년 12월에 체결된 '대한민국 및 미합중국 간의 원조협정'에 의해 ECA 원조를 받았는데, 6·25전쟁의 발발과 함께 중단되었다.

이처럼 미국은 종전 이후 과잉생산의 탈출구로서 대외원조와 IMF 같은 국제조직체가 작동하면서 군비지출의 감소로 인한 큰 경기 후퇴를 피할 수 있었다. 여기에는 유럽부흥계획 등의 대외원조와 함께 내구소비재나 주택 등에 대한 전시의 억제되었던 수요가 작용하고 하고 있었다. 그러나 이러한 미국 국내의 소비자 수요는 1947년 말에 이르면 대체로 사라지게 되었으며, 전체 산업의 총투자는 1948년 초부터 정체하기 시작하였고 1948년 중반까지 수출은 유럽에 대한 원조에도 불구하고 전년에 비해 20% 줄었다. 1949년에 이르러 기업의 투자는 국내총생산의 약 4%만큼 줄었고, 실업은 배가되어 7.6%에 이르렀다. 1949년을 기점으로 한 경기후퇴는 유럽 국가들에도 비슷한 양상으로 나타났

---

7) 위의 책, 133쪽.
8) 洪性囿, 『韓國經濟와 美國援助』, 博英社, 1962, 22쪽.

다. 당시 유럽 국가들에게는 미국에 대한 막대한 국제수지 적자를 줄
이기 위해 경쟁력 향상이 요구되었는데, 유럽 국가들은 자국 화폐의 평
가절하를 통해 경쟁력 향상과 경기후퇴 국면을 돌파해 갔다. 1949년
9월 영국이 30% 평가절하한 후 대부분의 유럽 국가들이 평가절하를 단
행했다.[9]

　이처럼 1949년의 불황은 유럽부흥계획만으로는 미국의 과잉생산 문
제를 해결할 수 없다는 것을 보여주었다. 그리고 1948년 2월 체코의 사
회주의 혁명, 6월 소련의 베를린 봉쇄를 거치면서 냉전은 격화되었고,
미국은 경제적 봉쇄에 군사적 봉쇄를 부가하게 되었다. 그 결과 1949년
북대서양조약이 체결되면서 군사원조가 실시되었으며, 이를 위해 미국
은 1949년 10월 상호방위원조법(The Mutual Defense Assistance Act)을
제정하였다.

　이에 따라 미국은 축소되었던 군사비를 증대하는 방향으로 경제정
책을 수립하게 되는데, 이것은 미국의 새로운 군사전략인 NSC 68과 연
동되었다. 결국 공산권의 정치적 위협을 경제적 수단으로 봉쇄하고자
했던 유럽부흥계획은 상호방위원조법의 제정으로 미국의 대외원조정
책이 점차 군사원조 중심으로 이행해 가는 과도기적 성격을 보여준 것
이었다.

　NSC 68은 1949년 가을 소련의 원폭 개발 성공을 계기로 검토되기 시
작하여 6·25전쟁 직전인 1950년 4월에 확정되어 6·25전쟁 발발 후 곧
실행되었다. NSC 68에서는 강력한 핵 보복력에 의한 전쟁 억지와 함께
전면전의 구상에서 소홀히 해 온 통상전력의 강화가 강조되었다. NSC
68에 기초한 군비확장 경제체제로의 전환, 즉 군사비 증액을 통한 적자
재정으로 불황을 타개한다는 것은 케인즈 경제학의 논리에 따른 것이

---

9) 필립 암스트롱, 앤드류 글린, 존 해리슨, 앞의 책, 170~172쪽.

었으며, 실제로 NSC 68의 책정에는 케인즈 학파의 권고가 큰 영향을 미쳤다. 그런데 케인즈적인 유효수요정책론은 재정 지출의 대상에 대해서는 거의 언급이 없었다. 따라서 과잉 생산력이 존재하는 상황에서 국민경제의 생산력 확장을 위한 정부 지출은 과잉생산을 가중시키는 것이기 때문에 사회적 생산물로부터 일방적으로 공제되는 비생산적인 투자와 소비를 의미하는 군사비 지출이 불황을 타개하기 위한 수단으로 작동하게 되었다.[10] 이에 따라 미국의 대외원조정책도 6 · 25전쟁을 계기로 군사원조 중심으로 전환하게 되었으며, 이를 위한 입법 조치가 1951년에 제정된 상호안전보장법(MSA: Mutual Security Act)이었다.

1949년의 불황은 6 · 25전쟁에 의해 타개되어갔다. 재화와 용역에 대한 미국 정부의 지출(군수용 지출)은 1950년 말부터 치솟기 시작하여, 1951년 말에는 정부 지출이 1950년 중반보다 국내총생산의 7.5%만큼 더 많이 흡수했다. 또한 한반도의 정세 불안은 원자재 비축 욕구를 자극하여 원료수입은 전쟁이 시작되기 전부터 증대하기 시작하여 미국의 전략물자비축 계약은 1950년 상반기에 배가되었으며 1951년 1/4분기에는 1949년 수준의 10배에 달했다.[11] 이처럼 미국의 군사비는 1950년도의 130억 달러에서 1953년도의 500억 달러로 비약적으로 증가하였는데, 이러한 거액의 군비지출에 의한 물자 흡수는 생산을 촉진시켰다. 특히 내구소비재 생산에 대한 군수 중심의 정부 수요는 1948년 7.9%에서 1952년 28%로 확대되어 미국의 공업생산을 상승시켜 제조업 생산은 1953년에 전후 처음으로 대전시의 정점을 상회하게 되었다.[12]

또한 미국의 군비지출 증대는 다른 자본주의 국가들의 생산 확대도

---

[10] 坂井昭夫, 앞의 책, 36~37 · 61쪽.

[11] 필립 암스트롱, 앤드류 글린, 존 해리슨, 앞의 책, 173~174쪽.

[12] 坂井昭夫, 앞의 책, 36~37 · 61쪽.

자극하게 되었는데, 1951년에는 이러한 군비지출의 증대가 자본주의국 들의 생산확대율 7.5%의 절반의 원인이 되었다. 특히 6·25전쟁에 의한 호황은 일본경제를 침체의 늪에서 구해냈다. 전쟁의 의한 호황으로 일 본의 수출은 1949년과 1952년 사이에 3배로 늘었고 이윤 몫은 2배로 늘 었다. 그리고 이러한 경제의 팽창은 다지(Dodge)의 디플레이션적인 안 정화 계획이 촉구한 합리화의 이득을 거둘 수 있게 했다.[13]

NSC 68에 근거한 트루먼정부의 군비강화를 비판하고 나선 아이젠하 워(D.D. Eisenhower)정부는 통상전력의 강화보다는 핵무기체계에 집중 적으로 투자함으로써 군사비를 상대적으로 줄여가려는 의도를 가지고 있었는데, 그것은 이른바 대량보복전략으로 명명되었다.[14] 따라서 인 플레이션을 유발하지 않는 균형예산이 정상적인 것으로 인식되었으며, 그것이 군사비 팽창과 재정적자에 대한 일정한 관념상의 제약 요인으 로 작용하였다. 이에 따라 원조정책에서도 트루먼정부하의 대외원조 정책을 재검토하기 위해 실업가단을 구성하여 MSA 계획하의 원조실태 를 조사하기로 하였으며, 1953년 3월 이들 실업가단의 조사반은 보고서 를 제출하였다. 보고서의 주요 골자는 미국의 대외원조가 명년도에는 대폭 삭감되어야 할 것과 MSA 원조는 1954년 6월 말로 종료시키되 극 동 지역에서는 증가하여야 한다는 것이었다.

그러나 아이젠하워 역시 제2차 세계대전이 1930년대의 불황을 타개 해 주었고 6·25전쟁이 1940년대 말의 불황을 타개해 주었다는 의견을 표명하여, 불황 시에 유효수요 자극을 위한 군사비 확대를 승인하고 있 었다. 이와 더불어 균형예산을 유지하면서 경기를 지탱해 가기에는 힘 든 요인이 많았다. 즉 대량보복정책은 전통적인 무기보다는 타산업과

---

13) 필립 암스트롱, 앤드류 글린, 존 해리슨, 앞의 책, 189쪽.
14) 坂井昭夫, 앞의 책, 38쪽.

의 관련성이 적은 첨단무기의 비중을 증가시켜 군사비 지출에서 오는 경제적 파급효과가 전통적 무기 생산보다 적었다. 또한 6·25전쟁기의 경제 확장을 시초로 해서 보급되기 시작한 오토메이션의 과잉능력은 고용이나 소비시장의 확대로 연결되기 어려워 군수에 의한 승수효과를 감소시키는 결과를 수반하였다. 따라서 6·25전쟁 후의 불황이나 1957~1959년의 불황의 경우 아이젠하워정부는 군비확장을 통한 케인즈적 유효수요정책을 강구하였다.[15]

아이젠하워정부의 대외원조정책 역시 기본적으로 1951년에 제정된 상호안전보장법을 계승하고 있었다. 이 법은 몇 차례 개정되었지만, 이 법에 의한 원조는 케네디정부에 의해 '1961년 대외원조법(Foreign Assisitance Act of 1961)'이 제정될 때까지 1950년대 미국 대외원조의 중추를 이루었다. 상호안전보장법은 6·25전쟁의 발발을 계기로 이전의 ECA 원조와 같은 경제원조, 상호방위원조법에 의거한 군사원조 등 대부분의 대외원조를 하나의 체계로 통합한 것이었는데, 경제원조에서 군사원조 중심으로 재편된 특징을 보여준다. MSA 원조계획 중에서 비중이 제일 큰 것이 군사원조였으며 그 다음으로는 경제원조 중의 방위지원원조였는데, 방위지원원조는 성격 자체가 자국의 경제적 능력 이상으로 방위 임무를 수행하는 국가를 지원하기 위한 것이었다.[16] 그리고 미국은 MSA 원조를 매개로 하여 1950년대에 군사동맹체계를 구축해갔다. 미국-필리핀 상호방위조약(1951년), 오스트레일리아·뉴질랜드-미국 간의 안전보장조약(ANZUS, 1951년), 미일 안전보장조약(1951년), 한미 상호방위조약(1953년), 동남아시아 집단방위조약(SEATO, 1954) 등이다.

15) 위의 책, 62~63쪽.
16) 洪性囿, 앞의 책, 23·29쪽.

결국 군사원조 중심으로 미국의 원조정책이 전환된 것은 ECA 원조의 일정한 성과를 바탕으로 미국을 중심으로 하는 자본주의 국가들의 군사동맹과 이들 국가들의 재군비를 촉진시키고, 이를 통해 공산권에 대한 군사적 봉쇄를 강화하기 위한 것이었다. 그리고 원조에 의한 각국의 경제발전이란 궁극적으로 미국의 세계전략을 유지하기 위한 군사적 경제적 부담의 분담을 위한 초기조건이며, 그 초기조건의 형성을 위하여 미국의 원조가 제공되었던 것이다.

요컨대 전후 미국의 최대문제였던 과잉생산 공황의 문제는 미국 상품의 수출과 투자를 위한 안정적 시장의 확보를 위해 자유무역제도의 창설과 배타적 무역 블럭의 철폐라는 기치아래 추구되었다. 초기에는 미국의 우월한 경제력을 이용하여 수출과 투자의 절대적 자유를 요구하는 방향으로 대외원조정책이 전개되었다. 그러나 1947년 냉전의 개시와 함께 미국은 무역과 투자를 위한 장기적인 시장의 확보를 위해 노동자 계급의 사회 통제 가능성을 배제하고 전쟁으로 인해 손상된 자본주의적 사회관계를 강화하기 위한 방향으로 대외원조정책을 전환하게 되었다. 유럽부흥계획은 공산권에 대한 경제적 봉쇄라는 성격을 가지고 있었다. 그러나 냉전의 격화와 함께 유럽부흥계획을 통한 과잉생산 문제의 처리가 한계에 봉착하게 되자, 미국은 군사비 지출을 통한 유효수요정책이라는 군비확장경제의 길로 나아가게 되었다. 6·25전쟁은 이 와중에 위치해 있었다. 전쟁을 거치면서 미국의 대외원조는 군사원조 중심으로 재편되었다. 전쟁 후 미국의 대외군사전략의 변화에 따라 군비확장경제에도 일정한 변화가 생기지만 기본적으로는 군비지출을 통한 케인즈적 유효수요정책이 미국경제의 불황을 타개하기 위한 수단으로 정착해 갔다.

2) 6·25전쟁과 농지개혁

통일된 자립적 근대 국민국가 수립이라는 8·15 당시의 역사적 과제
는 민족모순과 계급모순을 안으로 수렴하지 못한 채 분단으로 귀결되
었고, 그것은 마침내 냉전이라는 국제적 조건과 맞물려 전쟁으로 비화
되었다. 전쟁을 거치면서 분단구조는 고착화되어 갔다.

만 3년간 진행된 6·25전쟁은 인적 피해는 물론이거니와 한 사회의
물적 토대가 되는 산업기반이나 생활터전을 무참히 파괴했다. 남한의
경우, 전쟁으로 인한 물적 피해의 총규모는 4,123억 환(412억 원)이었으
며(당시의 공정환율로 환산할 경우 약 70억 달러, 시장환율로는 약 23억
달러), 이것은 1953년의 국민총수입(생산국민소득 개념) 2,450억 환의
1.7배에 달하는 것이었다. 이것을 부문 별로 살펴보면, 민간 주택의 피
해가 가장 심해서 전체의 39%를 차지하고, 그 다음으로는 민간 산업 부
문이 20%, 각급 교육기관이 20%, 금융기관을 포함하는 3차 산업과 각
종 사회간접자본이 10%, 각종 공공행정기관이 9%였다.[17]

특히 산업시설에 대한 전쟁 피해는 전전 시설의 42~44% 정도여서,
그나마 일제시대로부터 이어받은 산업 성장의 유산을 보잘 것 없게 만
들었다. 휴전 당시 남한경제는 1940년대 초 남한지역의 생산수준을 회
복하지 못했다. 1953년의 총재화순생산은 1940년에 비해 전체적으로
약 27% 감소하였으며, 1인당 재화순생산은 무려 44%나 감소하였던 것
이다.[18]

전쟁은 북한경제에 더욱 심대한 타격을 주었다. 전쟁 기간 중 북한

17) 李大根, 『韓國戰爭과 1950年代의 資本蓄積』, 까치, 1987, 111~112쪽.

18) 車東世·金光錫 編, 『韓國經濟 半世紀 : 歷史的 評價와 21世紀 비전』, 韓國開發硏究院,
1995, 33쪽.

경제는 8,700개의 공장과 기업소, 60만 호의 주택, 5,000여 개의 학교와
37만 ha의 논밭이 피해를 입는 등 총 피해액은 당시 통화로 4,200억 원
에 달했다. 1953년 북한의 국가예산 세입 규모가 527억 원이었으므로
북한의 세입 규모가 GNP의 50~60%라고 보면, 피해 총액은 1953년 GNP
의 약 4배에 해당되는 것이었다. 이에 따라 산업생산의 감소도 뚜렷하
게 나타났는데, 1949년에 비해 1953년의 공업총생산은 전전의 64%, 농
업총생산은 76%로 떨어졌다.

이와 같이 남한의 경우, 약 절반의 산업시설과 생산을 뒷받침하는 각
종 사회시설이 파괴된 상태에서 전후 1950년대의 자본 축적은 어떠한
메커니즘으로 가능하였는가. 이를 위해 우리는 8·15 후 새로운 국가건
설의 방향을 조건 짓는 물적 토대로서 작용해 온 농지개혁과 귀속재산
불하가 전쟁을 거치면서 어떻게 귀결되었고 또한 그것은 1950년대 자
본 축적과 어떤 상관관계에 있는지 살펴볼 필요가 있다.

제도적으로 볼 때, 농지개혁에 관한 입법은 1949년 6월에 농지개혁
법이 제정·공포되었고, 이 법은 다시 국회에서 수정을 거친 후 1950년
2월에 '농지개혁법 개정법률'로 통과되었다. 그리고 3월에는 '농지개혁
법 시행령'이 공포되고, 4월에는 '농지개혁법 시행규칙'이 제정되었다.

그러나 농지의 수매와 분배가 실제 언제 실시되었는가에 대해서는
논란이 되어왔다. 즉 농지개혁이 시행될 즈음에 6·25전쟁이 발발하여
그 시행이 제대로 이루어지지 못하다가, 농지상환곡을 군량미로 활용
해야 할 필요성, 현금 지출 없는 상환곡의 현물납제도가 전시 인플레이
션을 억제하고 재정건전화에 기여할 것이라는 점, 그리고 전쟁 중 북한
군에 의해 점령된 지역에서의 토지개혁의 경험에서 오는 정치적 충격
을 해소할 필요가 있었다는 점 등을 이유로 정부가 전시 중임에도 농
지개혁을 추진하지 않을 수 없었다고 보는 견해가 있다.[19] 그러나 대
체로 '농지개혁법 시행령' 이전에 실제로 농지개혁이 실시되어 1950년

4월 15일에는 농지개혁이 이미 완료되었다는 당시 농림부의 견해를 인정하는 견해가 보다 실증적 자료로 뒷받침된다.[20)

그러나 이러한 이견에도 불구하고 보다 분명한 사실은 농지 대가의 상환과 보상은 원래 계획과 달리 10년 이상을 끌고서도 완전히 마무리되지 못했다고 하는 점이다. 농지대가의 상환은 1950년도 하곡부터 현물 수납으로 시작되었는데, 상환계획기간(1950~1954년)인 5년간의 상환 실적은 목표량의 69%에 불과했다. 이런 실적은 물량 상환 실적일 뿐이며, 상환을 완료한 농가의 비율은 1957년 2월에 46.2%에 지나지 않았다. 이것은 나머지 절반 이상의 농가가 일부만 상환했을 뿐이며 전액 상환 능력이 없다는 것을 의미한다. 1952년 국회는 농민의 지가 상환 부담을 경감시켜주기 위해 현물 상환을 현금 상환으로 전환하고 상환 기간도 1957년까지 3년간 연장하는 내용의 농지개혁법 개정 법률을 통과시켰다. 그러나 정부는 전시 식량조달이 곤란하다는 이유를 들어 거부권을 행사하는 등으로 연기해 오다가 현물 상환율이 이미 95%에 달한 1960년 10월에 이르러서야 개정 법률을 공포했다.[21)

〈표 1-1〉 분배농지 상환 실적

(단위 : %, 粗穀)

	상환계획량(A)	현물 수납	현금 및 증권 수납	총계(B)	미납액(A-B)	상환율(%)
1950	1,147,382	129,992	82,828	212,820	15,600	18.5
1954	539,597	175,172	9,151	184,323	43,972	69.0
1960	72,761	5,871	16,413	22,284	38,323	95.5

* 자료: 韓國農村經濟硏究院, 『農地改革史關係資料集』第3輯, 1984, 68~69쪽.
* 출처: 韓國農村經濟硏究院, 『韓國農政四十年史 (上)』, 1989, 83쪽.

19) 李大根, 앞의 책, 81~82쪽.
20) 김성호 외, 『한국농지개혁사연구』, 한국농촌경제연구원, 1989, 600~601쪽.
21) 韓國農村經濟硏究院, 『韓國農政四十年史 (上)』, 1989, 82~83쪽.

이러한 농지대가의 상환 지연은 과중한 농민부담을 보여주는 것이며, 이것은 농민적 토지소유의 실현이라는 농지개혁의 본래 목표와는 다르게 농지개혁 이후 다시 재소작화 현상을 야기했다. 또한 농지대가의 상환 지연과 정부 유용에 따른 지주에 대한 보상의 지체로 토지자본의 산업자본으로의 전화라는 농지개혁의 또 하나의 목적도 이룰 수 없었다.

6·25전쟁의 전비 부담에서 농민층의 부담은 과중한 것이었으며, 이러한 농민층의 희생은 전후 자본 축적 과정에서도 지속되었다. 전쟁 중 정부는 한편으로는 다급한 군량미를 확보하고 다른 한편으로는 전시 재정의 안정화를 기하여 전시 인플레이션을 억제하기 위해, 가능한 한 현금 지출 없이 양곡을 확보하는 것이 필요하였다. 이를 위해 정부는 1951년 9월 임시토지수득세법을 제정하여 토지세를 현물로 징수하였다. 분배 농지 상환곡 역시 이러한 정부의 현물 양곡 수요를 일정하게 충족시켰다. 더욱이 정부는 1950년 양곡관리법을 제정하여 1951년부터 공정가격에 의한 양곡 매상을 개시하였는데, 농민들은 총생산량의 1/3을 매상해야 했다. 이 모두를 합한 농민 부담액은 과소평가해도 농가 1호당 연간 생산량의 절반 이상이 되었다.[22] 더욱이 전쟁 발발 때부터 1953년 통화개혁 당시까지 도매물가 기준 총지수가 17.8배, 그중 곡물지수가 21.5배로 등귀하는 물가변동을 고려해 본다면, 농민들의 실제 부담은 더욱 큰 것이었다.

결국 과중한 조세 부담, 분배농지 상환곡 부담, 양곡 매상 부담은 영세소농체제하의 농민들을 대부분 고리대 자본에 의존한 부채농으로 전락시켰다. 이 과정에서 영세소농들은 자신의 농지를 팔고 재소작농화하거나 도시로 떠나갔다. 1954년 말 현재 농지개혁으로 분배받은 농

---

22) 이종훈, 『한국경제론』, 법문사, 1979, 379~382쪽.

지 중 전매된 농지는 1만 3,006건에 3,146정보였으며, 1950년대를 통해 전체 분배농지의 약 10%가 매각된 것으로 파악된다.[23]

해방 직후인 1948년만 해도 한국경세는 농업 중심의 경제여서, 농업을 중심으로 하는 1차 산업이 국민총생산에서 차지하는 비중이 44.1%에 달하였고 총인구 중 농가인구의 비중이 70%를 넘었다. 따라서 토지자본의 산업자본으로의 전화라는 문제는 산업화를 위한 물적 토대의 형성에서 하나의 중요한 계기였다. 정부는 지가증권을 귀속재산 매각 대금으로 납부할 수 있게 하여 토지자본의 산업자본화를 꾀했다.

그러나 일제시기에 이미 자본가로의 전화를 준비하고 있었던 소수의 지주들을 제외하고 대부분의 지주들은 자본가로 전화하는데 실패했다. 지주에게 지불하는 지가보상액은 농민이 지불하는 지가상환액과 동일한 액수이나 보상액에 따라 체감율을 적용해 지가증권을 발급했다. 법적 보상기간인 1954년까지 보상 실적은 49.8%에 불과했으며, 1960년이 되어서야 85.1%에 달했다.[24] 그나마 전쟁 중에는 귀속기업체가 전쟁 피해로 운영이 어려웠으며 또한 귀속기업체 운영을 통한 생산 이윤을 추구하는 것보다 유통과정에서 전시 인플레이션 이득을 추구하는 것이 유리했다는 점 때문에 토지자본의 산업자본화는 경제적 유인을 갖지 못했다. 결국 전체적으로 볼 때, 전체 지주 중 상위 1.4%에 해당하는 20정보 이상을 분배당한 대지주 중에서 귀속기업체를 불하받은 경우는 약 5%에도 미치지 못했다.[25] 또한 지주 보상이 끝난 1968년까지 지주보상총액 가운데 귀속재산 매입에 사용된 것이 46.3%이고 귀속농지 매입에 사용된 것이 1.9%여서, 토지자본의 산업자본으로의 흡

---

23) 반성환, 「한국 농지개혁 후의 농지 이동에 관한 실증적 고찰」, 서울대 석사학위논문, 1987, 40~41쪽.

24) 韓國農村經濟研究院, 앞의 책, 83~84쪽.

25) 김윤수, 「8·15 이후 귀속기업체 불하에 관한 일 연구」, 서울대 석사학위논문, 1988, 64~65쪽.

수 역시 부진했다.[26]

지주는 지가증권을 통해 현금으로 보상받았는데, 보상 현금을 산출하는 기준이 되는 보상 석수는 시중미가의 30~40%에 불과한 공정미가로 환산되었고, 그나마 보상이 기일 내에 제대로 이루지지지 않았다. 농민들의 분배농지 상환곡은 전쟁 중에 군량미로 사용되었고, 지가보상금과 분배상환곡 사이에서 생긴 이득은 정부 내로 환류하여 국방비나 인플레이션 수습책으로 충당되었다. 전시 인플레이션의 억제를 위하여 정부는 지주에 대한 월간 보상액을 30만 원(圓)으로 한정하였으며, 귀속기업체 운영자금 외에는 은행융자의 담보로 지가증권을 사용할 수 없게 하였다. 이에 따라 지주들은 전시 인플레이션의 영향하에서 투자는 고사하고 자신들의 생활을 유지하기 위해서 지가증권을 2~3할까지 감가하여 투매하였고, 신흥 유산계층은 이를 사들여 귀속재산 불하 납부대금으로 활용했다.[27]

이승만정부기의 농지개혁의 역사적 성격에 대한 논의는 분분하다. 이를 좁게는 1950년대의 자본 축적, 넓게는 해방 후 한국자본주의의 발전과 관련시켜 보면, 크게 두 입장으로 대별할 수 있다. 그중 하나는 자립적 국민경제 형성의 실패와 농업 위기의 한 근거가 농지개혁 자체의 실패나 그 불철저성에서 기인한다고 보는 입장이다.[28] 이 견해에 의하면, 농지개혁은 일제 식민지반봉건사회의 생산력적 질곡을 제거함으로써 국민적 시장을 형성하고 공업화를 위한 국내 조건을 형성하는 것이어야 한다. 그리고 이러한 내용을 담지하는 농지개혁은 '농민적 진

---

26) 韓國農村經濟硏究院, 앞의 책, 91쪽.

27) 공제욱, 『1950년대 한국의 자본가 연구』, 백산서당, 1993, 38~39・45쪽.

28) 황한식, 「현대소작제도의 성격에 관한 고찰」, 『한국농업문제의 새로운 인식』, 돌베개, 1984 ; 박현채, 『한국농업의 구상』, 한길사, 1981 ; 김병태, 「농지개혁의 평가와 반성」, 『한국경제의 전개과정』, 돌베개, 1981.

화'에 의한 독립자영농의 성립에서 추구된다. 또한 이러한 의미의 농민적 토지소유라는 농지개혁의 과제는 아래로부터의 반봉건 민주주의혁명에 의해 달성된다.

다른 하나는 자본주의 발전의 질곡으로 작용하는 지주제를 해체시키고 임노동자의 공급지로서 농촌의 역할에 주목하여 농지개혁을 평가하는 입장이다.[29] 이 견해에 의하면, 농민적 토지소유라는 농지개혁의 과제는 위로부터의 부르주아적 개혁에 의해서도 달성될 수 있으며, 따라서 농지개혁은 부르주아가 주체가 되어 수행한 부르주아적 개혁이라고 본다.

농지개혁을 통해 계급으로서의 지주는 결정적 타격을 받았으며, 전쟁은 그 몰락을 더욱 촉진하였다. 또한 농지개혁으로 자작농의 비중이 늘어난 것은 사실이어서, 자작지율은 1947년 39.6%에서 귀속농지를 매각한 1948년에는 61.2%로 늘어났고, 1950년 4월에 농지분배가 완료된다고 가정할 경우 88.2%로 늘어난다.[30]

그러나 8·15 이후부터 1949년 6월까지 총 소작지의 41.5%가 임의 처분되어, 농지개혁의 분배대상 면적은 총 농지의 29%에 불과했다.[31] 전국의 소작농지를 개혁 대상으로 하지 못한 농지개혁의 불철저함으로 인해 농업경영구조는 영세화했으며, 이러한 자작농의 과소농성은 전쟁을 통해 더욱 격화되어 재소작농화가 나타난 것도 또한 사실이다. 즉 자본주의화 할 전망을 갖지 못하는 영세성을 반봉건성의 본질로 직결시킬 수는 없지만, 그러한 영세성은 전쟁을 통한 농민경영의 몰락과 함께 재소작농화로 회귀할 수 있는 가능성을 열어 놓은 것이었다.

29) 장상환, 「농지개혁과정에 관한 실증적 연구」, 『해방전후사의 인식 2』, 한길사, 1985 ; 김성호 외, 앞의 책.
30) 韓國農村經濟研究院, 앞의 책, 89쪽.
31) 위의 책, 79쪽.

이런 점에서 볼 때 농지개혁은 계급으로서의 지주를 몰락시키고 해체하여 부르주아적 발전의 길을 열어갔으나, 산업화 초기 단계에서 중요한 토지자본의 산업자본으로의 전화에는 실패하였다. 또한 개혁은 기본적으로 농민적 토지소유를 실현하였으나 그 불철저함으로 인해 자작농의 영세화를 초래했으며, 이러한 영세성은 자기 농지를 지킬 수 있는 재분배 장치의 결여로 더욱 심화되면서 농업자본주의적 발전 전망과 함께 재소작화로 회귀할 가능성도 함께 내포한 것이었다. 결국 전쟁은 농지개혁에 의한 두 가지 가능성, 즉 토지자본의 산업자본화와 농업자본주의의 발전 가능성을 모두 차단하는 일차적 요인이었다. 따라서 전쟁은 이후 1950년대의 자본 축적에서 농업을 비롯한 국내 산업 기반과 관련성을 결여한 공업화와 그 주체로서 신흥 유산계층의 성장을 예고하는 것이었다.

3) 6·25전쟁과 귀속기업체 불하

일제 식민지 기간 동안 축적된 일본인 재산인 귀속재산은 역으로 식민지시기 조선인 잉여노동의 결정체이기도 했기 때문에, 그 처리의 방향은 농지개혁과 함께 이후 한국자본주의 발전 방향을 가늠하는 중요한 계기였다. 미군정에 의해 관리되던 귀속재산은 정부 수립과 함께 1948년 9월에 체결된 '한미간의 재정 및 재산에 관한 최초 협정'에 의해 한국정부로 귀속되게 되었다. 1949년 12월 귀속재산처리법이 제정되고 그 전담기구인 관재청이 설치되면서, 귀속재산 불하는 본격화하게 되었다.

귀속재산 중에서도 자본 축적의 초기 조건을 마련하는데 중요한 귀속기업체는 이승만정부기를 통하여 6·25전쟁 기간인 1951~1953년 동안 가장 많은 수가 불하되었고, 대체로 1957년을 전후로 하여 불하는

마무리 단계로 접어들었다.[32] 그러나 1950년대를 통해 모든 귀속기업
체가 불하된 것은 아니었다. 조선석유회사의 경우에서 보이듯이, 미국
이 한국경제를 통제할 필요성에 의해 그리고 미국 국제독점자본의 이
해에 배치될 경우 민간 불하를 통한 귀속기업체의 복구는 지연되었다.

〈표 1-2〉1960년 도매물가 수준으로 환산된 불하가격의 연도별 평균

(단위 : 환, 괄호안은 사업체수)

연도	전체 사업체	중앙관할 사업체	지역관할 사업체
1947	49,999,400(10)	-	49,999,400(1)
1948	18,954,183(113)	-	18,954,183(113)
1949	9,911,101(50)	-	9,911,101(50)
1950	36,751,452(37)	-	36,751,452(37)
1951	16,652,010(412)	60,869,006(58)	9,407,417(354)
1952	13,272,389(325)	67,062,984(26)	8,594,946(299)
1953	33,925,149(360)	415,100,775(19)	12,686,625(341)
1954	15,145,115(281)	76,552,150(10)	12,879,173(271)
1955	103,788,904(134)	1,077,553,590(12)	8,008,772(122)
1956	43,708,336(93)	248,824,240(15)	4,262,970(78)
1957	74,300,262(64)	172,334,806(27)	2,761,540(37)
1958	39,311,236(38)	245,361,757(2)	27,863,985(36)
1959	50,375,943(23)	107,399,794(9)	13,717,752(14)
1960	19,464,167(6)	23,675,500(2)	17,358,500(4)
전체평균(합계)	29,523,609(1,937)	204,151,085(180)	11,633,486(1,757)

* 자료: 재무부 관재국,『법인대장』에서 환산 작성.
* 출처: 공제욱,『1950년대 한국의 자본가 연구』, 백산서당, 1993, 93쪽.

귀속기업체는 전쟁기간인 1951~1953년 동안 총 매각 건수의 42.9%~
53.2%가 불하되었는데, 정부는 귀속기업체 불하를 통해 전쟁 수행을

---

32) 김기원,『미군정기의 경제구조』, 푸른산, 1990, 160쪽.

뒷받침할 물자를 생산하고 물자 공급 증대하여[33] 인플레이션을 억제
하며 전시의 적자재정을 보충하려 했다. 그러나 〈표 1-2〉에서 보듯이
전쟁 기간에는 불하 건수는 최고였지만 비교적 소규모 사업체가 불하
되었고 그나마 대급 체납이 심한데다가 그 대금마저 격심한 전시 인플
레이션으로 가치가 감소되어, 적자재정의 보충이라는 당초 목표는 달
성되지 못했다. 1949~1955년 사이 귀속재산 처리 수입 중에서 일반재정
세입으로 실제 충당된 금액은 평균 1.5%에 지나지 않았다.

전시 중에 많은 귀속기업체가 불하되었지만, 대규모 사업체가 많이
불하된 것은 1955년 이후부터였다. 〈표 1-2〉에서 보듯이 1955년 이후가
전시에 비해 불하건수는 적지만 계약고가 높은 것은 1건당 평균 불하
가격이 높았기 때문이다. 이처럼 이 시기에 건당 불하가격이 높은 것
은 귀속재산처리법 제정 당시에는 국·공영 기업으로 남아 있을 예정
이었던 중앙 관할의 대규모 사업체가 이 시기에 많이 불하되었기 때문
이다.[34]

정부 수립 당시만 해도 거의 모든 정당들이 대규모 기업체와 광산이
국·공영으로 운영되어야 한다는 입장을 가지고 있었기 때문에 1949년
의 귀속재산처리법 역시 "귀속기업체 중 대한민국 헌법 제87조에 열거
된 기업체와 중요한 광산, 제철소, 기계공장 기타 공공성을 가진 기업
체는 이를 국영 또는 공영으로 한다"고 규정하였다. 그러나 후술하듯이
통제경제적 요소를 가지고 있었던 1948년의 헌법 경제조항이 1954년의
헌법 개정으로 자유주의적 요소가 강화되면서, 국·공영 기업으로 남
아 있을 귀속기업체의 범위는 상당히 축소되었다. 정부는 전쟁 중인
1952년에 이미 국유기업체 및 귀속재산 처분의 재검토를 구상하였고,

---

33) 공제욱, 앞의 책, 88쪽.
34) 위의 책, 93쪽.

한국은행은 귀속 은행주 불하를 건의하였다.[35) 또한 개헌이 이루어지기 전인 1954년 초반에는 국무회의에서 국·공유 기업의 자유 사기업화를 촉진하기 위한 '국영 및 관리 기업체에 대한 신조치 요령'을 의결하고, 관재청장이 귀속 은행주 불하를 기정사실화 하는 등 귀속기업체 불하의 범위는 점점 확대되어갔던 것이다.[36)

1948년 헌법의 통제경제적 요소는 기본적으로 세계적 단위에서 자유무역체제를 구축하려던 미국의 전후 세계질서 재편 구상과 양립하기 어려운 부분이 있었다. 미군정기에 형성된 귀속기업체의 사유화라는 귀속재산 처리의 기본 방침은 정부 수립 후에도 지속적으로 관철되어, 1950년 1월 한미 간에 합의된 '경제안정 15원칙'에서 미국 측은 한국정부에게 귀속재산 및 정부관리 물자의 조속한 불하를 요구하였다. 그리고 후술하듯이 휴전 후 원조 제공을 위한 사전 기반 정비라는 성격을 띤 한미 간의 '경제재건과 재정안정계획에 관한 합동경제위원회 협약'(1953.12.14)을 통해, 미국 측은 국가 주도 통제·관리경제의 자유시장경제 메커니즘으로의 전환이라는 자신의 의도를 전반적으로 관철시킬 수 있었다. 이처럼 귀속기업체의 사유화 범위 확대는 한편으로 전후 재건의 물적 기반을 미국의 원조에서 구할 수밖에 없었던 이승만정부가 자유경제질서 구축이라는 미국의 기본적 요구를 수용하는 과정에서 현상화한 것이었다.

귀속기업체의 불하 방법은 크게 우선권이 부여된 경우와 우선권 부여 없이 경쟁 입찰에 부쳐진 경우로 나눌 수 있는데, 우선권이 인정된 경우가 72.8%로 압도적으로 많았다. 더구나 대규모 사업체가 집중되어

---

35) 韓國銀行調查部, 『經濟年鑑』 1955년, I-267, 268쪽.

36) 「국공유기업의 한계와 자유 사기업화」, 韓國銀行調查部, 『調查月報』 1954년 6월호, 61쪽 ; 韓國銀行調查部, 『經濟年鑑』 1955년, I-280쪽.

있는 중앙관할 사업체의 경우는 우선권 부여 여부가 확실하지 않지만, 우선권이 부여된 경우가 많았을 것으로 추정된다. 실제로 자료상에는 우선권 부여 여부가 미상으로 나타난 조선방직 부산공장, 조선방직 대구공장, 고려방직공사, 삼척시멘트공장, 북삼화학공장 등 중앙관할의 대규모 공장들이 우선권 부여로 불하되었던 것이다.[37]

그러면 귀속기업체 불하의 대부분을 차지하고 있는 우선권 부여 방식의 불하에서 우선권자는 어떤 사람들이었는가. 1950년 3월 공포된 '귀속재산처리법 시행령'에 규정된 우선권자 순위에서 제1순위는 임차인 및 관리인이었는데,[38] 이들의 출신은 대개 일제 식민지시대에 해당 기업체의 사무직 이상의 직원이었거나 소액 주주였던 사람, 일제시대나 미군정기의 관리였던 사람들이었다. 이들이 귀속재산처리법상의 '선량한 연고자'가 되어 노동자들의 자주관리운동을 저지하면서 1950년대의 신흥 자본가로 등장하게 되었던 것이다. 더욱이 1947년에 시가로 30억 환 정도였던 한 방직공장이 정부 사정가격으로는 7억 환에 평가되는 경우에서 보듯이, 이들은 정부 사정 가격에 의한 불하가격과 시가의 차이를 이득으로 흡수하는 특혜를 누렸고, 그 이득은 기업체 규모가 클수록 컸다. 또한, 대기업체일수록 최고 15년까지로 상환 연수가 길어서 제1회 납임금이 많지 않기 때문에 이들은 적은 자본으로도 소유주가 될 수 있었고, 장기 상환은 당시의 인플레이션으로 인해 이들의 실질 부담액을 감가시키는 효과를 가져다주었다. 실제로 1962년 5월 현재 매각대금이 완납되지 않은 귀속기업체는 총 53개이며, 이 중에는 주요 대기업체들이 거의 대부분 포함되어 있었다.[39]

37) 공제욱, 앞의 책, 76~77 · 121쪽.
38) '귀속재산처리법 시행령'에서 제2순위는 해당 기업체의 주주, 제3순위는 사원, 제4순위는 조합원 및 2년 이상 계속 근무한 종업원, 제5순위는 농지개혁법에 의해 농지를 매수당한 자였다.

〈표 1-3〉 1950년대 주요 대기업체 중 귀속기업체 계승기업 · 창설기업의 구성

(단위 : 개, %)

		주요 대기업체	불하된 귀속기업체	국유화된 귀속기업체	일제 때 조신인에 의해 설립된 기업체	8·15 이후 신설된 기업체 및 미상
섬유 공업	면방직	16	12	-	1	3
	생사제조	5	4	-	-	1
	모직, 견직, 인견	10	3	-	-	7
	기타섬유	8	2	-	1	5
화학 공업	고무공업	12	2	-	2	8
	기타화학	8	3	-	1	4
금속공업 및 기계공업		10	4	4	1	1
음식료품공업		9	3	-	-	6
비금속광물제품제조 (요업)		6	2	-	-	4
제재 및 목제품공업		3	1	-	2	-
인쇄 · 출판업, 기타		2	-	-	-	2
총 계		89(100)	36(40.4)	4(4.5)	8(9.0)	41(46.1)

* 출처: 공제욱,『1950년대 한국의 자본가 연구』, 백산서당, 1993, 117쪽.

　이러한 과정을 거쳐, 〈표 1-3〉에서 보듯이 종업원 수를 기준으로 한 1950년대의 89개 제조업 주요 대기업체 중에서 그 모태를 귀속기업체 불하에서 찾을 수 있는 것이 36개로 40.4%를 차지하게 되었으며, 22개 거대 기업체 중에서는 그 비중이 더욱 높아 15개 업체 68%에 이르게 되었다.

　요컨대, 농지개혁이 부르주아적 발전의 길을 열어 가는데 걸림돌이 었던 계급으로서의 지주를 해체하는 과정이었다면, 귀속기업체 불하는

39) 공제욱, 앞의 책, 96~99쪽.

한국자본주의의 새로운 담당자로서 부르주아 계급을 육성해 가는 과정이었다. 이 과정에서 전쟁은 노동자 농민을 위시한 민중의 사회 통제 가능성은 물론이고, 민중의 이해가 관철되는 경제 발전 또한 부르주아 국가권력의 의지를 통한 그 개량적 실현마저 불가능하게 했다. 즉 민중의 이해가 관철되는 경제 발전과 이를 위한 산업화 과정에서 요구되었던 귀속기업체를 위시한 국·공유 영역의 국가자본은 자유무역체제를 구축하기 위한 미국의 전후 세계질서 재편 구상에 의해 견인되면서 빠르게 사유화해 갔다. 그리고 사유화 과정에서조차 귀속기업체가 일제 식민지시대의 연고자들에게 주로 불하되어 국가자본의 민족자본화는 그 가능성을 상실하였고, 정부권력과 결합된 대외의존적인 부르주아 계급을 탄생시켰다.

2. 원조와 자본 축적

1) 제헌헌법의 경제질서와 통제·관리경제

원조는 자본 수출의 한 계기적 형태이다. 자본 수출은 19세기 말 독점자본주의가 성립되면서 형성된 과잉자본이 투자처를 찾아 해외로 진출하면서 시작되어 오늘의 초국적 자본에까지 이르고 있다. 대체로 제2차 세계대전 이후 국가독점자본주의 단계에서 독점자본의 자본 수출 양상은 대개 '원조 → 유상의 공공차관 → 민간 상업차관 → 직·합작 투자'라는 형태로 진행되어 왔다. 세계경제체제가 불안정한 시기에 무상증여인 원조나 공공차관의 형태로 국가 권력이 자본 수출에 개입하게 되는 것은 사적 독점자본의 진출에 앞서서 독점자본의 안전한 해외 투자처를 마련해 주기 위한 것이다.

한국에도 미군정기에 약 4억 1천만 달러의 점령지역행정구호원조 (GARIOA)가 제공되었다. 이 원조는 전체주의에서 해방된 지역에 거주하는 국민들의 구제를 목적으로 제공되기 시작해 전후에도 지속되었다. 따라서 식량, 의류, 의약품, 연료, 건설자재 등 구호용 물자와 긴급을 요하는 교통·통신의 보수재 등이 주로 제공되어 전후 처리의 성격이 강했다.[40] 정치군사적 경제적 이해를 포함하여 한국에 대한 미국의 총체적 이해관계가 원조라는 경제적 수단을 매개로 보다 구체적으로 나타나기 시작한 것은 1948년 12월 10일 체결된 한미경제원조협정에서부터 출발한다.

원조협정 체결에 앞서 1948년 7월 17일 제정된 대한민국 제헌헌법은 한 장을 할애해 경제조항을 별도로 규정했다. 즉 대한민국의 경제질서는 사회정의의 실현과 균형있는 국민경제의 발전을 기함을 기본으로 하며 개인의 경제상의 자유는 이 한계 내에서 보장되도록 했다(제84조). 주요 지하자원과 경제상의 자연력을 국유로 하였으며(제85조), 운수, 통신, 금융 등 공공성을 가진 기업은 국영 또는 공영으로 함을 기본원칙으로 하였다(제87조). 대외무역은 국가의 통제하에 두었다(제87조).

제헌헌법은 바이마르헌법이 추구한 사회국가를 지향하면서, 미군정기를 거치면서 형성된 경제사회질서를 현상적으로 유지하면서 해방공간의 계급모순을 자본주의체제 내로 개량화하려는 성격이 강했다.[41] 따라서 그 경제조항은 경제운영에 따라 국가가 경제를 통제·관리할 수 있는 범위를 넓혀 놓았다. 정부는 귀속기업체를 운영하면서 방대한 관업체계를 가지고 있어 일종의 국가자본적 기업이 형성될 수 있었다.[42]

40) 韓國産業銀行調査部, 『韓國産業經濟十年史』, 1955, 539쪽.
41) 신용옥, 「대한민국 제헌헌법상 경제질서의 사회국가적 성격 검토」, 『사림』 제47호, 2014, 209~208쪽.
42) 韓國産業銀行調査部, 앞의 책, 6쪽.

정부의 통제·관리정책은 1948년 한미경제원조협정의 체결로 원조 물자의 공여가 예상되자 국가가 주도하는 수입대체공업화 정책으로 이어지게 되었다. 정부는 국민경제에 대한 기본적인 기획을 담당할 부서로 기획처를 신설했다. 기획처는 산업부흥5개년계획을 수립하기로 하고 물동5개년계획을 기안했는데 이 계획은 1949년 4월에 국무회의에서 통과되었다. 물동5개년계획은 각 산업을 21개 부문으로 구분하고 세운 물자수급계획이었는데, 식량 자급자족, 동력 자립, 연료 증산, 방직공업 육성, 중공업 시설 확충을 통한 경공업 자립 등을 목표로 했다. 기획처의 의지와 달리 상공부는 물동계획을 추진하면서 통제물자와 원조물자를 저렴한 가격으로 자본가들에게 공급하는 등 상공업자 중심의 정책으로 나아갔다.[43]

그러나 이러한 국가 주도의 수입대체공업화 정책은 제2차 세계대전 이후 제3세계 국가들의 경제적 민족주의의 지향을 담은 수입대체공업화가 국가 주도하의 경제계획과 함께 자본의 국내 조달을 핵심으로 하고 있었던 것과 달리, 기본적으로 그 재원을 원조에 의존하고 있었다는 점에서 대외의존적일 수밖에 없었다. 1949년도의 경우 재정 세입에서 절대적인 비중을 점하고 있었던 것은 차입금(50%)이었으며 관재수입이나 전매수입 등 국가자본의 성격으로 볼 수 있는 것이 약 20%를 점하고 있었으나, 군사력의 확충 속에서 투자계획에 전용될 수 있는 형편은 아니었다.[44] 시정연설에서도 언급되었듯이 1949년도 재정에서 국방 치안비의 수요는 건설 사업에 불가피한 경비를 제외하고는 거의 전부를 국방과 치안에 경주하고도 충분하지 못했다.[45]

---

43) 鄭眞阿, 「제1공화국기(1948~1960) 이승만정권의 경제정책론 연구 −국가 주도 산업화정책과 경제개발계획을 중심으로−」, 연세대 박사학위논문, 2007, 42~47쪽.

44) 경제기획원, 『예산개요』 1962년, 102쪽.

45) 「시정연설」, 『韓國財政 40年史』 第1卷, 韓國開發研究院, 1991, 25쪽.

그러나 이승만정부 초기의 통제·관리경제체제와 국가 주도 수입대체공업화 정책은 민간자본의 자유로운 이동에 의한 자유무역체제를 지향하는 전후 미국의 세계경제질서 재편 구상과 양립할 수 없는 것이었고, 이러한 미국의 입장은 한미경제원조협정에 반영되었다. 이 협정에서는[46] 한국정부가 취해야 할 조치로서, 균형예산을 도모할 것과 통화 발행 및 신용의 통제를 실시할 것을 규정하여, 미국의 정책이 경제개발보다는 경제 안정에 있음을 분명히 했다. 또한 경제부흥계획의 한 부분으로서 책정된 수출입계획은 미국과 합의하는 것을 기초로 해야 하며 미국의 동의하에 외국환을 정기적으로 배정하도록 규정하여(제4조), 미국은 한국경제에 대한 통제권을 강화하였다. 즉 미국은 헌법상의 통제·관리경제적 요소와 한국정부의 국가 주도 개발정책을 재정, 금융, 무역, 외환 등 경제운영의 실제적인 부분에서 통제하려 했으며, 정부 소유의 생산시설을 불하하도록 하여 사적 경제영역에 대한 국가의 통제를 배제하려 했다.

특히 미국은 경제원조협정 체결에 따라 한국정부의 산업부흥5개년계획과 달리 '3개년계획(1950~52)'을 입안했는데, 이 계획을 통해 농산물, 수산물, 광산물의 증산과 수출을 바탕으로 한 1차 산업 주도형 성장전략을 구체화하였다.[47] 이 계획은 중공업의 육성까지를 포함한 한국정부의 수입대체공업화와는 거리가 있는 것이었다. 즉 산업부흥5개년계획은 연료와 동력, 중화학공업 14개 부문에 대해 투자를 집중해 증산을 도모하는 방향으로 추진되었다. 그러나 1949년 인플레이션이 가속화되는 가운데, 1950년 3월 경제안정 15원칙이 경제정책의 기조로

46) 「원조협정」, 국회도서관 입법조사국, 『미국의 대한원조관계자료(제1집)』, 1964, 13~20쪽.
47) 김양화, 「1945-59년 시기 한국의 경제성장 전략 : 그 내용, 귀결 및 평가」, 『동향과 전망』 제28호, 1995, 40쪽.

발표되었다.[48]

　　결국 한국정부의 '산업부흥5개년계획'은 실행에 옮겨지지 못하고, 대신 미국 측의 '3개년계획' 기조는 ECA 원조사업으로 시행되게 되었으나 6·25전쟁의 발발과 함께 곧 중단되게 되었다. 경제협조처(ECA)는 1950 회계년도에 1억 2천5백만 달러의 대한원조계획안을 의회에 제출했다. 이 계획안은 예산 균형, 인플레이션 억제하에 수송 설비의 발전, 석탄 및 전력 생산 증대, 미곡 및 수산물 수출, 광물 수출 등을 주 내용으로 했다. 이어 1950년 3월에는 2차년도 대한원조계획안이 의회에서 승인됨에 따라 한국의 ECA 원조는 마무리되었다.[49]

　　6·25전쟁 전까지 광산, 공장, 기타 중요 기업체가 국영으로 운영되었고, 정부는 국내물자의 수매(收買)사업, 비료 배급, 중점적 식량 배급, 도입 외자의 분배 통제, 무역 통제 등을 통해 통제를 실시할 수 있었다.[50] 무역의 경우 1949년 2월부터 쿼터제가 실시되었다. 종래는 수출입상품 통제 즉 수입허가품목과 금지품목을 지정하는 것이었는데, 쿼터제의 실시로 양적인 통제를 더욱 강화하게 되었다.[51] 하지만 이 시기 정부의 통제·관리정책은 이에 필요한 통제 기반의 공백상태에서 실시되었다. 선진국에서 볼 수 있듯이 자본주의 발전 과정에서 육성되어온 자율적인 통제기관이 없었다. 즉 독점적 통제기관이 발전하지 못했을 뿐 아니라 중소상공업자의 조합에 의한 통제기관도 없었으며, 방대한 관업체계를 가지고 있는 국가자본하의 통제기관도 없었다. 따라서 통제적 경제계획성은 수립될 수 없었다.[52]

48) 鄭眞阿, 앞의 글, 49·56쪽.
49) 이현진, 『미국의 대한경제원조정책 1948~1960』, 혜안, 2009, 82~83쪽.
50) 韓國産業銀行調査部, 앞의 책, 7쪽.
51) 韓國銀行調査部, 『經濟年鑑』 1949년, I-40~50쪽.
52) 韓國産業銀行調査部, 앞의 책, 6~7쪽.

6 · 25전쟁이 소강상태로 접어든 1951년 하반기부터 한미 양 정부는 한국경제의 안정과 재건을 위한 모색을 구체화하게 되었다. 그 결과 '대한민국과 통일사령부간의 경제조정에 관한 협정'(1952.5.24)이 체결 되었는데, 이 협정에는 미국의 한국경제에 대한 통제와 안정 중시의 경 향이 보다 강하게 나타났다. 이 협정에 의해 한국경제 전반에 대한 통 제권을 장악한 한미합동경제위원회가 구성되었으며, 한국정부는 통화 팽창을 억제하기 위한 재정금융정책을 실시할 것이 규정되었다. 또한 수출로 조달되는 외환을 제외하고 한국정부가 보유하고 있는 외환과 유엔군대여금 상환에 의한 외환을 한미합동경제위원회의 건의에 의해 서만 사용하도록 했다. 그리고 경제재건의 방침으로는 전쟁 전의 1차 산업 중심의 성장전략과는 달리 소비재공업 중심의 재건 방침이 시사 되었다.[53]

2) 국가 주도 수입대체산업화 정책과 원조

1953년 7월 아이젠하워(D.D. Eisenhower) 미국대통령의 특별교서로 한국에 대한 2억 달러의 원조가 승인되면서, 한국정부의 개발전략은 1954회계연도에 실시될 6억 2천8백만 달러 규모의 종합경제부흥계획으 로 구체화되었다. 이 계획은 시멘트공장 확장, 비료공장 설치, 발전소 보강, 토탄 증산, 조선소 건설, 인천기계공창 건설, 하천 준설 등 국가 에 의한 기간산업시설의 확충과 중공업을 포함한 공업화, 국내 민간자 본의 육성을 중심으로 입안되었다. 이 계획의 소요자금은 미국과 유엔 의 원조자금과 1억 2천2백만 달러의 한국 보유 달러를 재원으로 구성

---

53) 「대한민국과 통일사령부간의 경제조정에 관한 협정」, 『韓國財政 40年史』 第3卷, 韓國開發 研究院, 1991, 439~445쪽.

되었다.[54] 그러나 기간산업시설과 일부 중공업까지를 포함한 비교적 넓은 범주의 국가 주도 수입대체공업화는 방대한 군사력을 유지하기 위한 안정적인 경제기반을 강조하고 공산권 봉쇄를 위해 자유무역질서에 기초하여 일본 중심의 아시아지역 경제통합을 구상하고 있었던 미국의 정책구도와 배치되는 것이었다.

6·25전쟁을 거치면서 군사원조 중심으로 편제된 상호안전보장법에 따라 원조를 받는 나라는 원조물자의 국내 판매대금인 대충자금의 일정 부분을 군사 목적에 배당해야 했다. 6·25전쟁 후 1950년대를 통하여 20개 사단 72만~18개 사단 63만의 대군을 유지하기 위해 한국정부는 국방비 재원의 약 40%를 대충자금에 의존하고 나머지를 국내 재원으로 조달하였는데, 그나마 국내 재원의 약 32%는 적자재정 재원에 의존하였다.

이와 같이 국민경제력 수준을 초과하는 과도한 국방비 규모는 실현성 없는 북진통일론을 내걸고 아시아의 반공 맹주를 기도하면서 허약한 정당성의 기반을 반공 이데올로기에서 구하려 했던 이승만정부와 한국을 반공 전초기지로 위치지우고 비록 당시에는 실현되지 않았지만 때로는 아시아지역에서 한국군의 군사적 공헌을 암묵적으로 규정하기도 했던 미국의 이해관계가 상호보완적으로 결합한 결과였다. 냉전체제와 반공 이데올로기에 정당성의 기반을 두고 있었던 이승만정부로서는 한국군 규모의 축소를 통해 절감된 국방비를 경제개발비로 충당하려는 사고의 전환을 할 수 없었고, 다만 미국에 원조의 증액을 요구할 뿐이었다. 이에 미국은 한정된 재원으로 한국이 공산권 봉쇄를 위한 반공 전초기지의 효율적인 역할을 수행하도록 하기 위해, 한미합동경제위원회를 통해 대충자금을 운용해 갔다. 6·25전쟁 후 1950년대

---

[54] 「휴전후 대한경제원조의 실태」, 韓國産業銀行調査部, 『調査月報』 1954년 7월호, 19~20쪽.

를 통해 대충자금은 약 35%가 국방비로 전용되고 62%가 경제부흥사업에 충당되었다. 이것은 미국이 국방비와 경제부흥비로 일정하게 분할된 대충자금 운용을 통하여 국민경제력 수준을 초과하는 군사비를 보완하는 동시에 과도한 군사력을 안정적으로 유지하기 위한 경제구조를 창출해 갔음을 의미한다.[55]

당시 미국은 NSC 170(1953.11.9)에 기초해 한국에 대한 경제원조의 목표를 6·25전쟁 전의 수준으로 국민경제를 회복시키는데 한정하고 투자에 대한 제한적 비율을 설정하고 있었다.[56] 따라서 기간산업시설과 일부 중공업까지 포함한 비교적 넓은 범주의 수입대체공업화 전략인 한국정부의 종합경제부흥계획은 미국의 한국에 대한 경제원조의 목표와 어긋나 있었다. 더욱이 원조의 기본 목적이 방대한 군사력 유지를 위한 안정적 경제기반의 확립에 있었던 미국으로서는 이를 위해 필요한 재원이 경제개발로 충당될 수는 없는 것이었으며, 그 경우 그것은 곧 미국 부담의 증대를 의미하는 것이었다. 즉 종합경제부흥계획안은 환화자금 총수요액의 30%를 통화증발에 의해 조달할 것으로 계획하였는데, 이것은 곧 인플레이션을 의미했다. 따라서 인플레이션을 방지하여 군사력 유지를 위한 안정적 경제기반을 유지하기 위해서는 미국자금의 추가적인 공급이 필요할 수밖에 없었다.

한편, 미국은 공산권 봉쇄를 위한 아시아지역의 중추로 일본을 위치지우면서 일본에 대한 경제적 배려로서 한일 간의 경제교류 촉진을 강조하였다. 미국은 일본과 아시아 각국 간의 경제관계 강화가 식량과 원료의 안정적이고 값싼 공급지를 요구하는 일본과 1차 산품의 수출시

55) 신용옥, 「국방비 순석으로 보 대충자금 및 미국 대한원조의 성격(1954~1960)」, 『한국사학보』 3·4호 합집, 1998, 252~264쪽.

56) U.S. Department of States, *Foreign Relations of the United States, 1952~1954*, vol 15, part 2, 1984, pp.1600~1604.

장을 필요로 하는 아시아 각국 양자가 안고 있는 문제를 해결할 수 있
는 길이라고 생각하였다. 더불어 이를 통해 현재 일본의 식량 및 원료
의 공급을 담당하고 있는 미국의 부담도 직접적으로 경감될 것으로 기
대하였다.[57] 그러나 일본 중심의 동북아시아 지역경제체제를 통하여
원조자금을 재순환함으로써 자국의 부담을 줄이고 공산권 봉쇄를 위
해 전후 아시아 재편을 협력으로 이끌려는 미국의 의도는 오히려 다른
한편으로 아시아의 반공 맹주를 꿈꾸던 이승만정부로 하여금 특별외
화대부에 의한 대일수입 금지조치(1954.3.20) 등과 같이 일본 상품의
구매가 아니라 일본과 거리를 유지하려는 대일 방어적인 수입대체공
업화를 추구하게 했다.[58] 종합경제부흥계획안이 기획했던 비교적 넓
은 범주의 수입대체공업화는 미국이 구상했던 일본 중심의 아시아 지
역분업구조와 어긋나 있었다.

　　이상과 같이 성장전략에 대해 상충된 이해관계를 가지고 있었던 한
미 양국은 이후 본격적으로 실시될 원조에 기반한 한국경제의 재건과
부흥을 위해 몇 가지 문제에서 협의를 거치지 않으면 안되었으며, 그
결과 1953년 12월 '경제재건과 재정안정계획에 관한 합동경제위원회 협
약'(이하 '합동경제위원회 협약')이 체결되었다.[59] 이 협약에서는 미국
측이 주장해 온 경제 안정과 한국 측이 주장해 온 경제 부흥이 절충적
으로 타협되었다. 그러나 재건 투자는 재정안정계획에 합치시켜야 한
다는 것이 투자계획의 준칙으로 되어 있어 미국의 안정론이 그 주류를

---

57) 李種元, 「アイゼンハワ政權の對韓政策と日本」(二), 『國家學會雜誌』 第107卷 5 · 6號, 1994,
    485쪽.
58) 韓國銀行調査部, 『經濟年鑑』 1956년, I-145쪽 ; Jung-En Woo, *Race to the Swift*, Columbia
    University Press, 1991, 53~54쪽.
59) 「경제재건과 재정안정계획에 관한 합동경제위원회협약」, 『韓國財政 40年史』 第3卷, 韓國
    開發硏究院, 1991, 522~526쪽.

형성하고 있었다.[60] 협상 과정에서 제기된 주요 문제는 구매권과 구매
지역의 문제, 원조물자의 소재 내용, 환율 문제 등이었다.

구매권과 구매지역의 문제에서 한국 측은 구매권의 이양을 주장하
였는데, 이것은 일본 중심으로 형성된 원조물자의 구매지역을 변경하
려는 의도를 내포한 것이었다.[61] 그러나 원조자금을 재순환하여 일본
경제를 육성시킴으로써 일본이 아시아지역에서 군사적 경제적 중심세
력으로 성장하기를 기대하고 있었던 미국으로서는 원조물자의 구매지
역 변경을 의도하는 한국 측의 구매권 이양 요구는 받아들일 수 없었
다. 결국 구매권 문제는 이 협정에서는 언급되지 않았지만 후속 조치
를 통해 한국정부가 구매와 반입을 책임지기로 총괄적으로 규정하고,
구매지역에 대해서는 "가급적 세계적으로 광범위하게 하여 충분히 경
쟁적인 입찰을 기하게 한다"라고 하여 일본의 입찰 허용을 간접적으로
표현했다. 그리고 공개경쟁 입찰과 더불어 민간무역에 의한 구매의 장
점을 강조하여 자유시장경제 메커니즘이 충분히 작동하도록 했다.[62]

협상 과정에서 또 하나의 쟁점이 되었던 원조물자의 소재 내용이란
소비재와 자본재의 비율을 어떻게 설정할 것인가의 문제였다. 경제 안
정을 산업 재건에 선행시키고자 하는 미국 측은 소비재의 비율을 늘리
려 했고, 한국 측은 그 반대였다. 협정 자체에는 명시되지 않았지만, 방
대한 군사력을 유지하는데 필수적인 경제 안정을 도모하기 위해 소비
재 물자 공급을 늘리고 그 판매대전인 대충자금으로 군사비로 인한 재
정적자를 보전하려 했던 미국 측의 논리가 후속조치를 통해 관철되었
다.[63] 그 결과 이후 도입된 원조의 소재 구성은 자본재가 원조 총액의

---

[60] 「공동성명서」, 韓國銀行調査部, 『調査月報』 1954년 1월호, 7쪽.

[61] 「휴전후 대한경제원조의 실태」, 앞의 책, 21쪽.

[62] 韓國産業銀行調査部, 앞의 책, 563쪽 ; 「FOA자금에 의한 원조물자구매절차」, 韓國銀行調
査部, 『調査月報』 1954년 3월호, 118~119쪽.

30%에 불과하고 나머지는 소비재 물자가 도입되게 되었다.[64]

이러한 소비재 중심의 원조물자 도입은 도입 원료에 기반한 몇몇 부문에 한정된 소비재 공업의 발흥을 예고하는 것이었다. 판매용 소비재 물자를 많이 도입하려는 미국의 의도가 물가안정과 재정적자의 해소에 있었던 만큼 그에 기반한 소비재 공업 역시 생산시설이 어느 정도 갖추어져 있어 신규투자를 필요로 하지 않고 또 국내 수요가 큰 필수품을 생산해 낼 수 있으면서 그 원료가 원조로 도입하기 쉬운 것이어야 했다. 따라서 이러한 조건을 어느 정도 갖춘 면방직과 같은 섬유공업과 제분, 제당과 같은 음식료품공업을 중심으로 몇 개의 업종에 한정된 소비재 중심의 수입대체공업화가 발흥되게 되었다.[65]

다음으로는 환율 문제가 있었다. 당시 환화는 과대평가되어 있었는데, 이러한 환화의 과대평가는 이승만정부의 수입대체산업화를 통합적 구성하는 부분이었다. 즉 과대평가된 통화는 달러의 양을 증대시키는 수단으로서 뿐만 아니라, 수입된 자본재와 중간재의 비용을 낮추어서 투자와 생산의 유인책으로 이용되었다. 이에 대해 미국 측은 환율의 현실화를 요구한 반면 한국 측은 환율의 유지를 주장하였는데, 결국 미국 측의 주장이 관철되어 환화는 60 : 1에서 180 : 1로 평가절하되었다.[66] 이후 1955년 환율협정에 의해 다시 500 : 1로 환율이 인상되었는데, 부대각서를 통해 이후 국내 물가의 변동에 따라 그 비율만큼 환율을 개정한다는 조건이 부가되었다.[67]

▨▨▨▨▨▨▨▨

[63] 「휴전후 대한경제원조의 실태」, 앞의 책, 20 · 25쪽.

[64] 洪性囿, 앞의 책, 68쪽.

[65] 김양화, 앞의 글, 1995, 48쪽.

[66] Jung-En Woo, 앞의 책, 63~65쪽 ; 「휴전후 대한경제원조의 실태」, 앞의 책, 21 · 25~26쪽.

[67] 「단기4287년 11월 17일자 서명 대한민국과 미합중국정부간에 합의된 의사록 부록A 제1항의 개정의 건」, 韓國銀行調査部, 『經濟年鑑』 1957년, Ⅱ-30쪽.

이처럼 상대적으로 현실화된 환율은 국내경제를 국제경제에 직결시키는 기준선으로 역할하게 됨에 따라, 한국경제가 국제 자유시장경제 메커니즘으로 포섭되는 것은 한층 불가피하게 되었다. 더욱이 전후의 경제 복구와 부흥의 재원이 주로 원조에 의해 충당될 것이 기대되고 있었고, 이에 따라 무역에서 차지하는 원조의 비중이 압도적이었던 당시로서는 환율의 현실화에 따라 국내경제가 국제 자유시장경제와 연동되는 것은 불가피하게 되었고, 이에 따라 국내경제에서 국가 통제도 점차 축소되는 방향으로 나아가지 않을 수 없게 되었다.

이상에서 보는 바와 같이 '합동경제위원회 협약'은 비록 경제 안정과 경제 부흥이 절충된 형태로 표현되고는 있었으나, 군사력 유지를 위한 경제 안정, 국가 주도 관리·통제경제의 자유시장경제 메커니즘으로의 전환이라는 미국의 의도가 전반적으로 관철되었다.

하지만 '합동경제위원회 협약' 이후에도 이승만정부의 국가 주도 수입대체산업화는 지속되었다. 1954년에는 정부가 단독으로 출자하여 장기산업개발은행으로서 한국산업은행이 설립되었다. 이로써 정부는 국가자본의 영역을 대부자본으로 확대하게 되었으며, 비록 전액 한국은행에 의한 인수방식을 취하였지만 초기에는 산업부흥국채가 발행되는 등 수입대체산업화를 위한 국가자본이 확대되어갔다. 한편 1950년 5월에 공포된 은행법은 조속한 실시가 요구되어 왔으나 귀속주 불하와 증자문제 등으로 시행이 지연되었다. 특히 당시 시중은행 주식의 약 70%를 점하고 있었던 귀속주 불하문제는 은행의 독립성과 민간자본의 유입 등에 있어서 선결되어야 할 과제로 제기되기도 했다. 결국 1954년 10월 은행 귀속주 불하 결정이 발표되었으나, 금융기관을 국가자본의 영역으로 포함하여 통제하면서 정치자금을 은행으로부터 유용하고 있었던 이승만과 자유당은 야당 성향의 민간인에게 불하되는 것을 우려하여 소량 분산공매만을 허용하였다.[68] 그 결과 1954년 11월부터 1955년

7월까지 5회에 걸쳐 시행된 공매는 유찰과 응모자 부재를 초래할 뿐이었다.[69]

　　한국산업은행의 설립과 더불어 1955년에는 부흥부가 설립되어, 앞서 언급한 종합경제부흥계획을 포함하여 5개년부흥계획(1954~58년)을 재조정하였다. 이 계획은 원조자금 17억 달러를 주요 재원으로 하는 총 23억 달러의 투자계획이었으며, 자립경제 달성을 목표로 하여 비료공장, 시멘트공장, 판초자 공장, 발전 및 교통 시설 등 생산시설에 중점을 둔 것이었다.[70] 이 계획을 바탕으로 정부는 신부흥5개년계획안을 마련해 1956년 3월 방한한 델레스 국무장관에게 제안했다. 이 계획은 5년 동안 약 10억 7천만 달러를 전력·수송·통신, 농업생산 증가, 비료공장·시멘트공장 등의 수입대체산업화 부문 등에 사용할 계획이었다.[71]

　　그러나 '합동경제위원회 협약' 이후 원조물자의 구매에 있어서 민간무역이 확대되어 갔으며, 환율의 현실화에 따른 가격구조의 시장경제 메커니즘화는 경제 전반에 대한 정부의 관리·통제를 위축시키는 방향으로 귀결되어갔다.

　　이승만정부의 수입대체공업화는 국가 주도하의 경제계획을 구상하기는 하나 그 주요 재원을 원조에서 구하게 되어, 경제적 민족주의의 지향을 담은 제3세계 일반의 혼합경제체제가 추구하고자 했던 국내 자본의 조달과 육성을 통한 자립적 국민경제구조의 형성과는 차이가 있었다. 냉전체제하의 반공국가에서 자신의 허약한 정당성의 기반을 보완하고자 했던 이승만정부와 공산권 봉쇄를 위한 일본 중심의 지역통합체제하에서 한국을 그 전초기지로 위치지우고자 했던 미국은 반공

68) 「李重宰」, 『財界回顧』 7, 한국일보社, 1981, 232~233쪽.

69) 大韓金融團, 『韓國金融二十年史』, 1967, 148~149쪽.

70) 오영재, 「정부의 부흥정책과 업적」, 『國防의 當面課題』, 大韓民國 國防部, 1955, 567~569쪽.

71) 鄭眞阿, 앞의 글, 168~169쪽.

과 자본주의체제의 유지라는 대전제 위에서 상호보완적으로 결합되어 있었다. 그리고 비록 이러한 대전제를 유지하기 위한 방법 즉 재건과 부흥 전략에서 양국의 입징 차이가 있었지만, 그 주요 재원을 조달하고 있었던 미국의 입장이 주로 관철되어 원조에 기반한 몇몇 소비재 공업부문에 한정된 수입대체공업화가 이루어지게 되었다. 이러한 수입대체공업화는 자립적 국민경제구조를 구축하기 위한 초기 조건으로 기능하기보다는 이후 한국경제를 대외의존적이게 한 하나의 원인이 되었다.

3) 원조와 산업화 수단

1953년 휴전 당시 한국 경제는 1940년 수준보다도 낙후되어 있어서, 이후 1950년대를 통해 수입의 70% 이상을 원조에 의존해야 했다.[72) 따라서 원조를 매개로 한 각종 자원의 배분과정은 귀속기업체 불하와 함께 사적 자본이 성장할 수 있는 중요한 계기가 되었다.

독일이나 일본과 같은 후발 선진자본주의국은 물론이고 중상주의 단계를 경험한 선발 선진자본주의국 역시 자본주의 발전 초기단계에서 국가의 역할이 중요했듯이, 사적 자본의 발전이 낮은 수준에 있는 후진국에서는 자본주의 발전을 위한 국가의 역할이 더욱 중요하다. 당시 이승만정부는 국가 주도하의 수입대체공업화 전략을 추구했지만 그 주요 재원을 원조에서 구하고 있었기 때문에, 국가 주도 수입대체공업화의 재정적 표현인 재정투융자의 주요 재원 역시 원조물자의 국내 판매대금인 대충자금이 주요 기반을 형성했다. 그 결과 1953~1960년 기간 중 재정투융자 총액의 69%를 대충자금 재원에 의존하였는데, 경제

---

72) 車東世 · 金光錫 編, 앞의 책, 34~36쪽.

발전을 위한 주요 국가자본인 재정투융자 재원을 대충자금에 의존하게
되었다는 것은 한국경제의 발전 방향이 한국과 미국 간 이해관계의 절
충으로 귀결될 수밖에 없다는 것, 곧 대충자금의 사용 방향을 결정했던
한미합동경제위원회를 통해 한국경제에 대한 미국의 정치적 군사적
이해가 관철되어 갔다는 것을 의미한다.

앞서 언급했듯이 대충자금은 1954~1960년 동안 총액의 35%가 국방
비로 전입되고 62%가 경제부흥사업비로 지출되었다. 이것은 경제부흥
사업비로 지출될 대충자금이 국방비 보전으로 압박당하고 있었다는
것을 의미하며, 역으로 한국경제에 대한 미국의 개입과 조정을 나타내
는 것이기도 하다. 즉 대충자금의 지출이 국방비와 경제부흥사업비로
일정한 비율로 분할되어 있었다는 것은 정치군사적 논리와 경제적 논
리가 분리될 수 없으며 이 양자에 대한 통일적 운영을 통해 한국에 대
한 미국의 이해관계가 종합적으로 관철될 수 있었음을 뜻한다.

대충자금을 재원으로 한 경제부흥사업은 관영사업과 민영사업으로
구분된다. 이 중 관영사업은 주로 경제부흥특별회계를 통해 재정투자
로 이루어지게 되는데, 대충자금 재원을 포함한 전체 재정투자는 1953~
1960년 기간 중 재정투융자 총액의 62%였다. 재정투자는 주로 농업생
산력 증강과 공공토목사업에 집중되고 항만, 철도, 통신에 약간의 액수
가 배정되었지만 광공업 진흥을 위한 시설투자는 전무하였다. 이것은
당시 물가수준에 큰 양향을 미쳤던 곡가의 안정을 위해 식량을 증산하
고, 이러한 경제안정의 바탕 위에서 방대한 군사력을 유지하기 위한 것
이었다. 한편 민영사업은 금융기관을 통해 재정융자의 형태로 이루어
졌는데, 대충자금 재원을 포함한 재정융자는 재정투융자 총액의 32%였
다. 재정융자는 금융기관을 통해 민간기업체에게 대부되어 사적 자본
형성에 보다 직접적으로 영향을 미쳤는데, 농업은행에 의한 융자를 제
외하고는 대부분 한국산업은행을 통해 이루어졌다.[73]

표 1-4〉대충자금 특별회계 목적별 세출실적(결산)

(단위 : 백만 환)

	1954년도	1955년도	1957년도	1958년도	1959년도	1960년도	계
ㄱ.국방비보전	12,729(37%)	51,200(44%)	48,330(31%)	48,300(26%)	53,000(37%)	53,469(44%)	267,028(35%)
ㄴ.경제부흥사업	16,999(50%)	60,277(52%)	102,571(67%)	134,255(72%)	89,038(61%)	65,586(53%)	468,726(62%)
(관영사업)	10,380(30%)	48,283(42%)	84,469(55%)	82,832(45%)	57,926(40%)	48,484(40%)	332,374(44%)
경제부흥특.회	8,057	45,993	84,469	82,832	57,926	48,484	327,761
교통사업특회융자금	2,305	2,049	0	0	0	0	4,354
통신사업 〃	18	241	0	0	0	0	259
전매사업 〃	0	0	0	0	0	0	0
(민영사업)	6,619(19%)	11,994(10%)	18,102(12%)	51,423(28%)	31,112(21%)	17,102(14%)	136,352(18%)
민간융자금	6,619	11,994	18,102	51,423	31,112	17,1021)	136,352
ㄷ.기타	4,347(13%)	4,432(4%)	2,593(2%)	3,013(2%)	3,173(2%)	3,623(3%)	21,181(3%)
외자특회	1,741	1,702	1,524	1,584	1,342	1,522	9,415
협정제비	530	2,619	1,069	1,429	1,831	2,101	9,579
UNKRA이관금	1,398	0	0	0	0	0	1,398
물자취급비	678	111	0	0	0	0	789
계	34,076 (100%)	115,909 (100%)	153,494 (100%)	185,568 (100%)	145,211 (100%)	122,678 (100%)	756,935 (100%)

자료: 韓國銀行 調査部, 『經濟統計年報』 1969년, 110쪽 ; 『經濟統計年報』 1962년, 128쪽.
주 : 1) 회수금계정의 융자금 포함

　　　원조물자가 판매되어 대충자금이라는 형태로 국가자본화하여 민간
기업에게 대부된 재정융자가 사적 자본 형성의 간접적인 계기였다면,
원조물자의 배정은 보다 직접적인 계기가 되었다. 원조물자의 판매 방
식에는 일반공매제와 실수요자제가 있었는데, 한국정부는 실수요자제
를 주장했고 미국 측은 일반공매제를 시종일관 관철시키려 했다. 이러
한 양국의 입장 차이는 판매용 원조물자의 한화가격을 결정할 환율에
대한 이해관계의 상충에서 비롯되었다.

73) 신용옥, 「1950년대 대충자금 및 미국 대한원조의 경제적 성격」, 『한국민족운동사연구』
　　31, 2002, 230~245쪽.

1950년대를 통해 공정환율은 실세를 반영하지 못하고 낮은 수준에서 유지되어 시장환율의 평균 반 밖에 되지 않았다. 한미 간의 환율협상에서 한국정부는 환화의 과대평가를 주장하였는데, 그 주된 이유는 6·25전쟁 당시 유엔군의 한국 내 한화경비를 조달하기 위해 대여했던 유엔군 대여금의 상환과 유엔군사령부의 국내주둔경비로 사용될 환화 판매에서 더 많은 달러를 획득하기 위한 것이었다. 당시 공정환율은 금과 결부된 국제통화기금의 평가를 기초로 한 것이 아니라 달러에 대한 한화의 단순한 환산율을 의미하는 것이었고, 또한 모든 외환을 한국은행에 집중하고 외환의 처분 역시 금융통화위원회가 정한 규정에 따라야 하는 외환예치집중제가 실시되었기 때문에 민간무역에서도 비교적 명목적인 것에 불과했다. 오히려 수출보다는 수입이 중요했던 당시의 상황에서 한화의 과대평가는 수입 중간재와 자본재의 원가를 낮게 하여 수입대체공업화를 위한 한 요소로서 작용하고 있었다. 이에 반해 미국 측은 자신의 직접적인 재정지출의 증대를 의미하는 유엔군 대여금 상환과 국내주둔 경비를 고정환율의 인상을 통해 최대한 줄이려 했다.[74)]

원조물자의 판매에서도 미국 측은 일반 상인들도 참여시킨 일반공매제를 통하여 원조물자 한화 판매가격을 결정할 환율을 가격경쟁을 통해 최대한 높이려 했다. 그리고 이를 통해 적립된 대충자금의 규모 확장과 그 운용을 통하여 한국에 대한 자신의 정치군사적 경제적 이해관계를 관철시키려 했다. 이에 반해 한화의 과대평가를 유지하고자 했던 한국정부는 상인의 참여를 배제하고 생산시설을 보유한 실수요자에게만 판매하는 실수요자제를 주장하여 원조물자 판매가격을 결정할 환율을 공정환율의 수준에서 유지하려 했다. 한화의 과대평가를 통해

74) 공제욱, 앞의 책, 139~146쪽.

한국정부는 사용권한에서 미국의 영향력이 강한 대충자금의 확대보다
는 자신이 자유로이 처분할 수 있는 정부 외환보유량의 증대를 원했다.

결국 원조물자의 판매방식은 한국의 주요 공업용 원료로 사용되는
면화, 소맥 및 원당 등을 포함한 몇 개의 품목에 대해서만 실수요자제
를 실시하는 것으로 귀결되었다. 그러나 실수요자제는 물론이고 일반
공매제라 할지라도 1953~1961년 사이에 전국도매물가가 약 4배로 상승
하는 인플레가 진행되고 물자 부족이 만연했던 당시로서는 원조물자
를 획득한다는 것 자체만으로도 큰 이익을 볼 수 있었다. 더욱이 시장
환율과 공정환율의 괴리가 커서 원조물자를 배정받아 시장에 내놓기
만 해도 큰 차액의 이득을 볼 수 있었다. 실제로 일반공매제 품목이라
도 1955년 이후에는 낙찰환율이 공정환율을 크게 넘어서지 않아서,
1955년의 경우 낙찰환율(=공정환율 500환)과 시가의 차이에서 발생하
는 판매이윤율은 최하 7%에서 최고 73%로 대단히 높았다.[75]

면사를 비롯한 몇몇 공업용 원료에 대한 실수요자제의 실시와 그로
인한 경제상의 이득은 이들 부문으로 특화된 소비재 공업 중심의 수입
대체산업화를 가져왔는데, 우리는 흔히 이러한 1950년대 공업화의 양
상을 면방, 제분, 제당의 '삼백산업'으로 상징하기도 한다. 그러나 이처
럼 몇몇 분야에 한정된 소비재 중심의 수입대체공업화가 진행되게 된
데에는 금융지원, 과세, 수출입제도, 국내 판매가격 결정 등에서 이들
분야에 대한 정부의 특혜성 정책도 큰 영향을 미쳤다.

당시 일반 은행의 일반 대출금리는 최고 연리 18.25%였는데, 이것은
인플레 상승률에도 미치지 못하는 것이었다. 과소 평가된 것으로 보이
지만 50년대 중반 이후 사채금리가 연리 48%(월 4%)였다는 정부 자료를

75) 김양화, 앞의 글, 1995, 57 · 59쪽 ; 金大煥, 「1950년대 韓國經濟의 연구」, 『1950년대의 인식』,
    한길사, 1981, 202쪽.

기준으로 한다 해도,[76] 은행 융자는 가만히 앉아서 연리 30% 이상의 이윤을 남길 수 있는 것이었으며, 이 융자금으로 시중가격보다 훨씬 싼 원조물자를 구입한다면 이중의 이윤을 볼 수 있는 것이었다. 더욱이 한국산업은행을 비롯한 공공 금융기관의 대출금리는 일반 은행보다 낮아서 산업은행을 통한 대충자금 융자의 경우 대부분 10% 이하였으며, 산업은행의 일반 산업자금 대출은 거액 융자일수록 금리가 낮았다.[77] 1960년 현재 자본구성에서 자기자본의 비중이 중소기업은 46.1%인데 반해 대기업이 27.5%에 불과한 것은 금융상의 특혜가 대기업 위주로 이루어지고 중소기업은 소규모 사채에 의존한 결과였다.[78]

이처럼 큰 경제상의 이득을 볼 수 있는 금융기관 융자는 기간산업 건설을 위한 국유 기업을 제외한 민간기업체의 경우 실수요자 원조물자 배정에 기반한 몇몇 소비재 공업에 집중되었다. 이 과정에서 정치권력과 사적 자본 간의 정경유착이 횡행하게 되었다. 그 대표적인 예가 연계자금방출사건이었는데, 1958년 5 · 2선거를 앞두고 자유당이 선거자금을 마련하기 위해 시중은행을 통해 12개 기업체에 39억 환을 대출해주고 20%가량의 정치자금을 헌납받은 것이었다.[79]

몇몇 소비재 공업 부문에 대한 정부의 특혜적 조치는 조세정책과 수출입제도에서도 나타났다. 이들 소비재 공업 부문에 대해서는 원료에 대한 수입관세, 사용 외환에 대한 임시외환특별세, 제품에 대한 물품세 등을 감면하거나 면제해 주었다. 반면에 이들 소비재 공업 부문 이외에도 정부의 보호 육성을 통해 수입대체가 가능한 공업부문이 있었음에도 불구하고, 이 부문에 대한 보호 육성 조치는 결여되어 있었다.[80]

---

76) 공제욱, 앞의 책, 147쪽.
77) 위의 책, 147~148쪽.
78) 金大煥, 앞의 글, 228쪽.
79) 위의 글, 198쪽.

또한 정부는 간접세 중심의 조세구조로 기업의 자본 축적을 용이하게 하는 한편, 전시 중의 비상조치로 시행되었던 인정과세제를 연장함으로써 기업의 탈세를 방조하였다. 인정과세제란 각 세무서 단위로 조세 징수액을 할당하고 세무서원에게 과세금액을 인정할 수 있는 권한을 주는 것인데, 이 과정에서 정치권력과 유착하고 있었던 대기업들의 탈세가 자행되어 1961년 부정축재자처리에서 면방직업을 비롯한 주요 자본가들의 탈세가 문제가 되었다.[81] 그리고 이들 몇몇 소비재 공업부문의 기업체들이 담합하여 제품의 국내 판매가격을 높게 결정하는데도 정부는 아무런 규제를 가하지 않았으며, 오히려 동종의 외국산 제품 수입을 금지하여 이들 기업의 자본 축적을 도왔다.

이상에서 보는 바와 같이, 1950년대를 풍미했던 몇몇 부문에 한정된 소비재 공업 중심의 수입대체산업화는 원조물자의 실수요자제를 바탕으로 한 정부의 각종 특혜성 정책에 기반하고 있었다. 미국은 생필품 중심의 몇몇 소비재 경공업의 수입대체화를 통해 인플레이션을 방지하여 국민경제력 수준 이상의 군사력을 유지할 안정적 경제기반을 조성하려 했다. 특히 미국은 인플레이션을 방지하기 위하여 〈합동경제위원회 협약〉의 부속규정들을 통해 민간 기업인이 원조로 공장을 신설할 경우 총 투자자금의 최소한 20% 이상을 자기자금으로 충당할 것을 요구했는데,[82] 이러한 규정은 자본이 부족하던 당시에 수입대체산업화를 위한 다양한 범주의 공업화를 어렵게 만들기도 했다.

한편, 이승만정부의 국가 주도 수입대체산업화는 그 주요 재원을 원조에서 구하고 있었기 때문에 정치군사적 목적에 대한원조의 중점이

80) 김양화, 앞의 글, 1995, 53·58쪽.
81) 金大煥, 앞의 글, 191쪽.
82) 김양화, 앞의 글, 1995, 55쪽.

있었던 미국의 이해관계에 기본적으로 의존적일 수밖에 없었으나 반공
이데올로기에 기반한 정권의 성격상 상호보완적이기도 했다. 따라서
이승만정부가 제시한 각종 경제부흥계획들이 비록 중공업까지 포함한
다양한 저변의 수입대체산업화를 의도했다고 할지라도, 일차적으로 미
국의 이해관계 범주 내에서 가능한 소비재 중심의 수입대체산업화로
한정될 수밖에 없었다. 더욱이 이승만정부는 외환이나 원조를 매개로
한 각종 자원의 배분 과정을 통해 자신의 허약한 정당성 기반을 보완
하려 했기 때문에 몇몇 한정된 부문에 자원을 집중 배분해주고 이들
사적 대자본가들을 자신의 권력 기반으로 삼으려 했다.

4) 대외의존 및 독점의 수입대체공업화

한국의 산업화에 대한 미국의 제한적 이해관계와 기본적으로 이에
의존적일 수밖에 없었던 이승만정권의 허약한 정당성 기반은 냉전이
열전으로 전화했던 6·25전쟁 후 1950년대의 수입대체공업화를 본격적
인 산업화의 단계로까지 끌어올리지는 못했다. 1950년대 산업구조에서
제조업(2차 산업)의 비중은 1954~1960년간 국민총생산의 13.5%~19.4%
로 매우 낮았다. 더욱이 제조업 중에서 생산재 공업의 비중은 19.7%~
21.7%에 불과하여 소비재 공업의 비중이 압도적이었다. 따라서 소비재
공업 부문이 1953~1959년간 년 평균 20.5%의 성장률을 보이면서 생산
재 공업 부문(8.6%)이나 여타 산업 부문을 크게 앞지르며 1950년대의
공업화를 선도해 갔다.[83]
　그러나 소비재 공업 부문의 성장은 면방직, 소모방직, 제분, 제당, 주
정 등 몇몇 섬유 및 음식료품 공업에 한정되어 있었다. 따라서 다양한

83) 위의 글, 1995, 54쪽.

범주의 수입대체공업화를 통해 국민경제 각 부문이 내부 연관 메커니
즘을 형성하여 자립적 국민경제를 이루기 위한 산업 및 공업구조는 아
니었다. 원조에 의해 공장이 신설되면서 성장세를 보여 왔던 시멘트,
판유리, 비료 등 중간재 공업도 시제품 생산단계에 불과했다.[84]

　1950년대 공업화를 주도해 갔던 5개 업종의 섬유 및 음식료품 공업
의 자본 축적은 기본적으로 원료의 조달 및 제품의 판매 등 주로 유통
과정에서 성립된 독점에 기반하고 있었다. 이들 업종의 대자본가들은
대한방직협회, 대한모방협회, 한국제분공업협회 등 원료 카르텔을 결
성하여 실수요자제에 의해 원조 원료를 거의 독점적으로 공급받았다.
이들 협회는 일정 규모 이상의 대기업에게만 회원자격을 주고 신규기
업의 진입을 억제하여 배타적인 지위를 누렸다.[85] 1954~1958년 동안 ICA
원조자금에 의한 물자 도입 총액 중에서 실수요자제에 의한 도입액의
비중이 면방직업의 면화와 주정업의 당밀은 100%였으며, 제분업의 소
맥은 80.9%, 제당업의 원당은 26.9%에 이르렀다.[86]

　또한 이들 업종은 금융지원이나 과세에서도 특혜를 받았을 뿐 아니
라, 해당 제품의 수입 금지 조치나 독과점적 판매 행위에 대한 정부의
정책적 방임으로 판매 독점을 유지할 수 있었다. 그 결과 방적은 해당
업종 총기업체 수의 18.9%에 해당하는 대기업이 88.6%의 시장점유율을
보였고, 제당은 2%의 대기업이 91.9%의 시장점유율을, 모방직은 제일
모직이 6할 가량의 시장점유율을, 제분은 대한제분, 조선제분, 제일제
분 등이 절반 이상의 시장점유율을 보이는 생산 집중을 형성했다.[87]

84) 김양화, 「1950년대 한국의 공업화과정」, 『工業化의 諸類型(Ⅱ), 經文社, 1996, 270쪽 ; 김양
　　화, 앞의 글, 1995, 61쪽.
85) 車東世・金光錫 編, 앞의 책, 375쪽.
86) 김양화, 앞의 글, 1995, 52쪽.
87) 金大煥, 앞의 글, 227쪽.

그런데 이러한 독점은 독점자본주의 일반에서 나타나는 생산력의 기초를 바탕으로 한 것이 아니라, 원조 및 그것을 매개로 한 각종 자원의 배분 과정이나 제품 판매에서의 정책적 특혜를 바탕으로 한 것이어서 상업자본의 성격을 가지기에 충분하였다. 이들 공업의 경영규모는 국제적 수준은 물론이거니와 국내 적정 수준에도 미치지 못할 정도로 영세했기 때문에 생산과정에서 규모의 경제성 효과는 발휘될 수 없었다. 면방의 경우, 1963년도에 면정방기가 약 3만 추 정도였는데, 이것은 당시 국내 적정 경영규모로 추산된 10만 추에 훨씬 못 미치는 것이었다. 또한 노동생산성 역시 노동과정의 빈번한 업무 변경과 고용 불안 등으로 저급한 수준이어서, 면방 공업 경우 일본의 1/3~1/2, 소모방 공업은 일본의 3/5에 불과했다. 그 대신 저임금 장시간 노동으로 수탈된 절대적 잉여가치의 생산이 영세한 경영 규모와 낮은 노동생산력의 저급한 생산력적 기초를 지탱해 가고 있었다. 이들 업종의 주된 노동력은 거의 생산직 여성노동력이었는데, 이들은 하루 2교대 11~12시간에 이르는 장시간 노동으로 혹사당하면서도 임금은 낮은 노동력 재생산비에도 못 미치는 수준이었다. 면방공장의 경우 1일 2교대 11~12시간 노동에 1959년도 월평균 임금이 13,000환~26,000환 정도였는데, 당시 노동 측은 1일 3교대 8시간 노동을 기준으로 월평균 23,000환이 최저생계비라고 주장했다.[88]

이처럼 1950년대 공업화를 선도해 갔던 몇몇 소비재 공업은 저급한 생산력적 기초를 생산과정에서 저임금 장시간 노동으로 보완하면서 원료 독점이나 금융, 세제상의 생산 외적 특혜에 힘입어 제품의 생산원가를 낮게 할 수 있었던 반면, 암묵적인 담합과 이에 대한 정부의 방관

---

88) 金洋和, 「1950年代 製造業大資本의 資本蓄積에 관한 研究 -綿紡, 梳毛紡, 製粉 工業을 中心으로-」, 서울대 박사학위논문, 1990, 40~41 · 44 · 48 · 144쪽.

으로 높은 판매가격을 실현할 수 있었다. 저렴한 생산원가와 높은 판매가격의 차이에서 오는 수익률은 면방, 소모방, 제분 공업의 경우 1956년까지는 양호했으나 불황이 시작되는 1957년 이후부터 악화되었다.[89] 그런데 이와 같은 기업이윤은 생산과정에 재투자되기보다는 부동산이나 사채시장으로 유입되는 경우도 많았다.[90]

　생산과정에서 절대적 잉여가치를 생산한다는 점에서 기본적으로 산업자본이기는 했지만 유통구조에 기생하는 측면 또한 강했던 1950년대 사적 대자본의 상업자본적 성격은 이들 대자본의 기업집단화 경향에서 보다 뚜렷하게 나타났다. 소위 재벌이라 불리는 기업집단의 맹아가 이때부터 형성되기 시작하였는데, 현재의 10대재벌 중 대우를 제외한 9개 재벌이 이 시기에 이미 주력 기업을 형성한 상태였다.[91] 원료 독점의 기반이 되었던 실수요자제 공업 부문은 물론이거니와 일반공매제에 의한 원조물자 판매도 공정환율과 시장환율의 큰 차이로 수익성이 대단히 좋았기 때문에 당시 상업자본의 좋은 투자처가 되었다. 원조물자에 한정되는 것은 아니지만, 1953~1960년 기간 중 공정환율과 시장환율의 차이에서 발생하는 수입업자들의 이윤은 총 13억 달러, 평균 한 해 1억 6,000만 달러로 추산될 정도였다.[92]

　이처럼 일반공매제 방식의 경우 이윤은 원조물자 배정 양에 비례하였기 때문에, 상업자본은 원조물자를 많이 할당 받기 위해 많은 자금을 동원할 필요가 있었다. 따라서 상업자본은 정부의 각종 특혜와 원료 및 판매 독점으로 높은 이윤을 실현하고 있었던 실수요자제 공업 부문이나 각종 국채와 지가증권 등의 매매 및 중개로 높은 수익을 올리고

89) 위의 글, 65 · 158 · 230쪽.
90) 車東世 · 金光錫 編, 앞의 책, 375쪽.
91) 위의 책, 376쪽.
92) 공제욱, 앞의 책, 146쪽.

있었던 금융업(보험, 증권, 은행)으로 진출하게 되었다. 이제 실수요자제 공업, 원조물자의 할당 및 판매와 관련된 상업, 그리고 이들의 안정적인 자금 공급처로 역할하는 금융업이 자본계열화하여, 상호간 자금의 내부거래를 위주로 하는 하나의 기업집단이 형성되게 되었다. 3개의 상업(무역)회사(삼성물산, 효성물산, 근영물산)와 3개의 제조업(제일모직, 제일제당, 한국기료), 4개의 금융업(천일증권, 안국화재해상보험, 한일은행, 조흥은행)을 계열기업으로 거느린 이병철의 경우가 대표적이었다.

가격경쟁이 배제된 원료 및 판매 독점에다 정부의 각종 정책적 특혜로 고수익이 보장되는 자본 축적 구조에서 보다 많은 이윤을 획득하는 방법은 값싼 원조 원료를 보다 많이 할당받는 것이었다. 실수요자제의 비중이 높은 5개 업종의 경우 원조 원료는 각 기업의 시설능력에 따라 배정되었기 때문에, 기업 간 경쟁은 시설투자 경쟁으로 압축되었다. 이에 따라 원조자금이나 정부 보유 달러로 최신의 생산시설이 대거 도입되었다. 그리고 그것이 기업의 경영규모를 적정수준으로 끌어 올려 규모의 경제성을 발휘하면서 현실적인 생산력으로 전화되기 위해서는 그에 상응하는 국내외시장의 확대를 필요로 하였다. 그러나 시장의 확대는 1950년대 공업화의 근간인 대외의존과 독점에 의해 그 범위가 한정되었다.

이승만정부의 수입대체공업화는 방대한 군사력을 유지하기 위한 안정적 경제기반을 강조했던 미국의 정치군사적 이해관계에 기본적으로 제한되면서 몇몇 소비재 경공업 부문에 한정되었다. 이러한 종속적 수입대체 공업화는 시설이나 원료 등 소재 보전을 미국의 원조에서 구하고 있었기 때문에 농업이나 다른 공업 부문과 국민경제의 분업적 연관을 형성할 수 없었다. 실수요자제의 비중이 높았던 면방직 공업의 원면, 모방직의 원모, 제분업의 소맥, 제당의 원당 등은 물론이고, 고무공업

의 생고무, 제지의 펄프, 유지공업의 우지 및 가성소다, 합성수지의 반
생원료 등이 거의 100% 원료를 해외에 의존하고 있었다.[93] 특히 원면
이나 소맥 등 미국의 잉여농산물 원조는 농업이 더 이상 식량 및 공업
원료 공급지로서 중심적인 역할을 할 수 없게 만들었다. 더욱이 원조
에 기반한 소비재 경공업 중심의 대외의존적 독점은 정부의 각종 특혜
로 유지·강화되었기 때문에 이로부터 소외된 다른 생산 부문의 정체
를 가져와 국민경제의 분업 연관을 더욱 희박하게 만들었다.

　당시에는 대외의존에 기반한 공업화 논리와는 달리, 국산 원료 및 시
설과 국내 자본을 바탕으로 국지적 시장권을 형성하여 재생산기반을
구축하고 있었던 민족경제권의 자본 축적 논리가 있었다. 민족경제권
은 일제시대에 식민지 수탈로 생존의 기반을 위협받던 민중들이 자기
생존을 위해 필요한 생활물자를 생산하여 장시를 매개로 상호 교환하
는 자급자족적 재생산기반으로 역할하였다.[94] 8·15 후 민족경제권의
재생산기반을 구성하고 있던 중소공장들의 경영규모는 영세하여 소규
모 가내공업의 수준에 불과했고, 다양한 저변을 가졌지만 각종 직물류,
메리야스제품, 고무신, 비누 등 일상 생활용품을 주로 생산하였다. 하
지만, 이들은 실제로 8·15 후 식민지경제권의 붕괴로 정체되었던 혼란
기의 공업생산을 주도해 갔고, 이후에도 국내 분업 연관을 바탕으로 국
내 시장을 확대해가면서 자율적인 국민경제 구조를 형성해 갈 수 있는
아래로부터의 내재적 발전의 원동력이었다.

　그러나 6·25전쟁 이후 복구와 성장이 대외의존 독점에 기초한 몇몇
소비재 경공업 부문 중심으로 이루어지면서, 원조나 그것을 매개로 한
정부의 각종 지원에서 소외된 민족경제권의 중소공장들도 재편되어

93) 金成斗, 『財閥과 貧困 －韓國資本主義의 메카니즘과 그 전개』, 百耕文化社, 1965, 52쪽.
94) 이홍락, 「일제하 '식민지 공업화'에 대한 재고」, 『동향과 전망』 제28호, 1995, 31~34쪽.

갔다. 국산 원료를 사용하고 있던 중소 직물공장, 메리야스공장, 주조공장, 비누공장들은 원조로 수입대체를 달성해가고 있던 국내 대기업들이 생산한 반제품을 원료로 사용하게 되었다. 또한 당시에는 국내에서 생산되지 않던 인견사, 스프사, 나이론사, 아세테이트사, 원모 및 방모방사, 염료, 합성수지원료, 생고무 등을 원료로 사용하던 직물공장이나 합성수지공장 및 고무공장들은 기업집단들의 계열 무역회사로부터 원료를 공급받게 되었다. 다른 한편 이들 중소공장들이 대외의존적 독점에 기반한 수입대체공업화의 논리에 직·간접적으로 규정되면서 재편되어 갔던 데 반해, 원료의 공급이 이들로부터 자유로워 여전히 국산원료에 기반할 수 있었던 공업부문들은(위생재료업·제면업·견직업의 섬유공업 부문, 편면지·한지의 제지공업 부문, 제선업·제강업의 철강공업 부문, 농기구·방직기자재·자전거 생산의 기계공업 부문, 못선 및 기관 제조의 조선공업 부문, 재생병유리, 전구, 전분 등) 이러한 수입대체공업화의 논리로부터 벗어나 있었다.

이처럼 수입대체공업화의 논리에 의해 중소공장들의 존재 형태가 규정되어 갔지만, 절대적인 공급 부족상태가 지속되었던 1960년대 중반까지는 대외의존적 독점에 기반한 사적 대자본과 민족경제권의 재생산기반을 구축하고 있었던 중소공장들이 각기 독립적인 활동영역을 가지고 존재할 수 있었다.[95] 그러나 대외의존적 독점에 기반하여 성장해 가던 몇몇 소비재 경공업 부문들과 정부의 각종 지원에서 소외되어 성장의 기회를 가질 수 없었던 다양한 범주의 중소공장들은 생산연관에서 현격한 단층을 형성하여 유기적인 국내 분업구조를 형성하지 못했다. 국민경제 각 부분의 유기적인 분업 연관의 결여는 농업이나 다른 생산 부문의 정체를 가져와 국내 시장의 확대는 1956년을 거치면서

---

95) 車東世·金光錫 編, 앞의 책, 377쪽.

한계에 도달하게 되었다. 특히 1950년대 말의 농업 불황과 농가경제의 파탄은 국지적 시장권을 배경으로 활동하던 중소공장들에게 더 큰 위기로 다가왔다. 농가의 평균 생계비지출은 도시가계 평균의 60~70% 수준이었으며, 낮은 노동력 재생산비에도 못 미치는 저임금으로 허덕이던 도시노동자 가계의 평균 80%에 불과했다.[96) 농가경제는 피폐되어 1961년 현재 총인구의 56.3%를 차지하고 있었던[97] 농촌 인구의 구매력은 저하되었다. 1955~1960년간 국민총생산 증가 지수는 125.5(1955년=100)인데 비하여 고용증가는 118.2에 불과하여,[98] 실업자는 1960년 현재 농촌의 잠재실업자 200만 명을 포함하여 약 450만 명에 이르렀다. 450만 명의 실업자는 총노동인구의 45%에 육박하는 것으로서, 대중은 극심한 빈곤에 허덕이고 있었다.[99]

국내 시장의 정체는 해외 시장을 요구하였으나 이 또한 대외의존적 독점에 기반한 축적 구조에서는 분명한 한계를 보였다. 정부의 특혜로 유지되면서 경제외적 계기에서 더 많은 이윤을 남길 수 있었던 독점적 축적 구조에서는 생산력 향상을 통한 수출경쟁력 제고를 기대할 수 없었다. 또한 기본적으로 미국의 원조에서 축적의 계기를 구하고 있었기 때문에, 미국의 수출 규제 역시 큰 장애 요인으로 작용했다. 미국은 원조 원료로 가공된 제품의 수출을 금지하였다가, 이후에는 수출용 제품에 사용된 원조 원료를 미국산 원료로 대체하여 수입하는 조치를 취했는데 이것은 생산원가 이하의 출혈수출로서는 감당하기 힘든 것이었다.[100]

96) 李大根, 앞의 책, 246쪽.
97) 車東世 · 金光錫 編, 앞의 책, 521쪽.
98) 李大根, 앞의 책, 230쪽.
99) 金大煥, 앞의 글, 251쪽.
100) 金洋和, 앞의 글, 1990, 74~75쪽.

〈표 1-5〉 산업생산증가의 요인별 기여율

(단위 : %)

1955~1963년	국내수요확대	수출확대	수입대체	기술변화
1차 산업	97.8	7.2	-20.2	15.2
제조업	61.6	10.6	34.6	-6.8
식품가공	64.6	6.5	16.1	12.9
경공업	78.9	16.1	52.3	-47.3
중공업	45.4	8.9	28.6	17.1
기계	34.9	6.6	32.7	16.8
사회간접자본	136.1	14.9	23.9	74.9
기타	81.1	4.8	3.8	10.3
전산업	78.8	9.2	15.9	-3.1

* 자료: 김광석·홍성덕,『장기적 산업성장 및 구조변화요인의 분석(1955~85)』, 한국개발연구원, 1990.

1955~1963년간 산업 성장에 기여한 요인들을 분석해 보면,[101] 수출의 확대는 9.2%에 불과하고 수입대체 효과 역시 15.9%로 낮은 수준인 반면 국내 수요 확대는 78.8%에 이른다. 수입대체 효과는 1차 산업에서는 오히려 마이너스를 보이면서 경공업 중심으로 확대되어 갔다. 따라서 국내수요를 이끌어 갔던 사회간접자본이나 1차 산업 부문과 유기적인 분업 연관을 형성하지 못해서 이러한 국내수요를 자신의 재생산 기반으로 구축할 수 없었던 것이다. 결국 대외의존과 독점에 기반한 몇몇 소비재 경공업 중심의 수입대체공업화는 국내 생산 부문들 간의 분업적 연관을 확충하고 국민경제의 내부 순환 메커니즘을 형성하여 자립적 국민경제구조를 구축하려는 노력과는 거리가 먼 것이었다.

101) 車東世·金光錫 編, 앞의 책, 360쪽.

5) 자본 축적과 농업 수탈

6 · 25전쟁을 거치면서 '제1차 농업증산 5개년계획'(1953~57)이 입안되었으나 실적은 부진하여 미곡의 경우 계획 목표의 86%가량이 달성되었다.[102] 1954~1955년간 반당 1,400홉 수준으로 해방 후 최고의 토지생산성을 보였던 미곡의 경우, 이 토지생산성은 일제시대 최고수확량을 보였던 1937년(1,635홉)의 86%, 태평양전쟁이 한창이던 1943년(1,311홉)의 108% 수준에 불과한 것이었다. 일제시대의 통계가 남북한을 합친 것인 반면 해방 후의 통계는 미작지대가 넓게 분포한 남한만의 것이라는 점을 염두에 둔다면, 미작에서 나타난 농업생산성의 정체는 통계 수치 이상의 것이었다. 이러한 농업생산성의 정체는 미작뿐 아니라 보리나 원면 등의 원료 작물에서도 비슷한 양상을 보였다.[103]

이승만정부는 방대한 군사력을 유지하기 위한 안정적인 경제기반을 구축하기 위해 인플레이션의 압력을 가격정책이나 조세정책을 통해 농업 부문에 전가하여 해소하려 했으며, 그 물적 기반을 농산물 원조에서 구했다. 1945~1960년간 원조 총액 약 30억 달러 중 농산물 원조는 9억 7천5백만 달러로 총액의 32.4%였다. 농산물 원조 중 쌀, 보리 등 식량류는 4억 천팔백만 달러로 원조 총액의 13.9%였으며, 원면, 밀 등 농산물 원자재는 5억 5천7백만 달러로 총액의 18.5%였다.[104] 특히 상호안전보장법(MSA) 제402조에 의한 잉여농산물 도입과 별도로, '제1차 농업증산 5개년계획'이 실시 중이던 1955년에 한미 간에 잉여농산물도입협정이 체결되어 이후 매년 미공법 480호(PL480)에 의한 미국의 잉여농

---

102) 위의 책, 478쪽 ; 李大根, 앞의 책, 259쪽.
103) 李大根, 앞의 책, 213쪽.
104) 위의 책, 180쪽.

산물이 대량 도입되었다.

　미공법 480호로 도입된 잉여농산물의 판매대금은 10~20%가량의 미국 측 사용분을 제외하고는 전부가 국방비로 충당되어서, 이승만정부의 반공 이데올로기가 야기했던 방대한 군사력을 유지하기 위한 필수적인 구성 요소로 역할했다. 미국 역시 제2차 세계대전의 종전과 함께 당면했던 최대의 경제문제였던 과잉생산 공황의 문제에서 농산물의 경우도 예외가 아니어서 그 처분에 고심하고 있었다. 1953년도 소맥 및 면화의 경우, 미국 내 잉여농산물 체화량은 1년치 이상의 소비량에 달했던 것이다.[105] 특히 잉여농산물 원조는 당시 물가에 큰 영향을 미쳤던 곡가의 인플레이션 압력을 억제하였기 때문에 미국이 기대했던 방대한 군사력 유지를 위한 경제 안정의 기반을 구축하기 위한 효과적인 수단이기도 하였다.

　이처럼 잉여농산물 원조는 반공 전초기지의 유지라는 한미 간의 절충적 이해관계의 토대 위에서 가능했지만, 그 일차적인 결과는 식량농업의 위축과 원료농업의 파탄이었다. 원면이나 소맥이 주종을 이루었던 원조 농산물 원자재는 관련 원료농업의 파탄을 초래해 국지적 시장권을 바탕으로 한 토착 중소공업의 위축과 재편을 가져왔고 국내 분업 연관 위에 서는 자율적인 국민경제 구조의 형성이나 그 바탕 위에서의 농업자본주의 발전을 봉쇄했다. 또한 양곡은 항상 국내부족분을 초과하여 도입되었는데, 1956~1964년 동안 상호안전보장법(MSA) 402조와 미공법 480호에 의해 도입된 양곡은 연평균 40~50만 톤으로 당시 국내 생산량의 약 15%에 달했다.[106]

　전쟁 직전인 1949년의 경우 양곡 총공급량 중에서 도입양곡이 차지

---

105) 위의 책, 203쪽.

106) 박진도, 『한국자본주의와 농업구조』, 한길사, 1994, 59쪽 ; 李大根, 앞의 책, 184~185쪽.

하는 비중이 2.1%에 불과했다는 사실을 염두에 두고 볼 때, 이 수치는
식량의 높은 해외의존도를 보여주는 것임과 동시에 국내 곡가의 저락
을 반영하는 것이기도 하다. 곡가는 1956년의 174.4(1955년=100)에서
1959년의 120.4로 31%가량이나 하락하였다.[107]

　1950년대를 통해 양곡은 줄곧 생산가치 이하로 실현되어 농가경제를
압박했는데, 이것은 두 가지 경로를 통해 이루어졌다. 하나는 정부에
의한 양곡의 강제매입, 각종 조세, 분배농지 상환곡 등을 통한 현물 수
탈이며, 다른 하나는 자본주의 상품경제의 확대 과정에서 나타난 농공
간의 부등가교환 메커니즘을 통한 것이었는데, 어느 것이든 원조 양곡
을 통한 공급의 확대가 그 물적 기초를 이루었다.

　미군정 초기의 미곡시장 자유화 조치가 1946년 1월 미곡수집령의 제
정으로 다시 통제로 복귀한 후, 정부 수립 후에도 양곡 통제의 기조는
계속되었다. 정부는 1948년 9월 양곡매입법을 통한 식량의 전면 통제가
실패로 돌아간 후, 식량임시긴급조치법(1949년 7월), 양곡관리법(1950년
2월)을 제정하여 양곡의 자유시장 거래를 일부 허용하는 부분적인 통
제방식(부분배급제)으로 전환하였다.[108] 그러나 정부는 양곡의 수매가
격을 항상 낮게 책정함으로써 저곡가정책을 이끌어 갔다. 양곡관리법
에 의한 정부의 미곡 매입가격은 시장가격은 물론 평균생산비에도 크
게 미치지 못하는 것이어서, 1949~1961년 동안 미곡 매입가격의 생산비
보상률은 평균 73.5%에 불과했다. 양곡관리법에 의한 강제적인 미곡
수탈정책은 1961년 농산물가격유지법이 공포될 때까지 1950년대를 통
해 줄곧 지속되었다.[109]

---

107) 李大根, 앞의 책, 183·244쪽.
108) 車東世·金光錫 編, 앞의 책, 477·494쪽.
109) 박진도, 앞의 책, 58쪽.

　정부가 양곡 수매가를 낮게 책정한 데는 5년간 현물곡을 분할 상환하기로 되어있는 지가증권의 부담을 최소화하여 정부의 사용량을 늘리려는 의도도 있었지만,[110] 그보다는 앞서 언급했듯이 1955년 한미 간에 합의된 단일 공정환율제가 큰 요인으로 작용했다. 이 협정에서는 연간 물가상승율이 서울 도매물가 기준으로 25%를 넘을 때는 환율을 자동적으로 인상하기로 하였다. 한화의 고평가는 이승만정부의 국가주도 수입대체산업화의 한 구성요소로 작용하고 있었고 이를 가능하게 하는 물적 토대로서 정부의 외환보유량을 늘릴 수 있는 거의 유일한 통로였다. 더욱이 1953~1957년 기간 중 산업부흥국채나 산업금융채권과 같은 인플레이션 성격의 국가자본이 재정투융자에서 차지하는 비중이 평균 약 23%였다.[111] 따라서 외환이나 국가자본의 확대를 통해 사적 자본에 대해 지도력을 행사하여 허약한 정당성의 기반을 보완하고자 했던 이승만정부는 물가를 협정의 한계 수준 내로 동결시키기 위해 물가지수의 구성에서 가장 큰 비중을 갖는 곡물가격을 낮게 유지함으로써 인플레이션 압력을 완화시키고자 했다.

　저곡가정책을 가능하게 했던 기본적인 물적 토대는 원조 양곡이었는데, 원조 양곡의 저곡가 효과는 자유시장경제 메커니즘에서 농산물과 공산물 간의 가격변동 차이로 나타났다. 1953~1954년 사이에 곡가는 35.2%가 떨어졌고 곡물 이외의 소비재 가격 상승률은 72.1%여서, 곡가와 비곡가 간의 가격변동폭은 107.3%나 되었다. 그리고 1956~1959년간 곡가는 31% 하락한데 반해 곡물 이외의 상품가격은 25% 상승해서 양자 간의 가격변동폭은 56%였다.[112] 이것은 1950년대를 통해 곡가와 비

110) 車東世·金光錫 編, 앞의 책, 495쪽.
111) 李大根, 앞의 책, 183, 241쪽.
112) 李大根, 앞의 책, 202, 243쪽.

곡가 간에 2배~1배 크기의 부등가교환이 이루어졌음을 의미한다. 이를 바탕으로 최저생계비 이하의 임금으로 허덕이던 노동자를 비롯한 도시 저소득층의 재생산을 뒷받침해 갔다.

〈표 1-6〉 농·공산품 간의 도매물가지수 비교 (1955년=100)

	총도매지수	곡 물	곡물 제외(화학비료)
1956년 10월 - 1957년 1월	142.1	174.4	131.4(313.8)
1957년 10월 - 1958년 1월	143.3	142.9	143.4(313.8)
1958년 10월 - 1959년 1월	140.3	133.1	142.7(313.8)
1959년 10월 - 1960년 1월	152.8	120.4	163.6(360.0)

* 출처: 홍성유,『한국경제의 자본축적과정』, 고려대 아세아문제연구소, 1965, 48쪽.

그러나 입도선매와 같은 궁박 판매가 일반적이었던 당시의 농가 경영 상황에서 잉여농산물의 상품화는 일반적이지 않았다. 1962년 농업 수입, 농업경영비, 농가생계비 등에서 현금의 비중은 31~36%에 지나지 않았던 것이다.[113] 따라서, 가격 메커니즘보다 인플레이션 압력을 농업 부문으로 전가하기 위한 보다 확실한 방법은 임시토지수득세를 통한 강제적인 현물 납부였다. 6·25전쟁이 한창이던 1951년 추곡 수확 때부터 실시되기 시작한 이 제도는 토지수익에 대한 수세를 현물로 하는 것이었는데, 정부의 공정가격과 시중 곡가 간의 차이에서 오는 정부의 경제적 이득과 이를 통한 인플레이션 억제 효과 때문에 전쟁이 휴전으로 종결된 이후에도 계속 시행되다가 4·19 이후 금납제로 전환되었다.[114]

임시토지수득세는 이전의 지세율에 비해 정부 공정가격 기준으로는

113) 박진도, 앞의 책, 60쪽.
114) 李大根, 앞의 책, 170·204·207쪽.

5.5배, 시중 곡가 기준으로는 10배의 세율인상 효과를 가져왔다. 1952~
1954년간 국민총생산 가운데서 농업소득의 비중이 평균 31.5%였는데
반해, 직접세 수입 중에서 임시토지수득세의 비중은 평균 41.9%에 달
했다. 이와 같은 농민의 과중한 부담이 전시 중의 인플레이션과 군량
미 조달 문제를 해결하였고, 전쟁 이후에도 방대한 군사력을 유지하기
위한 경제기반을 구축해가는 과정에서 발생한 인플레이션을 완화하면
서 적자재정의 기반을 보완해 갔다. 전쟁 기간 중 임시토지수득세가
조세 수입에서 차지하는 비중은 약 30%였는데, 이를 시중미가 기준으
로 환산할 경우 70~90%에 육박했다. 휴전 이후에도(1954~1958년) 그 비
중은 1958년까지 공정가격 기준으로 12~24% 수준으로 높았다. 또한 임
시토지수득세 이외에도 정부는 반강제적인 방법으로 준조세적 성격의
각종 공과금과 잡부금을 현물납이나 금납으로 징수했다.115)

  이처럼 조세정책, 양곡관리법에 의한 정부의 양곡수매, 농지개혁의
지가상환곡 등을 통한 정부의 현물 수탈에 농산물과 공산물 간의 부등
가교환 등 가격 메커니즘을 통한 수탈을 덧붙여 보면, 인플레이션 압력
을 완화하고 적자재정을 보전해 가기 위한 농민의 부담은 실로 큰 것
이었다. 농지개혁으로 0.5정보의 논을 분배받은 농민의 경우, 한해 총
수확량은 6.4석(단보 당 1.28석)인데 이중 임시토지수득세 0.6석과 분
배농지상환곡 1.92석(수확량의 30%)을 합한 2.5석은 총수확량의 39%에
달한다. 여기에 정부의 강제적인 양곡수매를 더하여 보면, 6·25전쟁
후 어느 시기보다 가장 농업수탈적이었던 당시 농업정책의 면모를 살
펴볼 수 있다.116)

115) 李大根, 앞의 책, 174·204~207쪽 ; 金命潤, 『韓國財政의 構造』, 高麗大學校出版部, 1967,
    83·92쪽.
116) 박진도, 앞의 책, 58쪽.

상공업 부문이 조세나 금융지원에서 각종 특혜를 바탕으로 성장해
간 반면, 농업부문은 산업화 과정에서의 인플레이션 압력을 떠안으며
저곡가로 노동자의 낮은 생계비를 유지시키면서도 정부의 각종 지원
으로부터는 소외되어 정체되었다. 1956년 주식회사 농업은행이 설립되
었지만 일반은행법에 기초하고 있었기 때문에 융자재원의 조달이 어
려워 융자규모는 영세성을 면치 못하였고 1년 기한 이상의 중장기 영
농자금의 대출은 실질적으로 어려웠다. 1958년 특수 농업은행이 발족
되면서 재정자금이 공급되고 한국은행으로부터 자금 차입도 용이해져
농업신용 규모가 이전보다는 확대되었지만,[117] 농민들의 수요를 충족
시키기 어려웠다. 농민들은 농지개혁 이전에 지주로부터 땅을 매입하
거나 농지개혁 후 농지상환곡의 상환을 위해 고리사채에 의존하는 경
우가 많았는데,[118] 생산가치 이하의 가격 실현 메커니즘이나 수탈적
조세정책으로 인해 경영수지는 악화된 반면 금융지원에서는 소외되어
고리사채 의존도는 높아갔다.

농가의 가처분소득으로는 투자는 고사하고 소비지출도 스스로 충족
시키지 못하는 적자영농의 상태가 1958년까지 지속되었다.[119] 적자영
농은 자가용 식량도 조달하지 못하는 농가의 절대적 빈곤을 초래해, 당
시 농가의 절반 정도였던 0.5ha 미만 농가의 대부분을 절량농가로 만들
었다.[120] 이에 반해, 1953년에 201억 환이던 농가부채 총액은 1956년에
886억 환으로 4.4배 증가했으며 1959년에는 다시 1,504억 환으로 1.7배
증가했다. 부채 농가의 비중이 전체 농가의 80~90%에 이르게 되었으며
부채의 70~80%를 고리사채에 의존하게 되었다.[121]

---

117) 車東世 · 金光錫 編, 앞의 책, 513쪽.
118) 李大根, 앞의 책, 208쪽.
119) 위의 책, 215쪽 ; 박진도, 앞의 책, 60쪽.
120) 박진도, 앞의 책, 60쪽.

〈표 1-7〉 농가부채 실태조사

	1956년 10월말	1957년 10월말	1958년 9월말	1959년 9월말
조사농가수(호)	23,262	25,447	27,655	630
빚보유농가비율(%)	86.7	89.8	88.8	91.1
호당농가부채액(환)	39,370	46,232	65,252	67,788
고리사채비율(%)	82	78	79	70
총부채추정액(억 환)	886	1,017	1,244	1,504

* 출처: 이대근, 『한국전쟁과 1950년대의 자본축적』, 까치, 1987, 210쪽.

　적자영농으로 이농의 가능성은 확대되어 갔지만, 당시에는 몇몇 소비재 경공업 부문을 제외하고는 도시지역의 공업화가 본격적으로 추진되지 않아서 농촌 과잉인구를 끌어들이는 힘, 즉 농외 노동시장이 충분히 발달하지 못했다. 또한 농업 내부의 밀어내는 힘 역시 제대로 형성되어 있지 못했다.

　산업자본주의 일반에서 보이는 것처럼 우리의 경우도 이 시기에 농민층의 양극분해가 진행되었다. 0.5~1ha를 기준으로 하층농에서는 농가호수와 1호당 경지면적이 감소하는 탈농화 현상이 나타나고 반대로 상층농에서는 농가호수가 증대하고 경지가 집중되었다.[122] 분배농지의 소작과 임대차를 금지하는 농지개혁법 제17조 조항에도 불구하고, 영세농의 분배농지 중 상당 부분이 매각되었는데 1954년 이후 본격화되었다. 그 결과 0.3정보 미만층의 경우 분배농지의 58%, 0.3~0.5정보층의 경우 분배농지의 31.3%가 매각되어, 1960년에는 총농가의 26.4%, 총경지의 11.9%가 지주소작관계하에 놓이게 되었다.[123]

---

121) 李大根, 앞의 책, 209~210쪽.

122) 박진도, 「한국자본주의와 농민층분해」, 『민족경제론과 한국경제』, 창작과비평사, 1995, 237쪽.

123) 박진도, 앞의 책, 176, 182쪽.

〈표 1-8〉 소작농 비율 및 소작지율 추이

(단위 : %)

연도	자작농	소작농				소작지율
		자소작	소자작	순소작	계	
1945년	13.8	34.6		48.9	86.2	63.4
1949년	36.2	40.0		20.6	63.8	40.1
1957년	88.1	7.7		4.2	11.9	4.5
1960년	73.6	14.2	5.4	6.7	26.4	11.9

* 출처: 박진도, 『한국자본주의와 농업구조』, 한길사, 1994, 177쪽.

그러나 당시에는 농업생산력 수준이 매우 낮아 상층농의 생산력적 우위가 확립되지 못했고 농업생산의 상품화 수준 역시 저급한 상태여서, 상층농이 중·하층농을 몰락시키면서 진행되는 자본주의 사회의 전형적인 양극분해 양상은 아니었다. 또한 본격적으로 공업화가 추진되지 않았기 때문에 몰락한 농민들은 농촌에 체류하면서 상층농의 농업노동력으로 전화하여 그 존립의 근저를 이루었고, 상층농 역시 비농업 부문의 투자 기회가 적어 농업 내부로 재투자하여 경지규모 확대를 꾀했다.[124]

따라서 농지개혁 후 재생된 1950년대의 지주소작관계는 농업생산력의 발전을 통한 농민층의 양극분해를 바탕으로 한 것이라기보다는 농업 일반에 대한 국가와 독점자본의 수탈에 의해 일차적으로 농지개혁으로 창출된 영세 독립자영농층이 생산수단으로부터 분리되어 다시 소작농이나 빈농, 농업노동자로 전락하면서 반사적으로 소수 상층농의 토지집적과 대부지주화가 진행되어 나타난 결과였다. 이런 점에서 6·25전쟁을 거치면서 고착된 1950년대의 농업수탈 메커니즘은 농지개

[124] 박진도, 앞의 글, 1995, 237~238쪽.

혁에 대한 반동적 과정이었다.

3. 축적구조의 모순과 위기

1) 통제·관리경제에서 자유시장경제로

통제·관리경제의 완화는 1954년의 헌법 개정에서부터 나타났다. 국가자본주의적 성격을 띠며 강화된 정부의 통제·관리정책은 점차 확대되어 가는 자유시장경제 메커니즘과 교착하는 가운데 정책의 혼란을 일으켰다. 국유화된 생산수단에 대한 개발은 부진했으며, 국가가 관리하던 귀속기업체의 처리와 원조물자 판매는 기생적인 중간업자를 창출하여 생산을 위축시켰을 뿐만 아니라 관영기업과 관리기업에 대한 보조금과 구제경영은 재정금융의 부담을 강요하여 인플레이션을 유발하였다. 그리고 농지개혁에 있어서도 지가증권에 대한 보상을 반봉쇄함으로써 지주자본을 산업자본으로 전화시키데 실패했다. 유통부문에서도 육상과 해상운송의 대부분을 정부 관리하에 두었으나 그 경영적자는 재정지출을 강요하여 인플레이션의 한 원인이 되었다.[125]

정부는 '헌법개정 제의 이유서'에서 자유주의경제의 장점인 자유와 창의를 존중하면서도 한편으로 사회주의적 균등의 원리를 실현하기 위한 통제와 간섭을 규정하고 있는 초대 헌법이 그간의 과정에서 본래의 의도를 달성하기보다는 폐해를 노정하였다고 평가하면서, 그 원인을 경제활동에서 자유와 창의를 경험하지 못한 한국경제의 후진성에서 찾았다. 즉 중요자원과 중요기업에 대한 국유 또는 국영의 원칙은

---

125) 韓國産業銀行調査部, 『經濟政策의 構想』, 1956, 19~20쪽.

개인의 자유와 창의에 의한 사영의 길을 단절시킴으로써 자원개발의 촉진과 기업경영의 합리성을 상실케하여 생산력 증가의 약화를 초래했다는 것이었다.

따라서 개정 헌법에서는 경제활동에서 개인의 자유와 창의를 존중하다는 취지에서, 중요자원 및 자연력의 개발과 공공기업에 있어서 사유 내지 사영의 비중을 확대하고, 사영기업의 국·공유 내지 그에 대한 국가의 통제·관리를 최소한으로 제한하는 방향으로 할 것이라고 하였다. 이에 따라 중요 자원과 자연력의 국유를 명시한 제85조의 조항이 국유 원칙에서 후퇴하여 따로 법률로서 정하기로 하여 소유관계나 그 이용에 있어서 융통성을 두게 되었다. 중요 산업 및 공공성을 가진 기업의 국영 또는 공영 원칙을 규정한 제87조에서도 법률이 정하는 바에 따라 사영을 특허할 수 있다고 규정하여 공공기업의 사영화를 촉진시킬 수 있게 했다. 사영기업의 국유와 그 경영에 대한 국가의 통제권 행사를 규정한 제89조는 '금지'로 문구가 수정되었다. 그리고 국가 통제하에 두기로 했던 대외무역도 따로 법률로서 규정하기로 하였다.[126]

백두진 국무총리는 국회에서 헌법개정안의 취지를 설명하면서,[127] 제헌헌법이 사회민주주의적인 바이마르헌법의 요소를 많이 채택했다고 평가했다. 이어서 사유 및 자유와 국유 및 통제를 대비하면서, 자유진영 민주사회에서는 잘 살아보겠다는 의욕을 국법으로 보장할 때 생산 증강과 산업 재편성이 빨리 이루어지는 반면, 전체적인 정치제도하에서의 경제조직은 권력이 생산을 자극할 것이라고 했다. 이처럼 그는 국유와 통제를 전체주의적인 사회주의적 요소로 평가하고 사유와 자

---

126) 公報處,「헌법개정의 제의」,『週報』제90호, 1954, 15쪽.
127) 國會圖書館 立法調査局 編,『憲政史資料 第3輯 憲法改正會議錄(第2代國會)』, 大韓民國 國會圖書館, 1968, 168~169쪽.

유를 자유민주사회의 경제원리로 규정하면서, '전체주의 대 자유주의'
라는 이데올로기적인 대립각을 세웠다. 신태익 법제처장은 보충 설명
을 통해 제헌헌법이 정치면에서는 광범한 자유를 채택했지만 경제면
에서는 상당히 제한을 가하고 있어 마치 사회주의적 방면에 치우친 느
낌이라고 하면서,[128] 자유주의적 정치제도와 사회주의적 경제질서 간
의 모순된 구성으로 제헌헌법을 평가했다.

　　그러나 제헌헌법의 경제조항에 대한 미국의 평가는 달랐다. 1954년
1월에 정부가 경제조항 개헌안을 제출하자 미국은 제헌헌법의 경제조
항을 체계적으로 분석하는 작업에 들어갔는데, 그 결과 1954년 3월에
코넬리(John W. Connelly)가 작성한 「대한민국 헌법 경제조항에 관한
보고서」가 제출되었다.

　　이 보고서의 결론은 비록 경제조항과 그 실행 입법이 어떤 종류의
국가사회주의를 구축한다 해도, 그것은 발전된 사회주의 철학의 결과
물이 아니며 자유기업의 발전에 극복할 수 없는 장애물은 아니라는 것
이었다. 즉 제헌헌법의 경제조항은 한국 역사에 특유한 몇몇 요소의
결과물이며, 개인주의와 자본주의로부터 성장했던 서구 사회주의운동
의 배경이 없는, 따라서 서구 사회주의적 교리와 관련이 없는 자연적
발전을 의미했다. 이때 제헌헌법에 영향을 미친 중요한 요소로는 관권
주의의 전통, 정부가 재산을 소유한 역사적 선례, 귀속재산을 관리해야
할 시급한 필요성, 한국의 사회구조와 일본 재산에 대한 한국인의 태
도, 헌법 조항을 형성시킨 다양한 정치적 사건 등이 언급되었다. 특히
미군정이 귀속재산을 관리한 결과 귀속재산은 모두 국가 재산처럼 취
급되었는데, 신생 한국정부에게 이양하기 위해서는 이를 통제, 관리,
운영하기 위한 조항이 만들어져야 했고 그 방법은 정부가 재산을 소

128) 위의 책, 1968, 171쪽.

유·관리하는 길 밖에 없었다고 보았다. 즉 현실적인 필요가 제헌헌법 경제조항과 관계있다는 것이었다.[129]

1954년의 헌법 개정에서 촉발된 관리·통제경제의 완화와 자유시장 경제 메커니즘의 확대는 1957년 이후 미국 대외원조정책의 변화에 따른 원조삭감경향에 의해 더욱 촉진되었다. 1955년경부터 시작된 소련의 평화공존노선과 제3세계에 대한 경제원조의 공여는 경제 개발보다 군사력을 유지하기 위한 경제안정에 중점을 두었던 제3세계에 대한 미국 대외정책의 전환을 가져왔다. 1957년을 전후로 하여 현지군을 삭감하고 장기개발 원조를 제공할 필요성이 미국 정책담당자들 사이에서 제기되었다. 개발정책의 대두는 한국의 경우 보다 명확하게 나타났다.

1956년 10월 미국 예산국의 메이시(Robert Macy)가 제출한 보고서는 전시상태라는 가정하에서 출발하고 있는 현행 미국 대한정책의 전제를 비판하면서, 중국군의 북한 철수, 한국 내부 혁명에 의한 통일로 북한의 통일정책이 수정된 점 등을 근거로 하여 현재는 전시상태에서 평시상태로 전환되고 있다고 주장하였다. 그리고 이러한 주변 정세에 더하여 1956년 대통령선거의 결과를 실업, 저임금, 경찰국가에 대한 반감 등을 배경으로 한 국민의 불만 폭발로 파악한 이 보고서는 좌익운동의 대두를 방지하기 위하여 대한정책의 중점을 국방으로부터 국내 상황에 대한 대응으로 옮겨야 할 것이라고 주장했다. 따라서 한국군의 목적을 명확히 하여 적정한 병력 수준을 유지할 것을 권고했다. 또한 개발정책으로는 중소기업을 중심으로 한 경제개발을 추진하여 일본과 경제관계를 강화할 것을 주장했다. 즉 중소기업 중심의 발전이란 다름 아닌 일본경제에 대한 하청형태의 계열화를 의미하는 것이었다. 보고

129) 신용옥,「제헌헌법 및 2차 개정 헌법의 경제질서에 대한 인식과 그 지향」,『사학연구』 제89호, 2008, 186~187쪽.

서는 일본이라는 공업 강국과 결합하지 않고서는 한국의 발전은 바랄
수 없다고 단언하고 있었다.[130]

원조의 중점을 중소기업 육성을 중심으로 한 개발정책으로 전환하
려는 움직임은 대한원조 운용계획에서 구체적으로 나타났다. 1958년
6월 합동경제위원회에서 확정된 '1959~60회계년도와 그 이후의 계획책
정에 관련된 문제의 검토'에서는[131] 원조운용계획의 일반적인 기준으
로서 수출 증진과 생산성을 높이는 투자의 촉진뿐 아니라 전체적인 성
장에 불가결한 기간산업을 육성할 것, 개발사업 부문은 원조자원만으
로 충당해서는 안 되고 한국의 자원, 외국정부의 자원, 국제기관의 자
원을 이용하도록 조정될 것, 외국 민간자본 도입이 촉진되어야 할 것
등이 제시되었다. 특히 비사업계획 원조 기준에 있어서 수출과 수입대
체산업에 필수적인 투자용 판매물자의 수입에 우선순위를 둘 것, 원조
자금으로 구매되는 수입물자 중 국내생산이 가능한 것은 신속히 감축
할 것, 원조자금배정의 우선순위는 외화를 획득하는 민간 및 정부 기업
에 부여될 것 등이 책정되고, 사업계획 원조 기준에 있어서도 생산의
성장을 통해서 국제수지에 미칠 영향을 고려해 사업계획을 선정하도
록 할 것 등은 국방력 유지를 위해 경제안정만을 강조하던 이전의 원
조정책과는 차이가 있는 것이었다.

그러나 여기에서도 적정한 방위수준을 유지하기 위해 한국경제를
지원하는 것이 여전히 원조계획의 궁극 목적이며, 원조를 통한 투자의
지원도 재정안정이 유지되는 것에 의해 가능하다는 종전의 방침은 대
전제로서 유효하게 남아 있었다. 그리고 수입대체공업화에서 외국정

---

[130] 李種元, 「アイゼンハワ政權の對韓政策と日本」(三), 『國家學會雜誌』 第108券 1・2號, 1995, 225~226쪽.
[131] 「대한 경제원조운용의 개황과 그 전망」, 韓國産業銀行調査部, 『調査月報』 1959년 8월호, 29~30쪽.

부나 외국 민간자본의 도입이 강조됨으로써, 전술한 메이시의 보고서에서 보이는 하청계열화에 의한 한일 간의 지역분업구조의 형성이 기대되고 있었다. 1956년경에 일본의 설비투자는 이미 전력, 철강 등 기초산업을 비롯하여 석유화학공업 및 전자공업 등의 신산업과 자동차, 가전제품 등의 내구소비재 생산부문에서 두드러졌다.[132] 이 점을 놓고 볼 때, 경공업을 위주로 하는 한국의 수입대체공업화는 1940년대 말과 1950년대 초 미국이 우려한, 일본의 초기 부흥과정에서 야기될지도 모르는 일본공업과의 경쟁 혹은 부조화라는 측면과 달리 일본경제와 지역적 분업관련을 형성하다는 구도에서 설정되고 있는 것이었다.

　제3세계에 대한 장기개발원조의 필요성은 대두되었지만 문제는 그 재원의 조달을 어떻게 하는가였다. 이에 따라 상호안전보장계획하에 실시되고 있는 전반적인 대외원조정책을 조사·검토하고 중요 시책에 대해 건의하도록 하기 위해 미국대통령 민간자문위원회인 페얼레스위원회(Fairless Committee)가 구성되었다. 1957년 3월 대통령에게 제출된 페얼레스위원회의 보고서는 집단안전보장계획이 앞으로 수년간 더 계속되어야 한다고 전제하면서, 미국의 대외원조액이 점차 감축될 수 있는 기반을 마련하는 동시에 무상 공여보다 차관 형식의 공여를 증가할 것을 제의하였다. 그리고 개발에 있어서 민간투자의 장려와 외국의 자유민간기업의 육성, 군사원조와 경제원조의 분리 등을 건의하였다. 이러한 페얼레스위원회의 건의는 미국 대외원조정책에 반영되어 1958년도 상호안전보장계획에서는 개발차관기금(DLF)이 설치되게 되었다.[133]

　미국의 국제수지 악화와 함께 등장한 무상 증여로부터 생산적 대출로의 전환이라는 미국 대외원조정책의 변화는 냉전의 정치적 목적에

---

[132] 김종현, 『근대일본경제사』, 비봉출판사, 1991, 294쪽.
[133] 韓國銀行調査部, 『經濟年鑑』 1958년, I-136쪽 ; Jung-En Woo, 앞의 책, 1991, 70쪽.

대한 가장 편리한 수단으로 인식되었으며, 그 기조에는 로스토우(Rostow)
의 장기경제개발론이 일정하게 반영되어 있었다. 즉 로스토우의 개발
주의는 냉전의 저렴한 이익수단으로 인식되었고, 소련과 중국을 경제
적으로 압박하여 그들의 군사적 팽창을 저지할 수 있는 수단으로 인식
되었던 것이다.[134) 그리고 제3세계의 경제개발 문제에 있어서도 이전
의 원조정책이 시장원리 중시의 입장을 고수하여 경제에 대한 정부의
개입에 비판적이었던 반해 저개발국의 장기적 경제발전을 위해서는
강력한 정부의 존재와 기능이 불가결한다는 인식이 서서히 형성되어
갔다.[135)

그러나 제3세계에 대한 장기개발원조의 필요성이 제기되고 로스토
우와 같은 적극론자들이 대두하였지만, 미국의 국제수지는 점차 악화
되어 갔으며, 아이젠하워 대통령이나 델레스(J.F. Dulles) 국무장관은
여전히 제3세계에 대한 군사원조의 필요성을 인식하고 있었다. 이에
따라 결국 제3세계에 대한 원조정책은 기존의 상호안전보장법 체계 내
에서 개발차관기금을 보완하는 절충적 형태로 귀결되어 갔다. 이후 군
사원조와 경제원조를 명백히 구분하고 무상 증여보다는 차관 형식의
경제원조로 미국 대외원조정책의 중심이 전환되게 된 것은 케네디정
권하에서 제정된 '1961년의 대외원조법(FAA)'이었다.

1957년 이후 미국 대외정책에서 원조의 삭감 경향이 정착되고 제3세
계 장기개발에 대한 재원으로 원조대신 차관이 설정되었다는 것은 부
흥재원의 대부분을 원조에 의지하고 있었던 이승만정부의 국가 주도
산업화에 결정적인 장애 요소로 작용하였다. 더욱이 이승만정부의 수
입대체공업화가 일본에 대한 방어적 성격을 가지고 있었다는 것은 한

---

134) Jung-En Woo, 위의 책, 69~70쪽.

135) 李種元, 앞의 글, 1995, 182쪽,

국의 개발계획을 일본경제와 연관시켜 해결하려 했던 미국의 의도와
는 어긋나는 것이었다. 원조의 삭감, 개발재원의 차관화, 일본자본의
유입 등을 골자로 하는 1957년 이후 미국의 대한원조정책은 한국에 대
한 미국의 재정적 기여도를 낮추는 대신 한국이 '건전한' 균형예산의
재정경제정책을 수립하고 재정 운영에 더 큰 책임을 질 것을 요구하는
것으로 나타났다.[136] 그것의 직접적인 형태가 1957년 이후 실시된 재정
안정계획이다.

합동경제위원회에 의해 수립되는 재정안정계획은 연간 통화의 팽창
을 허용하지 않는다는 원칙에 입각하여 세입의 증대와 세입 내 세출,
융자 억제를 기조로 재정·금융의 안정과 물가 안정에 중점을 둔 것이
었다. 연차 계획의 테두리 안에 매 4반기별 계획을 세우는 동시에 월간
계획 실행상황을 검토하는 등 이전에 미국 측이 주장하던 경제안정론
이 재정안정계획을 통해 한미 양측에 의해 적극적으로 수행되었다.[137]

원조의 삭감과 재정안정계획에 의한 융자 억제의 영향은 국가자본
의 민간융자 통로였던 한국산업은행에서 먼저 나타났다. 1957년을 전
후하여 대두하기 시작한 산업은행법 개정 문제는 1958년 10월 31일자
로 국무회의를 통과했다.[138] 산업은행법 개정의 중요한 배경은 무엇보
다도 "재원 조달에 있어서 지대한 관련을 맺고 있는 외국원조의 공여방
식"이 점차 차관 형태로 이행함에 따라 재원 조달이 곤란해졌다는 점에
있었다. 그렇다고 재정안정계획이 실시되는 상황에서 이전처럼 인플
레이션 유발 재원인 산업부흥국채 발행에 그 재원을 의존할 수도 없는
실정이었다. 이제 새로운 재원 조달방식을 찾아야 했다.

136) Jung-En Woo, 앞의 책, 71쪽.
137) 財務部 理財1課, 『우리나라의 財政安定計劃槪觀』, 1967, 29쪽.
138) 韓國産業銀行調査部, 『韓國産業銀行十年史』, 1964, 467~469쪽.

이에 따라 10월 31일 국무회의에서 결의된 산업은행법 개정안은 산업은행을 한국은행법과 은행법에 의한 금융기관으로 발전시키기 위해 종래 대출거래처에 한정되었던 요구불 예금을 일반으로부터도 수입할 수 있게 하여 단기성 운전자금 수요를 보완하려 했고, 한국은행으로부터의 재할인에 의한 자금 차입도 허용하였다. 그 외에도 재원 확보를 위해 미국원조정책의 변화에 조응하여 개발차관기금이나 기타 외국 금융기관으로부터의 차입이 허용되고, 산업금융채권 발행 한도도 인상되었다. 그리고 이미 조달된 재정투융자의 관리와 상환을 용이하게 하기 위해 신규시설보다는 기설기업체의 운전자금에 융자의 중점을 두었다. 이와 아울러 민간자본시장을 육성하기 위해 종래 융자방식으로만 산업자금을 공급하던 것에 산업은행의 주식 투자에 의한 융자방식을 추가하여 중요 기업에 대한 주식 투자를 조성하여 민간자본을 산업부문으로 동원하여 부족한 산업자금을 보완하려 했다.

요컨대 산업은행법 개정안의 골자는 원조 삭감에 따라 새로운 재원 조달의 필요성이 제기됨에 따라 그 일환으로써 민간자본의 동원이 추구되었으며, 융자의 중점도 새로운 투자보다는 기존시설의 운전자금에 치중해야 한다는 것이었다. 그러나 이 국무회의 결의안은 1958년 국회의원선거 자금과 관련된 소위 연계자금 대출에 관한 파동 등으로 국회에서 통과되지 못하였고, 결국 이승만정부가 붕괴한 이후 1961년 12월 27일에 제정되었다.

원조 삭감으로 촉발된 민간자본 육성 방침은 1958년 자산재평가법으로 보다 구체화되었다. 당시는 그간의 인플레이션으로 말미암아 기업의 자기자본이 과소평가된 채로 계정되어 있어서 그것에 기초한 감가상각으로는 자산의 보전과 확대 재생산이 불가능하였다.[139] 또 세금을

---

139) 韓國産業銀行調査部, 「기업합리화와 자산재평가」, 『調査月報』 1955년 6월호, 2쪽.

줄이기 위해 각 기업이 장부가액에 의한 과소상각 방법을 취했기 때문
에 자본이 음성화하고 기업자본이 잠식되었다.[140] 이렇게 동일한 기준
에 의해 평가되지 않은 대차대조표는 설립연도가 다른 기업의 자산내
용을 파악할 수 없게 하여 타인자본의 조달을 불가능하게 하였으며 증
권시장의 육성에 의한 민간자본의 산업자금화를 불가능하게 하는 것
이었다. 따라서 정부는 대차대조표의 진실성을 회복하여 실질가격에
의한 감가상각을 가능하게 하고, 이를 바탕으로 자본가치의 유지와 축
적, 기업의 합리화를 추구할 목적으로 자산재평가법을 실시했다. 그러
나 1958년의 자산재평가법은 자산재평가에 대한 일반적인 인식부족,
재평가 기준의 불합리, 조세포탈을 위한 자본의 음성화 경향 등으로 성
과를 거두지 못했다.[141]

산업은행법 개정과 자산재평가법에서 보이는 민간자본의 산업자본
화는 증권시장의 개설로 뒷받침되어야 하는 것이었다. 1956년 2월 대한
증권거래소가 개설되었으나 국채 거래가 주류를 이루었고, 반면에 주식
회사는 체제가 미숙하였고 수익성에 대한 보장도 불확실하여 일반 주
식 투자는 활성화되지 못했다.[142] 원조의 삭감과 재정안정계획의 실시
를 배경으로 하는 이와 같은 일련의 연쇄적 자유시장경제화는 1959년
12월 국회를 통과한 외자도입촉진법에 의해 더욱 촉진되었다. 이 법은
생산부문의 개발을 창시 · 확장 또는 개선하고자 하는 외국인에 의한
신자본의 투자를 촉진하는 것을 목표로 하였다. 그리고 자본의 회수와
과실의 해외송금을 규정하고, 외국인 기업체에 대해 8년간의 조세 감
면과 관세 전액 면제라는 세제상의 특혜를 부여하는 것이었다.[143]

---

140) 金命潤, 앞의 책, 227쪽.
141) 財務部 司稅局, 『稅政白書』, 1963, 159쪽.
142) 財務部, 『財政金融三十年史』, 1978, 74~75쪽.
143) 財務部, 『1959年度 財政白書』, 1960, 82~83쪽.

　이상에서 본 바와 같이 경제 안정보다는 경제 부흥에 중점을 두어
온 이승만정부의 국가 주도 산업화가 재정안정계획을 수용하고 그에
따른 일련의 자유시장경제 메커니즘의 확산을 받아들일 수밖에 없었
던 요인으로는 먼저 원조의 삭감에 대한 대응이라는 측면을 들 수 있
다. 즉 원조의 삭감은 곧 적자재정을 보전할 재원의 축소를 의미하는
것이었으며,[144] 따라서 재정자립도를 높이고 건전재정을 유지하며 민
간자본을 활성화하기 위한 일련의 조치들을 취하는 방향으로 나아가
지 않을 수 없었던 것이다.

　그리고 한편에서는 1956년 대통령선거 결과에 대한 위기감이 작용하
고 있었으며, 다른 한편에서는 식민지시대 이래의 경제 테크노크라트
가 관료층으로 대두하면서 경제정책에 대한 상대적 자율성을 확보하
고 있었다는 점이다. 당시 부흥부장관과 재무부장관을 지낸 송인상을
비롯한 이들 경제 관료들은 미국 원조당국과 협의 과정에서 시장경제
원리를 체득하고 있었으며, 대일 경제관계도 경제적 합리성에 기초하
여 판단하고 있었기 때문에 1958년 말 재일교포 북송으로 야기된 이승
만 대통령의 대일 경제단교 조치는 충격으로 받아들여졌다. 그리고 이
들 경제 관료들은 포드(FORD)재단의 기금으로 세계은행이 운영하는
경제개발위원회(EDI: Economic Development Institute) 연수를 통해 후진
국 경제개발에 있어서 국가의 주도권을 강조한 루이스(Arther Lewis)의
『경세성장론(The Theory of Economic Growth)』 등의 개발이론을 받아
들이고 있었으며, 이것은 장기개발3개년계획으로 현실화했다.[145] 1958년
4월 1일 장기개발계획을 수립하기 위해 자원의 조사 평가, 최적의 경제

---

[144] 1957회계년도의 경우 조세 수입은 일반재정부문 세입총액의 27%에 불과하였고, 국채,
　　산업부흥국채, 차입금 등 적자재원이 차지하는 비중이 13%였으며, 원조재원이 53%를
　　점하고 있었다(경제기획원, 『예산개요』 1963년, 128쪽).
[145] 宋仁相, 『回顧錄: 復興과 成長』, 21세기북스, 1994, 128~144・247~249・302~308쪽.

구조 확립 및 효과적인 경제정책에 관한 조사·연구를 목적으로 하는 산업개발위원회가 부흥부장관의 자문기관으로 ICA자금과 대충자금을 재원으로 발족되어, 1960년도를 기점으로 하는 경제개발3개년계획을 작성하였던 것이다. 그러나 이 계획은 이승만정부 동안에는 실행되지 못했다.

　요컨대 미국 원조의 삭감, 제3세계 개발주의의 대두, 개발재원의 차관화를 배경으로 진행된 1950년대 후반기 한국경제의 주요 흐름인 재정안정계획과 일련의 자유시장경제 메커니즘의 확산, 그것을 바탕으로 한 장기개발계획은 종래의 국가 주도하의 대일 방어적 산업화와 다른 것이었다. 그것은 '안정적' 재정 기반 위에서 자유시장경제 메커니즘을 바탕으로 하는 개발계획이었으며, 일본과의 경제관계도 '경제적 합리성'에 기초한 시장원리가 주된 관점으로 작용하는 것이었다. 그런 점에서 인플레이션 재원과 적자재정하에서 반일의식을 바탕으로 진행된 국가 주도의 방어적 산업화와 차이가 있었다. 따라서 확산되어가는 자유시장경제 메커니즘, 원조의 삭감과 그것을 대치할 일본경제와 지역적 분업구조 구축의 요구 등은 국가 주도하의 대일 방어적 산업화를 바탕으로 하는 이승만정부 정치권력체계의 붕괴를 의미하는 것이었다.

2) 축적 위기와 그 전환

　미국의 대한원조정책의 변화와 함께 원조는 1957년을 정점으로 이후 점차 감소하기 시작했고, 이와 때를 같이하여 1956년을 경과하면서 국내에서는 불황이 파급되어갔다. 다른 산업 부문과 유기적인 분업 연관을 결여한 채 축적을 선도해 간 몇몇 소비재 경공업 부문은 수출경쟁력 또한 기대할 수 없는 것이어서 국내외 시장은 더 이상 확장되지 못했다. 불황기를 거치면서 일부 업종에서는 제품을 다양화하고 고급화하거나 면방업이나 제분업에서처럼 유휴시설을 활용해 스프사나 가축용 사료를 생산하는 등 경영을 다각화하여 국내 시장을 개척하려 했으나, 국내수요의 부족으로 인한 축적 위기를 완화할 수는 없었다. 이윤율은 떨어졌고 설비 투자도 감소되었으며 노동생산성의 향상 속도도 크게 둔화되었다.[146] 불황은 구조적 차원에서 축적 위기를 해소할 또 다른 계기를 요구하고 있었지만, 이승만정부 동안에는 현실화되지 못했다.

축적 위기는 일차적으로 자본 내의 축적 기반을 재정비할 것을 요구했으며, 그 결과 자본의 집적과 집중이 선행되었다. 자본 축적을 주도해 간 몇몇 소비재 경공업 부문은 가격경쟁이 배제된 원료와 판매의 독점 구조를 형성하고 있었고, 이러한 독점 구조에서 자본 간의 경쟁은 주로 시설투자 경쟁으로 나타났다. 시설투자 경쟁이 격화된 것은 값싼 원조 원료를 보다 많이 할당받는 것이 자본 축적의 큰 원천이었고 원조 원료는 각 기업의 시설 능력에 따라 할당되었기 때문이었지만, 시설투자 경쟁은 자본의 집적을 촉진해 갔다. 불황 이전에 활발했던 시설투자 경쟁은 불황기를 거치면서 완화되었지만, 그 형태를 달리하면서 계속 진행되어 자본의 집적을 촉진했다. 불황기의 시설투자 경쟁은 낡은 기계를 개체하거나 부대시설을 설치하는 방식으로 진행되었는데, 면방공업의 경우는 폐기해야 할 노후된 기계를 계속 보유하여 원조 원면을 배정받기도 했다. 그리고 제분공업의 경우는 제일제당을 비롯한 7개의 신규 참입 기업들의 주도로 불황에 돌입한 57~58년에도 시설투자 경쟁이 매우 격화되었다.[147]

그러나 시설투자 경쟁으로 증설된 시설들은 국내외 시장 확대의 제

146) 金洋和, 앞의 글, 1990, 69~71 · 79 · 100 · 236쪽.
147) 金洋和, 앞의 글, 1990, 84 · 173 · 237~238쪽.

약으로 규모의 경제성이 발휘될 수 없었기 때문에 생산력 향상으로 이어지지 못했다. 시설의 확장에도 불구하고 생산성은 정체된 가운데, 불황기의 경쟁은 다른 한편으로 자본의 집중을 촉진했다. 저급한 생산성 수준과 그로 인한 경영수지 악화, 자금난이 기업 몰락의 원인이었지만, 생산성 문제보다는 자금난 때문에 몰락한 경우도 많았다. 1950년대 말에 몰락한 면방공업의 조선방직과 태창방직, 제분공업의 조선제분과 극동제분 등이 대표적인 경우였다. 반면에 삼호방직이 조선방직을 인수하여 자본 집중을 이루고 제일제당이 후발 기업으로서 조업개시 1년 만에 제분공업의 독점체제에서 주도적 지위에 오를 수 있었던 것은 이들 기업이 속한 재벌의 은행 독점 때문이었다. 1954년에 시작되어 1957년에 불하가 완료된 귀속 은행주 불하에서 삼호방직의 삼호재벌은 제일은행을 인수하였으며 제일제당의 삼성 재벌은 한일은행과 조흥은행의 경영권을 장악하여 저금리의 은행자금을 기업인수 자금이나 경영자금으로 손쉽게 운용할 수 있었다.[148)

시장 확대의 제약과 생산성의 정체 속에서 자본의 집적과 집중이 촉진되는 가운데, 기업은 재생산을 유지하기 위해 기존의 축적 구조를 더욱 강화해 갔다. 가격 경쟁이 배제된 원료와 판매의 독점 구조는 지속되었으며 불황과 함께 노동강도는 훨씬 강화되었다. 방적부문의 경우, 취업노동자 한 사람이 감당해야 할 설비(운전추)가 1955년의 26대에서 1956년에는 36.4대, 1960년에는 45.1대로 증대되었다.[149)

1957년 보건사회부의 조사에 의하면 노동자의 월평균 임금은 월평균 생활비의 절반 밖에 되지 않았으며, 그래도 지방 노동자보다 형편이 다소 나은 서울의 노동자 경우 노동자 가구주의 본 수입(노동자 임금)은

148) 金洋和, 앞의 글, 1990, 97 · 99 · 241쪽.
149) 金洋和, 앞의 글, 1990, 50쪽.

총수입 중 50% 내외에 불과하여 부족분을 총수입의 10% 내외를 점하
는 차입금이나 가계보조적인 가구원의 수입, 근친자의 생계비 보조, 가
재(家財) 방매 등으로 충당하였다. 저임금과 함께 열악한 노동조건도
노동력 재생산을 위협하였다. 1953년에 노동조합법, 노동위원회법, 노
동쟁의법, 근로기준법 등 일련의 노동법이 제정되었지만, 5인 이상 종
업원을 고용한 사업체 중에서 부속 의료시설을 가진 사업체는 1~2% 내
외에 불과했으며 의사 수는 노동자 800~2,000명 당 1명꼴에 불과했다.
따라서 근로기준법이 규정한 노동자의 건강진단은 제대로 이행될 수
없었으며, 보건사회부의 조사 결과 전국 노동자의 약 1/3이 결핵 등의
만성질병에 걸려있는 것으로 나타났다.[150]

   저임금 장시간의 노동 위에 더욱 강화된 노동강도는 노동력 재생산
의 위협에 직면해 있던 노동자들의 저항을 촉발했고, 노동자들은 자신
들의 조직을 강화해 갔다. 전체 경제활동인구 중 노동자 계급의 비중
은 7~10% 정도에 불과하고 더구나 산업노동자는 4~5%에 지나지 않았
으며 5인 이상 종업원을 고용한 사업체의 종업원 총수는 오히려 감소
하는 경향을 보이고 있음에도 불구하고, 노동조합원 수는 꾸준히 증가
하여 1955년에 20만 명가량이던 것이 1960년에는 32만 명으로 늘어났
다. 노동조합 수도 꾸준히 늘어나서 1955년에 562개이던 것이 1960년에
는 914개로 증가했다. 노동자의 조직화 경향이 강화되면서 노동쟁의도
늘어났다. 노동법이 제정된 1953년에 9건의 쟁의에 참가인원도 2천여
명에 불과하던 것이 불황이 심화되던 1959년에는 비록 이승만정부의
탄압으로 노동조합 수는 줄어들었지만 노동쟁의는 전해에 비해 2배 이
상 늘어나 95건에 참가인원도 5만여 명에 이르렀고 4 · 19가 일어난

150) 朴玄埰,「해방 후 한국노동쟁의의 원인과 대책」,『한국노동문제의 인식』, 동녘, 1983(a),
     227쪽 ; 金洛中,『韓國勞動運動史 -解放後 篇-』, 靑史, 1982, 182~183쪽 ; 공제욱,「1950
     년대 한국사회의 계급구성」,『경제와 사회』제3권, 1989, 258~259쪽.

〈표 1-9〉 1950년대 계급구성

(단위 : 천 명, %)

연도	1955년	1960년
경제활동인구	6,639 (100)	7,656 (100)
1. 자본가계급	20 (0.3)	34 (0.4)
2. 신중간층	260 (3.9)	325 (4.2)
3. 비농자영업자층 (비농쁘띠부르조아층 +비농반프로층)	480 (7.2)	790 (10.3)
4. 농어민층	4,507 (67.9)	4,907 (64.1)
5. 노동자계급	520 (7.8)	788 (10.3)
단순사무원	50 (0.8)	71 (0.9)
단순판매원	30 (0.5)	45 (0.6)
서비스노동자	60 (0.9)	140 (1.8)
산업노동자	310 (4.7)	432 (5.6)
6. 주변적 무산자층	852 (12.8)	812 (10.6)
개인서비스노무자	280 (4.2)	241 (3.1)
가사고용인	50 (0.8)	137 (1.8)
실업자	522 (7.9)	434 (5.7)

* 자료: 내무부 통계국, 『간이 총인구 조사보고』, 1955 ; 경제기획원, 『인구 주택 국세 조사보고』, 1960.
* 출처: 공제욱, 『1950년대 한국의 자본가 연구』, 백산서당, 1993, 42쪽.

1960년에는 비약적으로 증대했다.[151]

　이 시기 방직공업은 값싼 원조 원면 도입으로 이권이 많았기 때문에 섬유부문 노동조합은 어용적인 노동조합인 경우가 많았다. 1958년 국제자유노련과 국제섬유노련이 한국 섬유노동자의 실태를 조사해 아시아지역 섬유노동조합대회에 보고하고 이 대회는 한국 섬유노동자들의

151) 金洛中, 앞의 책, 187, 189쪽 ; 공제욱, 앞의 글, 234쪽.

장시간 노동에 대한 항의문을 채택하기에 이르렀다. 마침내 1959년 2월 전국섬유노조연맹 산하의 노동조합들은 8시간 노동제의 엄수, 임금 인하 반대를 요구하며 쟁의를 제기하였고, 그 결과 10월에 8시간 노동제의 실시를 승인하는 단체협약이 체결되기도 하였다.[152] 비록 임금 문제나 해고 반대 등 경제투쟁의 단계에 머물렀지만, 이 시기의 노동쟁의는 자본에 대한 투쟁을 통해 1953년에 제정된 노동법의 형식적 틀 속에 자기 내용을 담아가고 있었다.[153]

그러나 아직 노동계급은 자신의 요구에 기초하여 광범한 민중의 요구를 수렴하면서 축적 위기의 객관적 조건을 사회 변혁으로 현실화시킬 계급의식이나 조직적 역량을 갖고 있지 못했다. 비록 1959년 10월에 결성된 전국노동조합협의회가 노동운동의 민주화를 지향하며 개별 분산적인 투쟁을 전국적 수준에서 조직하려는 경향이 보이기는 했지만, 대부분의 노조는 어용 노동단체인 대한노총에 장악되어 있었고 노동쟁의도 개별 기업단위로 수행되었다. 또한 노동운동은 6·25전쟁 이후 내면화된 반공 이데올로기의 주박 속에서 사회변혁의 주요 매개로 역할했던 지난날의 노동운동을 아래로부터의 대중적 요구와 결합시키지 못하고 있었으며, 저임금 장시간 노동과 열악한 노동환경 속에서도 실업의 만연은 노동자계급을 모순에 찬 현실에 안주토록 했다.[154]

1950년대를 통하여 그 비중이 약간 줄어들기는 했지만 여전히 전체 경제활동인구의 60% 이상을 점하고 있던 농민의 경우도 생활상의 곤란은 노동자에 못하지 않았지만 사회 변혁을 현실화시킬 역량은 없었

152) 金洛中, 앞의 책, 217~219쪽.
153) 朴玄埰, 앞의 글, 1983(a), 254쪽.
154) 김형기, 「노동자계급의 성장 및 내부구성의 변화와 주체 형성」, 『한국자본주의와 노동문제』, 돌베개, 1985, 60쪽 ; 朴玄埰, 앞의 글, 228쪽 ; 朴玄埰, 「4월 민주혁명과 民族史의 방향」, 『4월혁명론』, 한길사, 1983(b), 54쪽 ; 공제욱, 앞의 글, 259쪽.

다. 1962년 농업소득의 가계비 충족도를 보면 0.5정보 미만 계층은 66%, 0.5정보~1정보는 90.9%, 1정보~1.5정보는 105.8%, 1.5정보~2정보는 106.2%, 2정보 이상은 120.8%였다. 총 농가호수의 70% 이상을 점하고 있던 1정보 미만의 빈농층은 농업소득만으로는 자신들의 생계를 유지할 수 없어 날품(일고)이나 머슴살이로 부족한 생계비를 보충해야 했고, 절량농가가 줄을 이었다. 총 농가호수의 20% 정도였던 1정보 이상 2정보 미만의 중농층 정도가 되어야 자신의 농업소득으로 생계비 지출 중 70% 정도를 음식물비로 지출하는 빠듯한 생활을 할 수 있었다. 부농층과 중농층의 비중이 증대하고 그들이 경작하는 면적도 늘어나는 추세에 있었지만, 현물 조세, 양곡수매, 농지개혁 상환곡 등을 통한 정부의 현물 수탈, 저곡가 정책, 농공간의 부등가 교환, 고리대 자본의 수탈 등으로 농업 생산 기반은 파괴되어 대부분의 농가가 부채농화하였다.[155]

　그러나 사회변혁의 한 축으로 역할했던 이전의 진보적인 농민조직 역시 6·25전쟁을 거치면서 파괴되었고 반공 이데올로기의 틀 속에 매몰되었다. 그리고 비록 무상몰수 무상분배 형식의 혁명적인 농지개혁은 아니었고 그 허구성으로 인해 주로 영세농의 분배농지가 다시 매각되었지만, 농지개혁에 의한 농민적 토지 소유는 농민의 쁘띠 부조아지로서의 보수성을 상대적 심화시켰다.

　쁘띠 부르조아지로서의 보수성이 갖는 변혁주체로서의 한계는 중소자본가의 경우도 예외는 아니었다. 민족자본으로서의 성격을 가진 토착 중소자본 역시 원조에 기반한 대자본 중심의 축적 구조에서 소외되었지만, 자신들의 요구를 관철시킬만한 조직적인 힘은 없었다. 이들 역시 축적 구조 및 경제체제의 변혁보다는 대자본처럼 원조와 그것을 매

---

155) 공제욱, 앞의 글, 248·250~253쪽.

개로 하는 국가의 각종 자원배분에 기대를 걸고 있었으며 대자본에 하청 계열화된 성장에 대한 기대도 저버리지 않았다. 그리고 실제 이들은 점차 원조에 기반한 수입대체공업화의 논리로 직·간접적으로 포섭되어 가고 있었다.

1950년대 후반의 축적 위기는 농지개혁, 귀속재산의 처리 등에서처럼 8·15 '해방'의 역사적 성과에서 소외되고 원조를 기반으로 한 수입대체산업화 과정으로부터도 소외된 광범한 민중들의 힘겨운 생활을 더욱 어렵게 만들었다. 그러나 민중의 생활상의 요구에 기초한 사회변혁이 축적위기라는 객관적 조건을 매개로 현실화될 만큼 변혁주체의 역량이 성숙했던 것은 아니었다. 민중의 요구를 수렴하고 지도할 뚜렷한 정치조직이 없는 상태에서 낮은 민중의식은 사회변혁의 가능성을 선거에 의한 민주당의 승리로 수렴시키고 있었다.[156]

3·15 부정선거를 계기로 사회 변혁의 가능성은 현실화되었다. 비록 자연발생적이고 조직적이지는 못했지만 4·19는 광범한 민중의 생활상의 요구에 기초하고 있었으며, 그것은 안으로는 민중의 정치 참여와 반독점을 위한 민주주의의 문제로 제기되었고 밖으로는 정치적 자주와 민족통일, 자립경제의 문제로 제기되었다.[157]

4·19로 성립된 민주당 장면정부의 '경제개발5개년계획수립요강'은 민주적 정치체제의 기반 강화와 자립경제의 기반 조성을 계획의 기조로 삼았다. 물론 이 계획은 자유당정부 말기의 '경제개발3개년계획'을 수정·보완한 것으로 추정되지만, 정치적 민주화의 기초로 경제 발전을 상정하고 있었고, 자유당정부의 3개년계획이 자유경제의 원칙을 강조한 것에 비해 국가의 계획적 유도하에 민간부문의 자발적인 활동을

---

156) 朴玄埰, 앞의 글, 1983(b), 50~54쪽.
157) 위의 글, 51·58쪽.

결합시키고 있다는 점, 시멘트, 정유, 철강 등으로까지 수입대체산업화의 범주를 확대하여 국민경제의 유기적 연관을 강화하려 했다는 점 등에서 차이가 있었다.

1960년 9월 30일 1961년도 예산안을 국회에 제출하면서 행한 시정연설에서 장면 총리는 과거의 관권경제와 불균형한 산업구조를 지양하기 위해 국영 관리기업체의 운영을 합리화하고 원조재원의 효율적인 배분 운영과 정부 보유 달러의 부정 관리와 은폐 보조를 일소하기 위해 환율의 현실화를 단행할 것이라고 하였다. 또한 농어촌 중심의 투융자를 증대하여 소득증대를 도모하며 위축된 중소기업을 활성화하고 이를 통해 균형적인 산업구조를 촉진하여 자립경제의 기반을 조성한다는 방향을 제시했다.[158]

장면정부의 반독점을 위한 조치들은 기존 대자본의 축적 기반이었던 원료 및 판매 독점의 구조를 허물어갔다. 면방의 경우, 원조 원면의 실수요자 배정제는 1960년 6월부터 제면업과 위생재료업도 참여하는 공매입찰제로 바뀌었고, 그에 따라 원면 환율도 1961년 2월부터는 1달러당 1,300환으로 현실화되었다. 그리고 원면인수자금 융자제도도 1960년 6월부터 폐지되었다. 원료 독점의 동요와 함께 판매 독점도 허물어져 1961년 10월부터는 면사포에 대한 고시가격제가 실시되어 면사포의 판매가격은 생산원가 이하를 맴돌았다.[159]

그러나 장면정부는 민주당의 태생적 보수성에 기인한 '혁명에 의한 정부'로서의 한계 또한 뚜렷했다. 탈세 문제로만 국한한 부정축재자 처리 과정에서도 보이듯이, 장면정부가 취한 반독점 조치는 4·19의 과제

---

158) 유광호, 「장면정권기의 경제정책」, 『한국현대사의 재인식 5 : 1960년대의 전환적 상황과 장면정권』, 오름, 1998, 126~127·135·166~167쪽.

159) 金洋和, 앞의 글, 1990, 102~103쪽.

를 온전히 수행하는 것이 되지 못했다. 또한 비록 환율의 현실화가 은폐 보조를 시정하기 위한 것이었다고는 하지만 더 많은 원조 획득을 목적으로 하였던 측면이 있었고, 외국자본의 자유로운 활동을 위해 외자도입법을 개정하려한 것은 자유당정부의 축적 기반을 한편으로 수용하는 것이었다.

그러나 더욱 본질적인 문제는 원조에 기생하는 자본을 민족자본으로 전환시키고 외자의 도입 역시 자율적인 국민경제구조를 형성하기 위해 통제할 수 있는 국가 의지였다. 이를 위해서는 광범한 민중의 정치 참여로 그들의 이해를 국가 의지로 관철시킬 수 있는 실질적인 민주주의가 요청되었다. 실제 민주당정부하에서 이루어진 광범한 혁신세력의 대두, 이해 당사자의 자유로운 결합에 의한 다양한 정치조직의 형성, 노동조합의 민주화 노력, 정치적인 제악법의 폐기 요구, 자주적 통일문제의 제기 등으로 민중의 정치참여가 현실화되어갔다.[160]

그러나 4·19로부터 제기되고 민주당정부하에서 그 기반을 조성해가던 민주주의의 과제는 5·16 군사정변에 의해 부정되었다. 군사정변으로 다양한 민중의 정치 참여는 배제되었고 자주적 통일운동의 싹은 다시 동면의 세월을 보내야 했으며, 자립경제는 수출주도형 외향적 방향으로 변형되었다. 1950년대 말의 축적 위기에서 축적을 위한 새로운 활로를 찾지 못하고 있던 독점자본은 박정희정부하에서 부족한 자본을 차관으로 공급받으면서 차관 상환을 위한 수출을 통해 새로운 축적 활로를 열어갈 수 있었다. 저수준의 수출경쟁력은 수출 결손을 보전하기 위해 판매 독점을 요구하였으며, 이를 위해 국내외 판매가격을 차별화하여 국내 판매가격은 생산원가를 크게 웃돌았다.[161] 이후 외향적

160) 朴玄埰, 앞의 글, 1983(b), 56쪽.
161) 金洋和, 앞의 글, 1990, 104쪽.

발전과 독점에 기초한 한국자본주의의 외형적 성장은 박정희 집권기
를 통해 관철되었으며, 그 대립으로 '종속'과 독점에 반대하고 자립적인
균형적 국민경제의 형성을 통해 새로운 사회로의 이행 근거를 마련하
려는 운동 또한 지속되었다.

제 2 장

제2장
·
·
경제개발5개년계획과
경제운영원리의 분화

1. 불분명한 조합의 경제체제
: "자유로운 경제활동"과 "정부의 강력한 계획성"

1) 혁명공약과 기본경제정책

1961년 5월 16일 군사정변이 일어나면서 6개 항의 혁명공약이 발표되었다. 그 중 4항은 "절망과 기아선상에서 허덕이는 민생고를 시급히 해결하고 국가자주경제 재건에 총력을 경주한다"는 것이었다. 1항은 "반공을 국시의 제일의(第一義)로 삼고 지금까지 구호에만 그친 반공태세를 재정비 강화한다"는 것이었는데, 공보부 장관 오재경은 "5·16 혁명의 정치적 과제와 목적을 가장 적정하게 천명한" 것이며 "건국이념을 확인하는 동시에 앞으로의 정치적 이정표를 명시한 것"이라고 해석했다. 5항은 "민족적 숙원인 국토통일을 위하여 공산주의와 대결할 수 있는 실력배양에 전력을 집중한다"는 것이었는데, '국방력의 강화'와 경제적인 측면을 포함하는 것으로 해석했다. 그리고 '혁명구호'인 "간접침략을 분쇄하자"는 "5·16혁명이 반공혁명이며 공산주의를 능가할 힘의 배양을 목적하는 것이라면" "5·16혁명을 집약적으로 표현한 것인 동시에 목표를 밝힌 것"이라고 해석했다.[1] 따라서 이 '공약'에서 언급된 '국가자주경제'는 '건국이념'인 '반공'과 이를 위한 5·16 '반공혁명'의 경제적 표현이자 지향이었고 오재경은 4항을 설명하면서 이를 "국가자립경제 재건"으로 표현했지만, 경제체제나 경제운영원리를 표현한 것은 아니었다.

5월 21일 국가재건최고회의(이하 최고회의) 의장 겸 내각 수반 장도영 중장은[2] 각료취임식 훈시를 통해 5개 항의 혁명공약 실천사항을 발표했는데, 그 중 하나는 "계획성 있는 경제발전으로써 균형된 국민생활의 향상을 기"한다는 것이었다.[3] 혁명공약의 실천사항이었던 만큼 '공약' 4항이 보다 구체적인 모습을 띠게 되어, '계획성'이 경제운영원리로 표현되었다.

5월 31일 군사정부는 〈기본경제정책〉을 발표했다.[4] 이 정책은 경제체제 규정과 관련하여, "혁명공약을 조속한 시일 내에 과감히 실천"하기 위해 "자유로운 경제활동을 토대로 하는 동시에 경제적 후진성의 극복과 국민경제의 균형적 발전을 도모하기 위한 정부의 강력한 계획성을 가미하는 경제체제를 확립함으로써 공산주의체제보다도 우월함을

---

1) 吳在璟, 「革命公約과 革命口號를 論함」, 『最高會議報』 통권 1호, 1961, 120~123쪽.
2) 1961년 5월 19일자로 공포된 '군사혁명위원회령 제4호'로 군사혁명위원회를 국가재건최고회의로 개칭했다(公報部, 『官報』 제2860호, 1961.5).
3) 「〈國際公約을 履行〉 計劃있게 經濟發展」, 『朝鮮日報』 1961.5.21.
4) 〈기본경제정책〉의 내용은 다음을 참조하시오. 「國民經濟의 均衡的 發展 圖謀」, 『朝鮮日報』 1961.6.1.

실증할 것"이라고 했다. 그리고 이런 기본 방향에서 "광범한 민간산업의 자율적 발전과 정부 투자에 의한 중요 기간산업의 건설 및 농어촌의 개발을 촉진하며 곡가와 환율의 안정선을 유지"하는 것을 경제운영원리로 제시했다. 이어서 구체적인 경제정책을 6개 부문으로 나누어 간략히 제시했는데, 산업부문에서는 "종합적인 장기개발계획의 틀 안에서 계획성 있는 국민경제의 균형적 발전을 기약한다"고 하여, 장도영이 발표한 '혁명공약' 실천사항을 되풀이했지만 '종합적인 장기개발계획'을 덧붙였다.

〈기본경제정책〉은 '혁명정부'가 지향하는 경제정책의 방향을 명시한 것이었지만,[5] 이를 위한 경제체제를 규정하려고 시도했다. 하지만 "자유로운 경제활동"의 토대 위에 "정부의 강력한 계획성"을 '가미'한다는 것은 경제체제 규정으로는 적합하지 않은 불분명한 것이었다. 경제체제로 제시된 "자유로운 경제활동"은 가격기구를 통한 자원과 소득의 분배 같은 것을 염두에 두었을 수 있고, 경제운영원리로 제시된 "민간산업의 자율적 발전"은 이전 정부들의 관권과 유착한 사기업의 폐해를 "경제적 후진성"으로 평가하며 이를 염두에 둔 것일 수도 있지만, 자유시장을 매개로 한 사기업의 발전이라는 점에서 양자 간에 차이는 없었다. 또한 "정부의 강력한 계획성" 역시 이전 정부들의 무계획적이고 실천성 없는 경제운영을 비판하고자 한 것으로 보이지만, 경제운영원리로 제시된 '정부 투자'나 경제정책을 강력하고 계획성 있게 한다는 것외에는 차이가 없었다.

하지만 "자유로운 경제활동"보다는 "정부의 강력한 계획성"에, "민간산업의 자율적 발전"보다는 '정부 투자'에 더 중점을 두고자 하는 최고회의의 의도는 6개 부문의 구체적인 정책을 통해 드러날 수 있었다. 이

---

5) 柳原植,「綜合經濟再建計劃의 目標와 展望」,『最高會議報』 통권 2호, 1961, 41쪽.

가운데 민간투자(재정부문), 중소기업의 자율적 발전(산업부문) 등을
제외하면, "종합적인 장기개발계획"에서 알 수 있듯이 대부분은 정부가
"경제적 후진성의 극복과 국민경제의 균형적 발전을 도모하기 위해" 해
야 할 일들이었다.

〈기본경제정책〉의 경제체제 규정은 비록 '혁명공약' 실천이라는 한
시적 기한 내에서 적용되는 것이었지만, 정변 주체세력인 군부가 당시
헌법(헌법 제5호, 1960.11.29 개정)의 경제질서를 염두에 두었을 가능성
이 없지는 않다. 또한 후술할 민주당정부 때 작성되었던 '제1차5개년경
제개발계획시안'을 참조했을 수도 있다.

당시 헌법 제84조에 규정된 경제질서는 "사회정의의 실현과 균형있
는 국민경제의 발전"을 기본으로 삼고 "각인의 경제상 자유는 이 한계
내에서 보장"되도록 했다. 이처럼 당시 헌법은 대한민국의 경제질서를
특정 경제체제로 규정하지 않았다. 이에 비해 〈기본경제정책〉의 경제
체제 규정은 헌법의 "균형있는 국민경제의 발전" 부분만 수용한 반면,
"사회정의의 실현"을 "경제적 후진성의 극복"으로 대체했다. 또한 "각인
의 경제상 자유"를 "자유로운 경제활동"으로 표현하고, "각인의 경제상
자유"에 대한 '한계' 규정을 "정부의 강력한 계획성"으로 대체했다.

한편 〈기본경제정책〉의 방향이 '반공혁명'의 '공약'을 실천하는데 있
었고 "공산주의체제보다도 우월함을 실증"하고자 했던 만큼, 이 정책에
서 언급된 경제체제 규정이자 경제운영원리는 공산주의와 체제 대결
이라는 이데올로기성을 내포했다. 국가재건최고회의 의장 박정희는
"우매한 일부 대중이 무모한 통일 구호에 부화뇌동하는 것도 빈곤에서
헤어나가려고 환상적인 희망을 거는 결과"인데 '공산도배'가 이런 정세
를 이용하고 있다며 경제적 체제 대결을 분명히 했다.[6]

6) 朴正熙, 「革命政府의 使命」, 『最高會議報』 통권 1호, 1961.

2) 「제1차 5개년경제개발계획(건설부시안)」

최고회의는 1961년 5월 26일자 '국가재건최고회의령 제14호'로 정부
조직법 제21조를 개정하여 기존의 부흥부를 건설부로 개편했다.[7] 6월
7일 건설부는 '제1차 5개년경제개발계획(시안)'을 심의를 위해 각의에
보고하는 동시에 최고회의에도 제출했는데, 이 '시안'은 6월 11일까지
계획서를 제출하라는 최고회의 의장의 지시에 따라 작성되었다고 동
시 제출의 사유를 밝혔다. 이 기안에는 표지를 포함해 6쪽 분량의「제1
차 5개년경제개발계획(시안) 요지」만 첨부되어 있고, 전문은 없다.[8] 이
'시안'의 전문은 1961년 7월에 발간된『경제조사월보』1961년 6월호에
특집으로 실렸다.[9]『경제조사월보』에 실린 전문「제1차5개년경제개발
계획(건설부시안)」(이하〈건설부시안〉)은 건설부가 보고한「제1차 5개
년경제개발계획(시안) 요지」와 주요 내용이 일치하는 것으로 확인된
다.[10]『경제조사월보』에는〈건설부시안〉앞 부분에「제1차5개년경제
개발계획(건설부시안) 개관」(이하〈개관〉)이 실려 있다.
  그런데 당시 항간에는 이〈건설부시안〉이 사실상 민주당시대에 작
성된 것이라는 주장이 있었다.[11] 장면은 자신의 회고록에서 5개년계획

 7) 公報部,『官報』제2866호, 1961.
 8) 「제1차 5개년 경제개발계획(시안) 보고의 건」, 국가기록원(관리번호: BA0084264).
 9) 「第1次5個年經濟開發計劃(建設部試案)」,『經濟調查月報』6(5), 1961. 이 자료를 발굴해
    소개한 글은 다음과 같다. 김기승,「민주당 정권의 경제정책과 장면」,『한국사학보』7,
    1999.
10) 따라서 이 글에서〈건설부시안〉은『經濟調查月報』에 실린「第1次5個年經濟開發計劃(建
    設部試案)」을 사용한다.
11) 文聖模,「綜合經濟再建計劃案을 批判한다 (上)」,『朝鮮日報』1961.7.30. 대부분의 연구자
    도 장면정부의〈제1차 5개년 경제개발계획〉의 내용이〈건설부시안〉이라는데 의견이 일
    치된다(김기승,「제2공화국의 경제개발계획에 관한 연구 -군사정부의 경제개발계획과
    의 비교를 중심으로-」,『한국민족운동사연구』30, 2002, 470쪽).

초안을 비밀리에 성안해 1961년 4월에 이미 완성해 놓았는데, 정부에서
발표하기 전에 신문에 먼저 발표되었다고 한다.[12] 4월 중순에는 부흥
부가 장기적 수원(受援)태세를 갖추기 위해 '5개년 종합투자계획 개요'
를 작성했는데, 이는 산업개발위원회가 작성 중인 '5개년 경제개발계
획'을 뒷받침하는 것이라는 언론의 보도가 있었다.[13] 하지만 민주당정
부는 이 계획안을 공식 발표하지 못하고,[14] 5·16 군사정변을 맞았다.

〈개관〉과 〈건설부시안〉에서는 "5·16군사혁명 후 근본적인 변화는
없겠으나" "상당한 수정이 필요하다고 인정되어 국가재건최고회의안
등이 대두하고" 있다고 당시의 상황을 설명했다. 또한 "혁명공약은 경
제면에 있어 부패와 부정의 모든 구악을 일소하고 자주경제력을 함양"
하는 것으로 '혁명공약' 제4항의 '국가자주경제'를 해석하기도 했다. 그
러나 '제1차5개년경제개발계획시안'이 작성되기까지의 과정을 설명한
후, 이 '시안'은 "5·16혁명 직전에 대략 성안"된 것이며 "뜻 있는 문헌"
이리고 평가하고 그 내용을 소개했다.[15] 따라서 〈건설부시안〉은 군사
정변 후 작성되었지만, 그 대부분의 내용은 민주당정부 때 만들어진 것
이라 할 수 있다.

하지만, 김진현의 조사에 의하면,[16] "지도받는 자본주의체제"라는 용
어는 민주당의 5개년계획 원안에는 없었다고 하는데, 민주당정권에서
완성해 표지만 군정의 건설부안으로 바뀌었던 '제1차5개년경제개발계
획 시안'(건설부안)에 처음 나타났다고 한다. 또한 그는 '건설부안'의 첫

12) 雲石會, 『한알의 밀이 죽지 않고는 ─張勉 博士 回顧錄(增補版)』, 가톨릭출판사, 1999,
   88쪽.
13) 「經濟開發五個年計劃 뒷받침」, 『朝鮮日報』 1961.4.19.
14) 정헌주, 「민주당 정부는 과연 무능했는가」, 雲石會, 앞의 책, 616~617쪽.
15) 「第1次5個年經濟開發計劃(建設部試案) 槪觀」, 「第1次5個年經濟開發計劃(建設部試案)」,
   『經濟調査月報』 6(5), 1961, 2·9쪽.
16) 金鎭炫·池東旭, 「韓國長期開發計劃의 內幕」, 『新東亞』 1966년 9월호, 100·110쪽.

머리 '계획의 의의' 첫 절에서 "…종합적인 개발계획을 수립하고 이를 실천함은 특히 근자 후진국에 있어서는 세계적인 관례가 되고 있다"고 강조하고 있다고 하는데, 『경제조사월보』에 실린 〈건설부시안〉의 '계획의 의의'에는 그런 구절이 발견되지 않는다. 다만, '특집' 발간사에서 제2차 세계대전 전에는 경제계획이 자유경제와 양립할 수 없다고 인식되었지만 오늘날에는 계획 자체에 대한 찬부(贊否)는 없다는 점, 특히 제2차 세계대전 후의 신생 제국은 경제계획이 요청된다는 점을 서술하고 있을 뿐이다.[17]

이승만정부 말기에 성안된 「단기 4293년도 경제개발삼개년계획」은 '제1부 총론'의 '제1장 장기경제개발계획의 의의'에서 "…보다 나은 국민복지생활을 누리게 하자면 경제를 계획적으로 운영하여야 되겠다는 결의는 방금 세계적 사조가 되어 있다"로 시작하고 있다.[18] 김진현은 '건설부안' 및 이승만정부의 경제개발3개년계획의 첫 머리를 각각 인용하면서 경제계획 초기에는 계획 작성자가 그 작성의 의의를 외국의 관례와 풍조에서 구해 계획 자체를 계몽했다는 점을 강조했다.[19] 김진현이 작성한 도표 '민주당 1차 5개년계획의 주요경제지표'는 〈건설부시안〉의 '〈표 1〉 주요경제지표'와 비교할 때, 기준연도가 틀리고 두 군데 계수가 틀리는데 이는 착오 내지 오타로 보이지만, 〈건설부시안〉에는 없는 1인당 민간소비지출이 계상되어 있다.[20]

따라서 김진현이 참고한 '건설부안'은 『경제조사월보』의 〈건설부시안〉과 다른 것일 수 있고, 〈건설부시안〉은 민주당정부 때 작성된 '제1차 5개년경제개발계획시안'과 일부 내용이 다를 수 있다. 특히 〈건설부시

---

17) 「第1次 5個年經濟開發計劃(建設部試案) 特輯을 내면서」, 『經濟調査月報』 6(5), 1961, 1쪽.
18) 復興部 産業開發委員會, 『檀紀 4293年度 經濟開發三個年計劃』, 1960, 5쪽.
19) 金鎭炫·池東旭, 앞의 글, 100쪽.
20) 金鎭炫·池東旭, 앞의 글, 107쪽 ; 「第1次5個年經濟開發計劃(建設部試案)」, 14~15쪽.

안)이 군사정변 후 최고회의 의장의 지시에 따라 작성되어 최고회의와 각의에 제출되었기 때문에 '5·16 군사혁명'을 언급한 '계획의 의의' 부분은 민주당정부의 '제1차5개년경제개발계획시안'을 수정해 작성되었으리라 추정되고, 〈개관〉은 민주당정부의 것을 바탕으로 다시 작성되었을 것으로 추정된다. 하지만, 그런 특정 부분을 제외한 내용은 민주당정부의 것과 같을 것으로 보인다.

〈건설부시안〉에 의하면, "한국경제체제는 자유기업제도와 정부에 의한 경제정책의 병존으로 지도받는 자본주의체제인 것이며 혼합경제체제를 지향하는 것"이라고 규정했다. 그리고 경제운영원리 즉 "혼합경제의 방도는 기업의 자발적인 계산과 그에 따르는 결의를 고도로 존중하는 한편 이에 모순 없이 계획의 주체인 정부가 간접적인 통제방법을 채용한다"는 것이다.[21]

앞서 언급했듯이, "지도받는 자본주의체제"가 민주당정부의 원래 '계획시안'에는 없던 것이 이때 새로 추가된 것인지 아니면 원래부터 있던 것인지는 확실하지 않다. 최고회의의 지시에 따라 작성된 만큼, 〈기본경제정책〉에서 제시된 "정부의 강력한 계획성"을 표현하기 위해 추가되었을 가능성도 있다. 또한 "자유기업제도와 정부에 의한 경제정책의 병존" 상황을 설명하기 위한 용어로 사용되었을 수도 있다. 하지만 어떤 경우이든 〈건설부시안〉의 경제체제 규정의 핵심은 '혼합경제체제'이며, "지도받는 자본주의체제"는 '혼합경제체제'를 설명하기 위한 용어였다고 생각된다.

〈건설부시안〉은 〈기본경제정책〉에서 표현된 것보다 경제활동에서 정부 영역과 사기업 영역을 보다 분명히 분리하는 입장을 보였다. 즉 "국가가 직접 그 실현수단을 보유하는 정부공공부문에 대하여는 가급

---

21) 「第1次5個年經濟開發計劃(建設部試案)」, 9~10쪽.

적으로 주체적이며 실행가능성 있는 계획을 작성하고, 기본적으로 그 활동을 기업의 창의와 연구에 기대할 민간부문에 대하여는 예측적인 것으로 입안하여 그 방향을 최대한 효율적으로 유도하게 한다"는 것이다. 즉 "계획의 주체"인 정부가 직접 활동하는 경제영역은 정부공공부문이며, 민간부문에 대해서는 "간접적인 통제방법"으로 '유도'하는 것으로 두 영역을 상대적으로 분리하고자 했다. 이런 방향에서 정부는 "공업화에의 기반조성"을 위해 "전략적인 애로부문을 우선 타개하는 요소 공격식 접근방법"을 통해 "정부투자계획을 중점적으로 배정"한다는 것이다. 또한 정부의 직접투자나 민간부문의 유도나 모두 "계획의 주체"인 정부의 역할이 중요하기 때문에 "이 계획은 행정의 종국의 목표와 실천의 지침을 제시하고 행정체계의 합리화를 촉구하는 역할을 하게 된다"는 것이다.[22] "계획의 주체"로서 정부가 강조되고 계획이 "행정체계의 합리화"를 촉구한다는 것은 한편으로는 관치경제의 폐해를 염두에 둔 것이기도 하면서, 다른 한편으로는 〈기본경제정책〉의 "정부의 강력한 계획성"을 의미하기보다 계획의 영역인 정부공공부문과 간접적 유도의 영역인 민간부문의 분리를 오히려 강조한 것이다.

〈개관〉에서는 '혼합경제체제'의 성격을 보다 분명히 제시하기도 했는데, "원칙적으로 자유경제체제를 유지하면서 경제발전에 필요한 기본시설을 정부가 발전시켜 민간이 담당할 여타 산업을 육성한다는 전제하에" 정부가 전력과 석탄 생산의 확장, 식량의 자급자족, 국제수지의 개선을 꾀한다는 것이다.[23] 이것은 정부의 역할이 사적 자본의 성장을 직간접적으로 지원하여 자본주의를 발전시키는데 있으며, 그 자본주의 발전의 지향은 자유경제체제를 기초로 하는 '혼합경제체제'라는 것을

22) 「第1次5個年經濟開發計劃(建設部試案)」, 10쪽.
23) 「第1次5個年經濟開發計劃(建設部試案) 概觀」, 2쪽.

밝힌 것이다. 이런 취지에서 「제1차 5개년경제개발계획(시안) 요지」에
서는 "정부는 산업기반의 구축에 중점을 두고 그 기초 위에 건설될 제
반 산업은 이를 원칙적으로 민간기업의 창의를 최대한 활용하는 방침
을 취할 것"이라고 경제운영원리의 핵심을 요약했다.[24] 당시 언론에서
도 지도받는 자본주의체제를 지향하는 이 계획은 자유기업의 보장과
이와 모순되지 않는 방향에서 정부의 간접통제 수단(조세, 외환, 금융
정책 등) 행사를 통해 중요 과업을 수행하는 것으로 보도되었다.[25]

〈개관〉이 최고회의에 제출하기 위해 작성되었을 가능성이 크고 「제
1차 5개년경제개발계획(시안) 요지」는 최고회의에 보고된 것인 만큼,
〈건설부시안〉에서 '자유기업제도', "기업의 자발적인 계산과 그에 따르
는 결의"의 '존중' 등 다소 모호하게 표현된 부분을 '자유경제체제', 정부
영역 외 제반 산업에 대한 민간기업의 창의 '원칙' 등으로 보다 분명히
표현했다.

제2차 세계대전 이후 냉전기간 동안 '자본주의'라는 용어는 '제국주
의'처럼 대중들에게 부정적인 것을 연상시켰기 때문에 공적 담론에서
회피되다가 1970년대가 되어서야 정치가들이나 정치평론가들은 스스
로를 '자본주의자'라고 자신있게 선언하게 되었다. 또한 '자유기업'이란
용어가 '사기업'보다 선호되었다.[26] 이처럼 '자유기업'이나 '자유경제'는
'자본주의'의 부정적 측면을 대체하기 위한 용어였다.

한편, 〈건설부시안〉은 '계획의 의의' 서두에서 당시 헌법 제84조의 경
제질서 외에 헌법 '전문'을 약간 변형하여 "민주주의체제를 공고히 하며
각인의 기회를 균등히 하고 그 능력을 최고도로 발휘케 하여 국민생활

---

24) 「제1차 5개년 경제개발계획(시안) 보고의 건」, 국가기록원(관리번호: BA0084264).

25) 「基幹産業 등 擴張」, 『京鄕新聞』 1961.6.17.

26) 에릭 홉스봄, 『극단의 시대: 20세기 역사 (상)』, 까치, 1997, 381쪽.

의 균등한 향상을" 기하는 것이 경제질서의 목적이라고 서술하고 있다. 그리고 그 절의 말미에서 "민족적 과제인 승공통일을 가기(可期)하며 또한 정상적인 국제경제적 연계를 유지하여 세계경제의 일원으로서 참열(參列)하기 위하여" "장기개발계획의 수립과 그의 강력한 실천으로 복지국가 창조라는 국시의 지상명제를 완수"해야 한다고 했다.[27]

이 시안은 반공을 국시로 천명한 '혁명공약'과 달리, 헌법에 대한 해석을 바탕으로 '복지국가 창조'를 국시로 파악했다. 그리고 장기개발계획은 '승공통일'을 가능하게 하고 "세계경제의 일원"으로 참여하기 위한 것이며 장기개발계획이 실천된다면 복지국가를 이룰 수 있다는 점을 밝혔는데, 이는 이 시안의 경제체제로 규정된 '혼합경제체제'가 "정상적인 국제경제적 연계를 유지"하기 위해 자유경제체제를 기초로 한 경제계획을 지향하며, 그 목표는 자본주의 복지국가라는 점을 의미한다.

3) 종합경제재건계획안

군사정부가 〈기본경제정책〉을 발표한지 약 2달 후인 7월 22일, 최고회의는 〈종합경제재건계획안〉을 발표했다.[28] 이 계획안은 최고회의 종합경제재건기획위원회가 건설부의 '제1차 5개년경제계획', 한국은행의 '장기종합경제개발계획', 기획위원회의 '장기경제개발계획' 등을 분석·검토하고 경제4부 실무자와 각 분야의 민간경제단체가 제시한 광범한 자료를 종합하여 작성한 것이라고 보도되었다. 종합경제재건기획위원회는 최고회의 재정경제위원 유원식(柳原植) 대령, 상임위원[박희범(朴喜範), 김성범(金聖範), 백용찬(白鏞粲), 정소영(鄭韶永)], 보좌관

---

27) 「第1次5個年經濟開發計劃(建設部試案)」, 9쪽.

28) 〈종합경제재건계획안〉 전문은 다음을 참조하시오. 「國家再建最高會議서 發表한 綜合經濟再建計劃案(全文)」, 『朝鮮日報』 1961.7.23.

[권혁로(權赫魯) 육군 중령, 이경식(李經植), 정일혼]으로 구성되었다.[29]

유원식의 회고에 의하면, 자신이 최고회의 상공분과위원을 맡은 날부터 제1차 경제개발5개년계획 작성에 착수해 이 사실을 박정희 부의장에게 알리고 한 달 가량 작업한 후에 재정경제위원회 내에 종합경제재건기획위원회라는 조그만 기구를 만들었다고 한다. 종합경제재건기획위원회에서는 정소영, 백용찬, 김성범 등과 같이 일을 시작했으며, 계획이 종합단계에 들어가 무렵 박희범 교수가 참가했고 기술부문에는 박희선 교수가 거들었다고 한다. 최초의 골격은 자신과 영관장교들이 작성했고, 이를 토대로 정소영, 백용찬, 김성범 등이 본 계획을 작성했으며, 한국은행과 상업은행이 인원을 원조했다고 한다.[30]

유원식이 최고회의 상공분과위원으로 임명된 것은 5월 20일자이며,[31] 따라서 그 한 달 후인 6월 중하순에 종합경제재건기획위원회가만들어진 것으로 추정된다. 6월 중순경 건설부 산업개발위원회 위원장대리 김종대(金鍾大)는 민주당정부에서 만든 5개년계획을 최고회의에서 브리핑했다고 하는데,[32] 이때 브리핑한 계획안은 6월 7일 건설부가최고회의에 보고한 〈건설부시안〉이었을 것이다. 또 당시 일각에서는〈종합경제재건계획안〉이 민주당정부의 계획안을 수정·채택한 것으로보인다고 주장했는데, 그 근거로는 〈건설부시안〉으로 되어 있는 '제1차5개년경제개발계획'이 사실상 민주당시대에 작성된 것이라는 점을 들

29) 「綜合經濟再建計劃案 發表」, 『朝鮮日報』 1961.7.22. 정일혼은 정일휘(鄭一揮)로 기록된 다음의 경우도 있다. 國家再建最高會議 綜合經濟再建企劃委員會 편, 『綜合經濟再建計劃(案) 解說(自檀紀4295年 至檀紀4299年)』, 1961.7.31 ; 정헌주, 「민주당 정부는 과연 무능했는가」, 雲石會, 앞의 책, 616쪽.

30) 柳原植, 『5·16祕錄 革命은 어디로 갔나』, 人物硏究所, 1987, 320~322쪽.

31) 「국가재건최고회의령 제4호」, 國家再建最高會議 韓國軍事革命史編纂委員會, 『韓國軍事革命史』 第1輯(下), 1963, 11쪽.

32) 金鎭炫·池東旭, 앞의 글, 109쪽.

었다.[33] 8월 2일 경제기획원이 최고회의에 건의한 바에 따르면, 현재 국가재건최고회의안(종합경제재건계획안), 건설부안, 한국은행안 등 3개 안이 있으나, 계획 작성 방법은 대체로 유사하다는 것이었다.[34] 이 때 최고회의에서 〈종합경제재건계획안〉을 발표할 때 검토했다고 한 기획위원회의 '장기경제개발계획'의 존재는 언급되지 않았다.

따라서 종합경제재건기획위원회가 구성된지 약 1달 만에 〈종합경제 재건계획안〉이 발표되었다는 시간적 여유로 보나 "조그만 기구"였다는 종합경제재건기획위원회의 역량으로 보나, 〈종합경제재건계획안〉은 기존의 계획안을 '분석·검토'해 만든 별개의 안이라기보다는 〈건설부 시안〉과 한국은행안을 편집하고 계수를 조정해 작성되었을 것으로 보 인다.

구성 체계 면에서 〈종합경제재건계획안〉은 〈건설부시안〉을 대폭 축 소했다. 〈종합경제재건계획안〉에는 〈건설부시안〉에 있던 '신장기개발 계획의 의의와 성격' '계획작성의 전제' '정부의 기능' '행정조직과 제도 상의 개선방향' '계획작성의 방법과 모형' 등이 모두 빠지고, '계획목표' 를 비롯해 '경제구조의 근대화', 국민소득 구조, 제정수지, 국제수지 등 이 나열되었다. 특히 계획 작성에는 그 근거가 되는 '계획작성의 방법 과 모형'이 중요한데 이 부분이 빠져있어 당시에도 계획의 신빙성에 의 혹을 불러일으켰다. 즉 이승만정부의 3개년계획은 그 방법과 모델이 구체적으로 발표되었으나 이 계획안에는 빠져 있으며, 계획 작성의 방 법과 모형을 실무자가 사용한대로 전문가들에게 제시해 비판을 받고 그 결과를 누구나 알 수 있게 해야 한다는 것이었다.[35]

---

[33] 文聖模, 「綜合經濟再建計劃案을 批判한다 (上)」, 『朝鮮日報』 1961.7.30.

[34] 「경제개발 5개년계획 완성을 위한 긴급건의의 건」, 국가기록원(관리번호: DA0547078).

[35] 文聖模, 「綜合經濟再建計劃案을 批判한다 (下)」, 『朝鮮日報』 1961.7.31.

〈종합경제재건계획안〉은 '계획목표'를 서술하면서 목표성장률을 달성하기 위해 "국민의 비상한 노력과 내핍 그리고 정부의 강력하고도 능률적인 활동이 요망된다"는 것 외에 경제체제나 경제운영원리에 관한 특별한 언급은 없었다. 이 계획안이 발표되기 직전인 7월 16일 박정희는 정변 이후 불가피한 조치로 "국민의 불안감과 경제침체"를 가져왔다면서 경제활동의 정상화와 긴급실업자 대책을 주안으로 한 긴급경제시책을 발표했다.36) 이로 볼 때, 이 계획안은 군사정변 2개월을 넘긴 시점에서 정변으로 인한 경제의 불안과 침체를 수습하고 불완전하나마 향후의 경제전망을 밝혀 자신들이 밝힌 정변의 정당성을 유지해가기 위한 조치에 가까웠다. 따라서 이 계획안은 〈기본경제정책〉을 좀 더 구체화하여 구체적인 계수를 동원해 제시했지만, 장기개발계획에 필수적인 경제운영원리를 구체적으로 확정하지 못한 채 발표되었던 것으로 보인다. 김진현에 의하면, 2년 후의 민정 이양계획을 8월 15일에 공표하기로 이때 이미 예정되어 있었고, 1차 5개년계획이 본 궤도에 올라가는 시기로 2년의 군정기간을 합리화하기 위해 약 한달 만에 급하게 이 계획안을 만들게 되었다고 한다.37)

2. 군부와 관료·학계 그룹의 융합

1) 계획기관과 통계 정비

〈종합경제재건계획안〉이 발표된 날인 7월 22일 최고회의는 건설부

---

36) 「朴議長 當面한 經濟施策을 發表」, 『東亞日報』 1961.7.16.
37) 金鎭炫·池東旭, 앞의 글, 109쪽.

를 폐지하고 경제기획원을 신설했다고 발표하고 경제기획원장에는 재무장관 김유택을 임명했다. 송요찬 내각수반은 담화를 통해, "강력하고도 효율적인 경제정책의 입안·실시·감독을 종합조정하는 고차적인 기관을 제도상으로 마련하고자 경제기획원을 창설하고 그 장인 원장을 행정상의 부수반 격으로 하였다"고 신설 취지를 설명했다.[38]

이때 개정된 정부조직법(법률 제660호, 1961.7.22)을 개정 전의 정부조직법(법률 제655호, 1961.7.12)과 비교해 볼 때, 경제기획원은 폐지된 건설부의 기능을 대체로 승계한 것이었다. 그러나 재무부의 예산국을 국고국으로 바꾸는 대신 경제기획원에 예산국을 두었고, 내무부의 통계국을 경제기획원으로 이전했다. 또한 건설부의 외자도입 관련 업무를 재무부로 이관해 경제기획원에 상급기관의 성격을 부여했다. 건설부의 국토건설국을 경제기획원의 국토건설청으로 승격했으며, 건설부 산하의 경제장관회의를 경제기획원 산하의 중앙경제위원회로 개편해 민간인을 참여시켰다. 중앙경제위원회는 각의에 제출하는 종합적 경제계획안을 사전에 심의하는 기관이었다. 중앙경제위원회는 내각수반을 위원장, 경제기획원장을 부위원장으로 하고, 재무부·농림부·상공부 장관과 산업경제에 학식 경험이 풍부한 자 약간 명을 위원으로 하여 구성하도록 했다(제10조의 4).

개정된 정부조직법은 재무부의 예산업무와 내무부의 통계업무를 경제기획원으로 이전한 것이 특징이었다. 특히 내무부의 통계업무를 상급기관인 경제기획원으로 이전한 것은 장기경제계획을 수립하는데 따른 통계의 중요성을 반영한 것이었다. 당시 언론에서도 〈종합경제재건계획안〉에 대한 통계 문제가 지적되었다. 즉 과거 정부기관은 통일된 완전한 경제통계가 없어, 부흥부, 한국은행, 재무부 등에서 발표한 국

---

38) 「經濟政策 綜合調整」, 『朝鮮日報』 1961.7.22 ; 「經濟企劃院 新設」, 『京鄕新聞』 1961.7.22.

민경제성장률이 모두 다르다는 것이다. 그런데 〈종합경제재건계획안〉에 사용된 대부분의 자료는 이런 간접자료에 의존하고 있는데, 이런 이질적 자료를 어떤 방법으로 어떻게 배합했는지 묻고 싶다며 의문을 제기했다.[39] 또한 〈종합경제재건계획안〉에서 제시된 계수의 구체적인 산출근거와 각 산업 간의 관련성이 밝혀지지 않은 채 이 계획이 "의욕과 내핍"에 앞섰다면 그 결과는 풍우순조나 바라야 할 것이라는 비판도 있었다.[40]

이후 〈제1차 경제개발5개년계획〉의 발표와 거의 동시에 1962년 1월 15일 통계법(법률 제980호)이 제정되었다. 이 법에 의하면, 지정통계는 정부나 지방자치단체가 작성하거나 기타 기관에 위임해 작성하는 통계인데 경제기획원장이 지정 고시한다. 일반통계는 지정통계 이외의 통계인데 조사기관은 경제기획원장에게 신고해야 하며, 경제기획원장은 신고사항의 변경이나 중지를 명할 수 있다. 정부나 지방자치단체, 기타 기관의 장은 지정통계 조사를 위해 개인이나 법인, 기타 단체에 대해 통계자료의 신고를 명할 수 있고, 이를 위반하면 벌칙(6개월 이하의 징역이나 5만 환 이하의 벌금)에 처할 수 있다. 통계조사 공무원은 지정통계조사를 위해 필요한 장소에 들어가 검사 또는 조사자료의 제공을 요구하거나 관계자에게 질문할 수 있으며, 검사를 거부 방해하면 벌칙에 처할 수 있다.

이 통계법은 민간이 작성할 수 있는 일반통계를 사전신고, 신고사항의 변경 혹은 중지 등의 방법으로 사실상 통제하고, 정부가 작성하는 지정통계를 위해 통계자료 신고 명령, 조사자료 제공 요구, 벌칙 등의 수단으로 민간의 정보자료 제출을 강제하여 국가가 통계를 독점하려

[39] 金佑秤, 「經濟五個年計劃案에 對한 所見 (上)」, 『東亞日報』 1961.8.31.
[40] 「綜合經濟再建計劃案 解剖(1)」, 『朝鮮日報』 1961.7.23.

는 성격도 있었다.

최고회의 운영기획위원장 오치성은 통계법의 제정 취지를 다음과 같이 설명했다. "현대국가에 있어 경제개발을 복지건설의 원동력으로 벌이고 있는 역사적 현실"에 있어서 "종합적인 경제구조와 민간산업구조에 대하여 통계를" 작성·분석·이용하는 것은 "부강국가 건설"의 기저를 마련하는 것이다. 우리의 현실은 불완전한 각종 통계가 합리적인 통제를 거치지 않아 통계간행물의 남발과 중복조사에 따른 계수 상치의 결함을 초래하고 있다. "경제가 발전된 국가일수록 행정통계와 일반통계를 통계제도에 부합시키는데 성공"했다. 따라서 "현존한 실익없는 통계보고서 등의 각종 통계를 과감하게 정리하는" 것이 필요하며, 효율적이고 실제적인 통계행정체계의 수립을 위해 전반적인 관리체제가 요청된다.[41]

2) 군부와 연계된 관료·학계 그룹

초대 경제기획원장 김유택은 그간 위정자들의 무질서한 경제정책으로 경제체제가 자유민주주의적 경제체제인지 사회주의적 경제체제인지 분별하기 어려울 정도가 되었으며, 헌법상으로 보면 틀림없는 자유경제 원칙이지만 현실적으로는 국가자본주의적 경제정책이나 전근대적 봉건주의적 경제정책이 강행되어 왔다고 과거를 평가했다. 그는 서독경제의 번영 요인으로 근면·절약의 국민성과 함께 기업의 창의성을 강조하고 경제정책의 일관적 합리성은 우리가 배워야 할 점이라고 했다. 따라서 우리도 "모든 정치적 통제를 배제한 후 진정한 민주화된 금융질서를 확립"한다고 주장했다.[42]

41) 吳致成, 「統計行政의 重要性」, 『最高會議報』 통권 13권, 1962, 6~7쪽.

경제개발계획을 입안하는 실무 경제부서인 경제기획원의 수장으로서 그의 입장은 중요했지만, 그는 쟁점이 될만한 몇몇 '근본 개념'을 언급하고는 구체적인 분석은 하지 않았다. 문맥상으로 볼 때, 그가 언급한 '국가자본주의적' "전근대적 봉건주의적" 경제정책은 "정치적 통제"에 구속된 경제정책이며, "사회주의적 경제체제"도 이에 준하지만 이는 '정책'이 아니라 이데올로기적 '체제'의 문제였다. '자유경제'의 핵심은 "정치적 통제"의 배제이며 그 연장선에서 "기업의 창의성"과 "경제정책의 합리성"이 있으며, 이런 요소들이 "자유민주주의적 경제체제" 즉 자본주의적 경제체제를 구성한다고 본 것이다.

재무부 사무차관 이한빈은 오늘날에는 경제계획이 당연한 명제이며 뉴딜정책은 정부의 보다 큰 경제활동 참여가 필연적이라는 일반대중의 인식을 높였다면서 계획의 필요성을 주장했다. 따라서 이제는 계획의 필요성에 대한 인식이 아니라 계획 그 자체에 대한 신뢰도가 문제라고 강조했다. 사회주의에 대해서는 자유인민을 엄청난 계율에 매몰시킴으로써 계획 만능을 신봉한다고 비판했다. 따라서 경제계획에 대한 우리의 태도는 합리주의이며, 계획의 범위는 이러한 신념 위에서 '능률적인 것의 교량(較量)'에 의하여 한정되어야 한다고 주장했다.

그는 정부 외에는 계획의 담당자가 거의 없고, 자립경제를 위해 외국자본에 부분적으로 의존할 수밖에 없으며, 왕성한 기업가 정신이 결여된 후진국 경제 상황에서는 정부가 경제무대에서 주도적 역할(Key Role)을 담당해야 한다고 보았다. 하지만 정부는 창조적 정예임을 자만할 것이 아니라 반영될 메커니즘 없는 국민 여론의 진정한 소재를 파악하는데 노력해야 한다고 강조했다.[43]

42) 金裕澤, 「經濟建設策을 論함 -特히 革命 第二段階 目標 達成을 中心해서」, 『最高會議報』 통권 1호, 1961, 49·53쪽.

이들 경제부서 관료들은 경제계획을 세계적인 자본주의 일반의 경향으로 인식하고 특히 후진국 경제계획에서는 정부의 "주도적 역할"이 필요하다고 보았다. 하지만 경제계획은 "정치적 통제"에서 벗어나 합리적이고 능률적이어야 하며, 이러한 성격의 경제계획은 "기업의 창의성"과 더불어 '자유경제'의 자본주의 경제체제를 구성하며 이와 양립하지 않는다고 보았다. 이러한 관점은 "정부의 강력한 계획성"이 강조된 〈기본경제정책〉보다는 정부 영역과 민간기업 영역을 분리하고자 한 〈건설부시안〉의 내용과 그 궤를 같이 했다.

경제계획이 자유경제와 양립할 수 있으며 뉴딜정책은 정부의 유익한 역할을 실증해 제2차 세계대전 후 경제계획에 대한 대중의 이해를 변화시켰다는 점 등을 서술한 〈건설부시안〉의 '특집' 발간사와 흡사하다.[44]

〈건설부시안〉은 특별히 '경제계획에 있어서의 정부의 기능'이라는 한 절을 할애해 계획에서 정부의 역할을 다음과 같이 상세히 밝혔다. 정권교체에도 불구하고 민주공화의 정체는 국민적 요청인 만큼 정부 공공부문이나 민간부문을 일관해 정부의 기능은 자유경제적 질서를 지반으로 한 경제계획의 범주를 벗어날 수가 없다. 계획경제체제에 있어서의 경제운용에 대한 정부의 강력한 힘에 의한 직접 관여가 아니라 정부의 정책수단을 합목적적 합법적으로 묘출하는데 민주적 경제계획의 기본성격을 찾을 수 있다. 그러나 이러한 계획경제의 일반적 규정은 특정사회의 역사적 특수성에 대응한 특수한 계획체계와 결합되어야 한다. 한국경제의 특수성은 의식적 통일적 경제계획의 수립과 그 합리적인 실천체계와 수단을 제기한다. 정체의 여하를 불구하고 전체

43) 李漢彬, 「經濟再建計劃과 政府役割」, 『最高會議報』 통권 2호, 1961, 46~47쪽.
44) 「第1次 5個年經濟開發計劃(建設部試案) 特輯을 내면서」, 1쪽.

주의적인 독자성(獨恣性)을 탈각하여 자유와 창의의 토대 위에서 경제적 합리성을 추구하고 경제발전의 속도를 극대화하려면 정부의 능력은 기능상으로 영도력을 갖추어야 한다.[45]

〈건설부시안〉은 '민주공화' 정체의 경제계획이 전체주의 혹은 사회주의 계획경제와 달라야 하는 점을 많이 의식한 흔적이 보인다. 그 다른 점은 '민주적 계획경제"로 요약되는데, 그 핵심은 "자유경제적 질서를 지반으로 한 경제계획"의 합리성, 효율성(실천성)과 합법성이었으며, 〈건설부시안〉의 경제체제 규정인 '혼합경제체제'의 내용이었다. 이 시안은 후진적인 한국경제의 특수성으로 "사회주의적 계획경제체제인 북한"과 직접 대결하고 있는 정치적 여건, 사회제도나 경제운행의 낙후성과 "부단한 정치상 불안", 안정적이지 못한 "국제경제적인 연계"로 인한 국민경제의 '불확정적인' 대외관계 등을 들고 있는데,[46] 이로 인해 경제계획이 전체주의나 전체주의 성격의 사회주의적 계획경제와 같은 형태가 되어서는 안된다는 점을 강조한 것으로 보인다.

5월 23일 최고회의 의장 고문에 위촉되었던[47] 성창환 고려대 교수는 자유민주주의의 물질적 토대로서 자유경제를 확립해야 한다고 주장했다. 그는 종래의 경제질서가 외형상 자유경제이지만 내용으로는 관권과 결탁한 이권운동에 불과했기 때문에 진정한 자유민주주의의 건설을 위한 정신적 물질적 토대를 마련하는 것이 4·19혁명의 계속으로서 군사혁명의 사명이라고 평가했다.

---

[45] 「第1次5個年經濟開發計劃(建設部試案)」, 3, 18~19쪽.

[46] 「第1次5個年經濟開發計劃(建設部試案)」, 3, 18쪽.

[47] 이때 위촉된 고문은 민병태(閔丙台, 서울문리대 교수), 박관숙(朴觀淑, 연세대 교수), 김준엽(金俊燁, 고려대 교수), 서돈각(徐燉珏, 서울법대 교수), 이원우(李元雨, 경희대 교수) 등이었다(「국가재건최고회의령 제9호」, 國家再建最高會議 韓國軍事革命史編纂委員會, 앞의 책, 12쪽). 성창환은 후술할 경제기획원의 계획안 작성을 위해 구성된 '위원회'에 참여했으며, 중앙경제위원회 위원에도 위촉되었다.

제2장 경제개발5개년계획과 경제운영원리의 분화   127 :

이를 위해서는 특권을 배제한 기회균등의 보장으로 선의의 경쟁에 의한 경제건설을 해야 한다고 주장했다. 이를 위한 구체적 방안도 제시했는데, 민간의 자유로운 경제활동을 보장하기 위한 행정사무의 간소화, 합리적이고 산업육성을 위주로 한 세제개혁, 물가안정정책 수립에 의한 인플레이션 투기행위 방지, 생산자원의 효율적 이용에 의한 국민소득 증대—국내자본을 흡수하기 위한 금융시장의 정상화—등을 들었다. 더욱이 장기경제개발계획의 토대를 구축하기 위해서는 이런 제반 시책이 선행되어야 하며, 이런 경제개혁은 유능한 기업가와 경영지도자의 배출로 급속한 진전을 보게 되겠지만 국민대중의 적극적 참여가 필요하다고 강조했다.[48]

한편 그는 자유로운 민간의 기업 활동이 경제건설의 추진력이 되어야 하지만 우리 실정으로는 정부의 지도육성이 필요하다고 주장했다. 하지만 자유기업과 자유경쟁의 장점을 살리기 위해 정부가 민간기업을 일정한 방향으로 유도하는 정책은 자유로운 기업 활동을 저해하지 않고 선의의 경쟁을 통해 근면과 창의를 장려하는 것이어야 한다고 주장했다. 이처럼 자유기업의 근면과 창의를 최대한 발휘시키기 위한 정부의 강력한 지도육성이 병행되는 것은 자유민주주의 기본이념을 후진국 경제정책에 구현한 것이라고 평가했다. 나아가 제2차 경제개발계획에서는 자유기업의 영역이 보다 확대될 것이며, 이 단계에서 정부는 복지사회 구현에 치중하고 경제건설은 자유기업의 고유 영역으로 돌려주어야 한다고 전망했다.

또한 그는 자유민주주의와 복지국가 이념을 구현하기 위한 정신적 물질적 기반을 구축하려는 혁명정부의 경제건설방식이 강제노동, 강제저축, 전반적 직접적 통제방식의 공산주의체제보다 능률적이어서 이를

---

48) 成昌煥, 「五·一六軍事革命과 經濟改革」, 『最高會議報』 통권 1호, 1961, 27~30쪽.

능가 압도해야 한다는 점을 강조했다.[49]

최고회의 기획위원회 재정경제소위원회 기획위원으로 참여했던, 이
승만정부 관료 출신 주석균은 〈종합경제재건계획〉 등 지금까지 알려
진 경제정책의 방향인 "자유기업을 토대로 하는 경제계획"은 본질적으
로 자유주의경제라고 평가했다. 그러나 이런 자유주의경제에 관리나
통제를 어떻게 할 것인가에 대해 사업가들의 불안이 있으니, 과거 일본
이 했던 것과 같은 통제는 없을 것이며 자유기업을 적극 조성한다는
것을 기업가들이나 일반인들이 경제의 장래를 전망할 수 있게 명확히
해야 한다고 주장했다. 즉 경제를 발전시키려면 정치적 안정과 더불어
경제체제에 대한 전망을 명확히 해 줄 필요가 있다는 것이다.[50]

한편 이와 비슷한 취지에서 그는 '농촌 민주화'를 주장하며 농정의
실패를 반복하지 않으려면 통제경제든 자유경제든 그 이상과 목표를
국민 앞에 밝혀 국민이 따라갈 수 있게 해야 한다고 주장했다. 구정권
(자유당과 민주당)의 실패는 민주주의의 실패가 아니고 관료정치의 실
패이며, 구정권은 자유경제 지향을 표방했지만 실상에서는 통제와 자
유의 중간에서 방황하면서 혼합경제 아닌 혼선(混線)경제의 범주에서
벗어나지 못했으며, 구정권의 경제정책의 실패는 결코 자유경제의 실
패가 아니고 자유경제를 가장한 통제경제 내지 혼선경제의 실패라고
평가했다.

그러한 실패의 구체적인 예 중의 하나로 양곡시장 육성을 등한시한
것을 들었다. 일제 때의 식량통제를 철폐하고 식량을 시장에 의존케
하는 자유경제체제를 지향하고 있는 현재에는 양곡시장을 육성해 시
장의 유통질서를 확립해야 했지만 체질이 약한 시장을 무정부 상태대

---

49) 成昌煥, 「勝共을 爲한 經濟政策」, 『最高會議報』 통권 9호, 1962, 44, 47쪽.
50) 「經濟界 重鎭 모여 座談會, 景氣回復과 投資意欲」, 『京鄕新聞』 1961.9.10.

로 방임했다면서, 구정권이 양곡시장 육성을 등한시했던 것은 일정이
남긴 통제경제사상의 잔재를 씻어버리지 못하고 통제경제의 관념으로
서 자유경제를 운영하려고 한 관념의 혼선이 빚어낸 결과라고 했다.
전면통제하에서는 시장이 필요 없지만 시장경제하에서는 시장이 건전
해야 시장경제가 성공한다는 것이다.[51]

　관료들이 경제계획의 필요성, 합리성, 능률성을 상대적으로 강조했
다면, 군사정부에 참여하고 있던 학계 그룹은 한국경제가 실질적인 '자
유(주의)경제', '시장경제'를 구축 · 지향해야 하며 정부정책도 이에 부
합하는 유도 · 육성정책이어야 한다는 점을 보다 강조했다. 어떤 경우
에는 주석균처럼 당시 군사정부의 경제정책을 '자유주의경제'로 단정
하기도 했다. 따라서 이들은 〈기본경제정책〉 중 "정부의 강력한 계획
성"보다는 "자유로운 경제활동"에 경제체제의 기초를 두는 경향을 보였
다고 할 수 있다. 관료와 학계 그룹은 경제체제 대결에서 반공 혹은 승
공의 공통분모를 가지고 있었으나, 관료들은 능률적이고 합리적인 경
제계획을 통한 승공, 학계 그룹은 자유시장경제를 통한 승공에, 즉 관
료들은 정부에, 학계는 민간에 더 중점을 두었다.

　1차 5개년계획이 발표된 직후 고려대 교수 이창렬은[52] 합리주의를
주장하는 글을 『최고회의보』에 실었다. 이 글은 〈제1차 경제개발5개년
계획〉이 발표된 직후의 것이기는 하지만, 당시 최고회의에 참여했던
학계 그룹의 입장을 살펴볼 수 있다. 그는 초대 경제기획원장 김유택
처럼 서독 경제부흥의 요인으로 사회적 시장경제정책 등과 함께 국민

51) 朱碩均, 「農村經濟의 振興策 —指導者의 思想革命으로부터」, 『最高會議報』 통권 2호,
　　1961, 19~22쪽.
52) 이창렬은 제2차 경제개발5개년계획 수립에 경제기획자문위원회 위원으로 참여했다. 經濟
　　企劃院, 「第2次 經濟開發5個年計劃 計劃資料」(1966.8), 243쪽, 국가기록원(관리번호:
　　BA0587801).

성을 들면서 재건적인 국민정신의 함양은 합리주의의 고조(高潮)를 통해 이룩되어야 한다고 주장했다. 정부만이 애국적이고 정부만이 경제성장을 조속히 올바른 방향으로 이끌 수 있다고 하는 신화는 버려야 하며, 정부가 할 일은 합리주의의 고양에 위배되는 장애물과 독소를 소탕하는 것이라 주장했다. 그리고 합리주의의 고조는 무엇보다 가격체계의 합리화를 통해서 추진될 수 있다고 보았다.[53]

김유택과 이창렬이 언급한 서독의 경제부흥 모델은 일부 학계 그룹과 군부가 공유한 지점처럼 보인다. 『최고회의보』는 당시 서독 수상이던 아데나워(Konrad Adenauer)를 소개하면서, 공산주의를 혐오하고 전후 서독의 급진적인 부흥을 가져온 인물로 그를 묘사했다. 또한 우리나라가 아시아 반공보루의 전초라면 서독은 서유럽의 전초이며, 서독은 경제적 번영으로 공산주의를 압도해 자유진영의 쇼 윈도우가 되었다는 점을 강조했다. 아데나워가 재벌을 배경으로 부흥을 이끌었다는 점도 지적했다. 그러면서 아데나워 수상의 향후 목표는 자유진영과의 유대강화와 서독의 재군비이며 나아가 핵무장이라고 소개하면서, 이것만이 공산주의에 승리할 수 있는 유일한 길이며 독일 통일의 첩경이라고 평가했다.[54] 한편 유원식은 제1차 경제개발5개년계획의 자금 조달에서 서독 차관을 적극 끌어들여 서독과 경제적 유대를 강화하면 미국과 일본의 자본을 끌어들이는 데도 유리할 것이라고 생각했다고 한다.[55]

전후 몇 년 동안 서독은 나치의 통제정책에 대한 반발로 정부의 임무는 자유시장경제의 순수한 힘을 유지·발전시키는 것이라는 오이켄(W. Eucken)의 원칙에 기초했고, 경제부장관 에르하르트(L. Erhard)는

---

53) 李昌烈, 「내가 바라는 經濟再建方案」, 『最高會議報』 통권 8호, 1962, 139~140쪽.
54) 「콘랏드 아데나워」, 『最高會議報』 통권 9호, 1962, 81~82쪽.
55) 柳原植, 앞의 책, 324~325쪽.

카르텔 해체, 탈국유화, 노동자 참여 등이 특징인 사회적 시장경제를 정책의 모델로 삼았다. 그러나 정부 소유부문은 여전히 중요한 위치를 차지했고 장기계획도 발전해 가고 있었다. 아데나워 수상에 의해 무산되는 했지만 에르하르트는 1957년에 경제자문위원회를 제안하면서 장기계획을 시작하려 했고, 자신이 수상이 되자 1963년에 경제전문가위원회를 설립했다.[56]

이처럼 자유경제체제에서 점차 정부의 역할이 강조되는 방향으로 나아가고 있던 서독의 사회적 시장경제에서 김유택은 정부의 역할을, 이창렬은 오이켄의 입장을 더 중점적으로 본 것 같지만, 군부는 서독의 경제적 승공에 더 초점을 두었던 것으로 보인다.

이상의 논의들이 자유주의 시장경제를 기초로 발전해온 자본주의의 일반적 경향을 중심으로 하면서 후진국 상황을 고려해 장부의 주도적 역할을 인정하는 경향이었다면, 이와 결을 달리하여 후진국의 공업화 여건에 보다 천착하며 적극적으로 후진국형 혼합경제체제를 주장하는 입장도 있었다.

최고회의 의장 자문위원이던 박희범 서울대 교수는 당시『최고회의 보』에 실은 글에서, 후진국의 공업화가 용이했던 19세기 국제분업질서가 제2차 세계대전 후 와해되어 세계경제의 불균형 성장이 확대되어가는 경향 때문에 후진국은 정치적 독립을 뒷받침할 수 있는 경제기반의 형성 즉 공업화에 필요한 외자조달에 어려움이 있다고 주장하면서 자신의 논지를 전개했다. 1930년대의 신중상주의적 성격에서 비롯된 선진자본주의국의 원료 자급자족, 원료생산국인 동시에 제품수출국인 미국의 경제구조 등으로 후진국의 수출품은 가격 면에서 불리하게 되었다고 하면서 싱거(H. Singer)의 주장을 예로 들었다.

---

56) Herman Van der Wee, *Prosperity and Upheaval*, University of California Press, 1986, 305~310쪽.

이런 여건에서 후진국이 자주적 경제구조를 마련하는데 필요한 외자를 조달하는 주요 방법은 장기적 관점에서 볼 때 수출과 산금장려인데, 산금은 한국이 IMF 회원국이어서 큰 제약을 받기 때문에 수출에 전력을 기울여야 한다고 보았다. 하지만 수출도 수출시장 개척과 제조품 수출로 수출구조를 변혁하는 조치가 있어야 했다. 따라서 당면 과제로는 수입대체산업을 육성해 극도의 불균형을 보이는 국제수지를 개선해 막대한 외화 낭비를 막아야 한다는 것이었다.[57]

그의 논지에 의하면, 한국경제의 산업화는 "식민지로부터의 정치적 독립이 독립국가로서의 경제적 기반의 형성을 강력하게 요구"하는 국내의 압력과 더불어 식량이나 원료를 주로 수출하는 후진국에 불리한 국제무역구조의 제약 아래에서 강요된 공업화였다. 더욱이 "신속한 경제성장"을 도모하려면 공업화를 위한 자본이 필요하나, 내자 조달은 낮은 1인당 소득수준으로 저축여력이 없고, 소비 위주의 선진문명이 후진국에 미치는 과시 효과, 선진자본주의국의 사회보장제도로 인해 사회 비용이 높아진 점 등으로 쉽지 않았다. 외자의 경우, "수원국의 경제 안정"이 목적인 "해외원조에 직접적인 시설투자를 기대"할 수 없고, "산업의 현대화에 필요한" 기본여건의 불비와 낮은 구매력, "원리금 상환 능력"의 불확실성 등으로 해외차관도 어려우며, 이윤동기로 투자되는 민간외자의 직접도입은 어려울 뿐 아니라 "자주적 경제기반의 확립에 도움되는 방향으로 도입되기" 어려웠다.

따라서 수출을 통해 자력으로 외화를 획득할 수밖에 없었다. 수출역시 국제무역구조에서 불리하게 가격 실현을 할 수밖에 없는 식량이나 원료 등의 1차 산품이 아니라 제조품으로 방향 전환해야 하지만, 이 역시 향후의 지향이고 당면의 과제는 수입대체산업을 육성해 외화 수

요를 줄여가야 했다. 그렇지만 향후의 진로는 수입대체산업에서 제조
품 수출로 나아가야 하며, 그 과정에서 해외차관과 민간외자의 도입이
가능한 여건이 마련되어야 했다.

이렇게 보면 이 시기 그가 주장한 수입대체산업화는 국제무역구조
의 제약→외자조달의 한계→외화 획득을 위한 수출의 장기적 전망→
외화 절감을 위한 당면의 수입대체산업화로 이어지는 과정의 논리적
결론이었다. 따라서 농업보다는 공업에 투자의 중점을 두어야 했고, 수
입대체산업화 과정에서도 2차 산업 육성을 위한 사회간접자본과 기초
산업에 투자의 중점을 두어야 했던 공업화 중심의 불균형적인 자본주
의발전론이었다.

그는 1968년에 출판된 책에서 제1차 5개년계획이 이러한 취지에서
마련되었다고 설명했다. 즉 제1차 5개년계획은 금속공업, 기계공업, 기
초화학공업 등의 토대를 마련하는데 중점을 두었다고 하면서 두 가지
이유를 들었다. 첫째, 전형적인 식민지형 산업구조에서 원시산업과 소
비재 가공업 사이에서 가교 역할을 하는 기초적 생산재공업을 건설해
내포적(내향적) 공업화를 달성하고자 했기 때문이다. 둘째, 상환능력인
수출능력을 신장한다 해도 경제적 예속을 배제하고 받아들일 수 있는
해외차관은 5억 달러였으며, 이로써 크게 빚지지 않고 공업화를 추진
하기 위해서는 제1차 계획기간 동안에 금속·기계공업을 확립할 필요
가 있었기 때문이라고 했다.[58]

나아가 그는 내포적 공업화를 위한 경제체제로 우리의 개성에 맞는
혼합경제체제를 상정했다. 즉 후진국의 근대화는, 내적으로는 상업자
본 내지 고리대자본주의적 체질을 산업자본주의적 체질로 바꾸고, 외
적으로는 매판자본주의로부터 자주적인 내포적 공업화를 꾀하는 과정

58) 朴喜範, 『韓國經濟成長論』, 高麗大學校出版部, 1968, 73쪽.

이며, 이 두 가지 필요를 충족시키는 제도적 기반이 후진국 특유의 혼합경제체제라는 것이다. 이어서 국제분업의 원리도 고려해야겠지만 먼저 내실의 충족을 위해 내포적 공업화가 필요하며, 내포적 자기 충실을 위해서는 수입대체산업화의 육성이 필요하다고 주장했다.[59]

또한 그는 19세기적 국제분업체제의 해체 등과 같은 여건 변동으로 인해 경제적 예속성의 탈피는 후진국에게 경제적 민족주의 이른바 내포적 공업화를 강요하고 있다고 하여, 내포적 공업화를 경제적 민족주의와 연결시켰다. 그러면서도 자연적 환경으로 인해 내포적 공업화에 한계가 있다 해도 가능한 한 사회간접자본 및 기초공업의 형성으로 수입을 대체하고 더욱 고차원에서의 새로운 국제분업이라는 동태적 분업원리에 입각해 무역을 확대해야 한다고 했다.[60]

그가 주장하는 "내포적 공업화=경제적 민족주의"와 그 당면의 수단인 수입대체공업화는 후진국에 불리한 국제경제질서하에서 후진국이 산업자본주의 단계를 구축해가는 과정에서 강요된 것이지만 이 단계 이후에는 "새로운 국제분업" 원리에 적응·참여해가는 한시적인 것이었다. "내포적 공업화=경제적 민족주의"와 수입대체공업화가 강요된 것이었듯이, 내자 조달 역시 강요된 것이었다. 그는 외화 부족이 후진국의 일방적인 정책으로 좌우할 수 없는 문제라고 생각했다. 그리고 19세기 국제 자본 이동은 미개발지역에서 착취적 성격을 띠기는 했지만, 사회간접자본 투자나 자연추출산업 대상의 조건부 차관 등으로 후진국 공업화에 중대한 역할을 했다고 평가했다.[61]

그가 "전통적이거나 전근대적이며 이를 바탕으로 부분적으로 조숙

59) 위의 책, 84~85·89쪽.
60) 위의 책, 274쪽.
61) 朴喜範, 앞의 글, 78, 80쪽.

한 독점자본주의적 경제활동양식을 근대화하는 제도개혁"의 필요성을
강조하면서, "경제적 예속관계로부터 탈피할 수 있는 경제적 민족주의
즉 내포적 공업화를 충족시켜 줄 수 있는" "후진형 혼합경제체제"를 주
장한 것도 이런 맥락에 있었다.[62] 그가 말하는 "근대적 경제체제"란 전
통적 경제제제와 달리 "자원의 생산적 배분을 특징으로 하며 따라서 경
제적 발전을 기대할 수 있는 경제체제"를 뜻했다.[63]

그는 내포적 공업화 성취 이후의 발전 전망을 구체적으로 제시하지
는 않았다. 그는 제1차 5개년계획이 대폭 수정되었으며 "자원의 조달이
나 그 합리적 배분에 있어 제도적 기반과 계획적 배려가 이룩될 수 있
는 확고한 지도원리를 갖지 못한데 그 근본적 결함이" 있었기 때문에
"국가이익은 사익(私益)의 시녀"가 되어 민간투자는 선진국의 하청적
성격을 면할 수 없게 되었다고 평가했다.[64] 따라서 그가 보기에 1960년
대 중후반은 내포적 공업화의 성취가 우선적 과제였기 때문에 내포적
공업화 이후의 발전 지향을 구체화할 단계는 아니었겠지만, 한편으로
는 그 이론화 과정이 아직 형성 과정 중에 있었기 때문이기도 했다. 그
가 "후진국형 혼합경제체제"는 선진국의 수정자본주의에 대응하는 것
이며, "자본주의 파시즘 및 사회주의의 제 제도 중에서 선별하거나 새
로 창조해서" "새로운 경제체제의 원리 속에 통합함으로써 하나의 체계
를 갖게" 해야 한다고 한 것도 이런 맥락에 있었다.[65]

---

[62] 朴喜範, 앞의 책, 275쪽.
[63] 위의 책, 288쪽.
[64] 위의 책, 46 · 73쪽.
[65] 위의 책, 275 · 286쪽.

3) 군부

〈기본경제정책〉이 발표될 무렵, 중앙정보부장 김종필 중령은 기자
회견을 통해 혁명 당시 초기 단계에는 계획경제를 실시할 계획이었다
는 입장을 피력했다. 그리고 경제재건을 위한 기구 설치 및 정책 입안
에서 국가재건기획위는 젊고 패기가 있는 젊은 지식인·교수·군인들
로 구성하여 과감한 정책을 세워 실수없는 정책을 만들고자 했다고 밝
혔다. 더불어 자신이 5·16 2개월 전에 혁명공약을 기초하고 최고회의,
국가재건기획위 등 각종 기구들을 입안해 박정희의 검토를 받았다고
도 밝혔다.[66]

최고회의의 입법 부문에서 자문하고 있던 한태연(韓泰淵) 교수는 앞
으로 구체화 될 〈기본경제정책〉의 성격에 대해 일부 통제나 계획경제
가 불가피할 것 같다고 전망했다. 또한 곧 발표될 국가재건비상조치법
과 그 밖의 특별기본법에 규정될 국민의 자유 및 수익(受益) 등의 기본
권은 혁명과업 완수를 위해 현행 헌법보다 일부 제한될 것이라면서 국
민 각자가 이를 감내해야 할 것이라고 했다.[67]

김종필이 기성정치인들의 정치참여의 꿈을 '망상'이라고 비판하면서
계획경제를 언급한 것으로 보아, 이때의 계획경제는 경제체제의 성격
보다는 '혁명 초기'에 실시할 한시적인 정책으로 이전 정권들과 단절한
다는 의미에 더 중점이 있는 것으로 보인다. 군사정변이 일어난 당일
에도 언론에서는 장면 내각이 경제제일주의를 표방하여 진력하고 있
는 국토개발사업이 성공하기 위해서는 치밀한 계획과 과감한 실천이
있어야 하지만, 정부의 경제정책은 계획성에서도 소홀하고 실천에서도

66) 「旣成政客들 政治參與를 妄想」, 『京鄕新聞』 1961.6.6.
67) 「計劃經濟 不可避」, 『京鄕新聞』 1961.6.3.

정실에 좌우되는 느낌이라고 지적하고 있었다.[68] 한태연이 언급한 "통
제나 계획경제" 역시 한시적일 수밖에 없는 '비상조치법'이나 '특별기본
법'처럼 '혁명 초기'의 한시적 정책을 언급한 것으로 보인다.

　비록 '혁명 초기'에 한정된다 해도 이들이 실행하고자 한 경제체제가
반공을 국시로 내세운 '혁명공약'에 배치될 수 없다는 점에서, 더욱이
'혁명공약'을 김종필 자신이 기초했다고 밝힌 점에서, 이들이 언급한 계
획경제는 사회주의를 지향하는 계획경제일 수는 없었다. 하지만 이들
의, 특히 '혁명공약'을 기초하고 각종 기구들을 입안했다는 김종필의 계
획경제 발언은 〈기본경제정책〉에서 표현된 "정부의 강력한 계획성을
가미하는 경제체제"가 평시의 경제보다는 더 강력한 정부 '통제'나 '계
획'을 의미한 것임을 보여준다.

　김종필이 언급한 '국가재건기획위'는 1961년 6월 10일 국가재건최고
회의법(법률 제618호)이 제정되기 전에 있던 조직이었다. 5월 22일 육
군중장 함병선(咸炳善)이 국가재건기획위원회 위원장에 임명되었으며,
5월 26일에는 산하의 5개 분과위원장과 4명의 최종심의위원이 임명되
었다.[69] 국가재건최고회의법에는 7개 분과위원회 외에 기획위원회와
특별위원회가 있었다. 기획위원회는 "국가정책에 관하여 연구하고 상
임위원회, 분과위원회 또는 특별위원회의 통제하에 국가재건최고회의
의 자문에" 응하는 기구였다.[70] 국가재건최고회의법에는 종합경제재
건기획위원회가 없는 것으로 보아, 6월 중하순 경에 만들어진 것으로

---

[68] 「社說: 世宗大王의 精神을 實踐하라」, 『京鄕新聞』 1961.5.16.

[69] 5개 분과로는 정치분과, 사회문화분과, 경제분과, 재건기획분과, 법률분과 등이 있었다
（「국가재건최고회의령 제8호」, 「국가재건최고회의령 제13호」, 國家再建最高會議 韓國軍
事革命史編纂委員會, 앞의 책, 12~13쪽）.

[70] 상임위원회는 최고회의에서 위임받은 사항에 관해 최고회의의 권한을 대행하는 기구였
다. 분과위원회로는 법제사법위원회, 내무위원회, 외무국방위원회, 재정경제위원회, 교통
체신위원회, 문교사회위원회, 운영기획위원회 등이 있었다.

추정되는 종합경제재건기획위원회는 특별위원회의 형태로 존재했을 수도 있고 기획위원회일 수도 있다고 추정된다.

11월 10일자로 기획위원회가 해체되었는데, 최고회의 공보실은 정부의 기획기관과 기획 능력이 강화됨에 따라 업무의 일원화를 위한 조치였다고 발표했다.[71] 기획위원회 해체는 경제기획원의 설치와 관련되는 조치였을 것으로 보이는데, 이는 군부와 관료가 점차 융합되어가는 과정이었다.

물론 당시의 관료 중에는 이러한 융합 과정에서 탈락하는 사람도 있었다. 재무부 사무차관이던 이한빈은 6월 최고회의에서 브리핑을 하면서, 통화를 과감히 풀어야 한다는 유원식 대령의 주장에 대해 변혁기일수록 인플레이션 위험이 크므로 급격한 통화팽창은 피하고 체계적인 장기계획을 세워야 한다고 주장했다고 한다. 그는 그 해 12월에 제네바 공사로 발령받으면서 직업공무원을 떠났다.[72] 앞서 언급했듯이 건설부 산업개발위원회 위원장대리 김종대가 최고회의에서 브리핑했던 것도 6월 중순경이었다. 그는 1961년 7월 건설부가 경제기획원으로 개편되면서 농림부 차관으로 자리를 옮겼다가 1963년 관계를 떠났다. 그와 인터뷰한 김기승에 의하면, 당시 최고회의가 추진하고 있던 경제개발계획 수립 작업에 군인들이 자신의 휘하에 있던 사람들을 끌어들였다고 한다.[73]

정변 주체세력인 군부는 〈기본경제정책〉이 발표된 후인 6월부터 본

---

71) 「最高會議 企劃委 解體」, 『朝鮮日報』 1961.11.10.
72) 재무부 예산국장이던 이한빈은 이기홍 부흥부 기획국장, 김영록 재무부 이재국장과 함께 민주당정부의 장기개발계획 구상을 미국 케네디정부에 설명하기 위해 미국에 체류하는 동안 군사정변을 맞았다. 귀국 후 재무부 사무차관에 취임했다(이한빈, 『이한빈 회고록 일하며 생각하며』, 조선일보사 출판국, 1996, 114~118 · 122쪽).
73) 김기승, 앞의 글, 1999, 274~275쪽.

격적으로 관료나 학계 그룹과 접촉면을 넓혀가면서 그들의 논리를 취합해 자신의 논리를 보완해 갔다. '자유경제'나 '시장경제'를 상대적으로 강조했던 학계 그룹보다는 정부의 "주도적 역할"을 보다 강조하는 관료의 입장이 김종필 등이 주장하는 '계획경제'나 〈기본경제정책〉에서 언급된 경제체제 규정을 보완하기에 더 적합한 소재였다.

최고회의 재정경제위원장 이주일 육군소장은 구정권의 무위무능(無爲無能)과 부정이 집약적으로 노정되어 있는 국민경제의 파산상태를 지적하면서 〈기본경제정책〉에서 언급된 "정부의 강력한 계획성"에 대해 부연 설명했다. 즉 이것은 후진성을 지닌 어느 나라에서나 볼 수 있는 공공기업의 독점 경향, 파행적인 산업구조, 수출입의 불균형 등을 계획적이고 종합적인 수단으로 정부가 지도하는 것이라고 설명했다. 그리고 구정권의 장기개발계획이 실효성이 없었던 이유로 공무원의 부패로 인한 행정력의 약화, 정부에 대한 국민의 희박한 신뢰도 등을 들면서, 공무원의 부패를 일소하고 행정의 신속 간소화를 촉진하며 가급적이면 현실적이고 합리적인 계획 수립에 부심하고 있다고 했다.[74]

최고회의 부의장이 된 이주일은 자신의 논지를 보다 구체적으로 밝혔다. 그는 구정권의 실정으로 인한 한국경제의 현실적 제약과 함께, "자유경제체제의 자본주의적 기업 발전을 저해"하는 후진성을 한국경제의 역사적 사회적 제약으로 들었다. 따라서 지배적인 농업 중심의 반봉건적(半封建的) 체제를 점차 개선하는 한편 원시산업의 수공업적 가내공업적 요소를 포함한 미약한 상업자본을 산업자본으로 전화시키는 경제적인 토대를 이룩해야 할 단계에 놓여 있으며, 재정과 외국원조에 숙식 연명하는 기업경영의 불건전성을 청산하고 정상적인 자유경제기능을 회복해야 될 것이라고 계획의 방향을 언급했다.[75]

---

74) 李周一, 「當面한 經濟政策」, 『最高會議報』 통권 1호, 1961, 101·105쪽.

"자유로운 경제활동"을 토대로 "정부의 강력한 계획성을 가미하는 경제체제"라는 〈기본경제정책〉의 구호에 가까운 막연한 경제체제 규정이 "정부가 지도"하는 "현실적이고 합리적"이며 '종합적'인, 후진국 일반에서 볼 수 있는 경제계획으로 보완된 것이다. 아울러 〈건설부시안〉에서 강조했던 "행정체계의 합리화"도 강조되었다. 정부 지도나 계획의 합리성과 현실성, 종합성, 행정의 합리화 등은 관료·학계 그룹 특히 관료들이 강조했던 점이다.

또한 "자유경제체제의 자본주의적 기업 발전", "정상적인 자유경제 기능 회복", "기업경영의 불건전성" 등을 언급하여, 경제체제의 방향이 자본주의적 자유경제체제라는 점도 어느 정도가시화 했다. 이로써 "정부의 강력한 계획성"이나 김종필이 언급한 계획경제 속에 내포되었을 수 있는 이데올로기적 불확실성을 어느 정도 불식하고자 한 것으로 보인다. 따라서 당시 한 언론에서는 "정부의 강력한 활동"이란 외원 의존의 산업구조 아래에서 거의 전적으로 민간투자에 의존해 왔던 종래와 달리 정부가 자원의 배분과 조절·지도 그리고 투자자원의 조절(조달)에 의욕적으로 참여해 경제재건의 주체적인 역할을 하겠다는 것으로 평가하기도 했다.76)

이처럼 군사정변 후 약 2주일 만에 〈기본경제정책〉이 발표되었을 때보다 〈종합경제재건계획안〉이 발표된 7월 이후에는 군부의 막연했던 경제운영원리가 관료·학계 그룹에 의해 보다 보완되어 갔거나 관료들이 군부의 입장에 맞추어 논리를 보다 구체화해 간 것으로 보이지만, 결과적으로는 양자가 융합되어간 것이다.

하지만 〈기본경제정책〉의 "정부의 강력한 계획성"은 한편으로는 '정

75) 李周一, 「革命政府 經濟政策의 方向」, 『最高會議報』 통권 2호, 1961, 9~10쪽.
76) 「綜合經濟再建計劃案 解剖(1)」, 『朝鮮日報』 1961.7.23.

부 지도'의 형태로 군부 내에서 계속 유지되었다. 〈건설부시안〉의 "지도
받는 자본주의체제"는 '혼합경제체제'를 설명하는 용어에 가깝고 또 이
시안은 정부 영역과 민간 영역을 상대적으로 분리하고자 했지만, 군부
는 '정부 지도'를 민간에 대한 정부의 우위로 인식하는 경향이 강했다.

최고회의 재정경제위원 유원식 육군 준장은 〈종합경제재건계획안〉
을 소개하면서, 우리나라 경제를 근본적으로 재검토해 확고한 자유경
제의 기반을 마련하려는 계획의 개요이며, 이는 일련의 장기경제재건
계획의 제1차 5개년계획에 해당한다고 설명했다. 그리고 이 계획을 성
공적으로 실행하려면 계획적으로 경제를 일정한 방향으로 이끌어 갈
수 있는 경제기구 및 체제 면의 과감한 개혁이 수반되어야 한다고 밝
혔다.[77]

그는 향후 지향해야 할 경제체제를 '자유경제'로 명시했지만, 제1차
계획은 "자유경제의 기반"을 마련하기 위한 것이어서 이때의 '자유경제'
는 적어도 제1차 계획 기간에 추구해야 할 체제는 아니었다. 오히려 강
조점은 "계획적으로 경제를 일정한 방향으로 이끌어"가는 '개혁'에 있
었다.

김진현에 의하면, 〈종합경제재건계획안〉에는 유원식의 계획경제 의
지가 반영되었다고 한다. 유원식은 후진국의 경제개발은 계획경제로
서만 가능하고 여기에는 정치체제의 개편이 뒤따라야 하지만 그것이
불가능하기 때문에 그 대신 정부의 강력한 행정력으로 유도해야 한다
고 생각했다는 것이다.[78] 유원식의 회고에 의하면, 군사정변 당일 오후
장도영의 기자회견 준비과정에서 그가 자유주의 경제체제 테두리 안
에서 계획경제를 한다고 발표하라고 했다는 것이다. 계획경제는 못하

77) 柳原植, 앞의 글, 45쪽.
78) 金鎭炫 · 池東旭, 앞의 글, 109쪽.

더라도 계획성 있는 경제운영이라도 해야 성장할 수 있으며, 혼합경제
등의 이론보다 현실 속에서 내일을 창조할 자신을 가져한다는 생각에
서 즉석에서 그렇게 말했다는 것이다.79) 후일의 회고담이긴 하지만,
'자유주의 경제체제' 지향은 정변 직후의 글에서 언급한 '자유경제' 지
향과 부합한다. 또한 회고록에서 그는 초기에는 정부의 선도적인 경제
발전을 강행한다 해도 점차 민간 주도 경제로 이전시켜 자유경제의 본
궤도에서 발전해가도록 할 것이라 생각했다고 한다. 그리고 제1차 5개
년계획으로 군사혁명의 성격에 대해 반신반의하던 미국을 위시한 각
국에게 자본주의 국가가라는 것을 확인시켜주게 되었다고 한다.80)

장도영의 기자회견 준비과정에서 즉석에서 경제체제가 급조된 상황
은 박희범의 진술에서도 확인된다. 후일의 글이긴 하지만 그는 군사정
권이 처음부터 확고한 혁명이념을 가지지 못했을 뿐 아니라 끝내 혁명
철학을 확립하지도 못했으며, 철학이 없으니 심블을 창조하지도 했다
고 진술했다.81)

이상의 논의를 종합해 볼 때, "자유로운 경제활동"을 토대로 "정부의
강력한 계획성을 가미하는 경제체제"라는 〈기본경제정책〉의 경제체제
규정은 '혁명구호' 이상의 의미를 가지지 못하는 것이었으며, 당시 세계
적 사조였던 자본주의 경제계획을 군부의 입장에서 조합한 것에 불과
했다. 김종필이나 유원식이 언급한 계획경제도 이런 범주 내에 있는
것이었다. 이후 군부가 관료·학계 그룹과 접합되어가는 과정에서 자
본주의 경제계획에 대해 보다 학습하면서 자신들의 군사정변 논리를
보강해 갔다. 그 과정에서 군부는 '정부 지도'를 보다 적극적으로 취사

79) 柳原植, 앞의 책, 291~292쪽.
80) 위의 책, 270·323쪽.
81) 朴喜範, 앞의 책, 72쪽.

선택하는 경향을 보였지만, 자유경제체제와 체제경쟁에서의 승리를 통한 '승공통일'은 양자 간의 공통분모였다. 관료·학계 그룹은 복지국가를 지향하기도 했으나, 이 역시 후진국형 혼합경제체제가 추구하는 경제성장 이후의 먼 지점이었다.

3. "자유로운 경제활동"과 "정부의 강력한 계획성"을 둘러싼 혼선

1) "정부의 강력한 계획성"에 대한 동의와 자유경제체제로의 견인

〈기본경제정책〉이 발표된 직후, 언론은 대체로 이를 환영하는 분위기였다. 조선일보는 사설을 통해, 〈기본경제정책〉에서 언급된 경제운영원리가 사조(思潮) 면에서 주목할 가치가 충분한 기본방향'이라고 평가했다. 자유로운 경제활동과 정부의 강력한 계획성은 자본주의적 경제체제가 그 발전과정의 모순과 약점을 지양하면서 경제발전을 위해 그 조화점의 소재(所在)를 이동해 가는 것인데 복지국가 건설을 지향하는 현대 자유민주주의 국가들에서는 점차 후자의 중요성이 강조되는 것이 지배적인 경향이라는 것이다. 〈기본경제정책〉도 복지국가 건설에 큰 배려를 하면서 빈약한 국민경제를 안정적 기반 위에서 성장시켜나가는 데 그 기조를 두고 있다고 평가했다. 그러면서 금융의 독점과 특혜, 농촌 고리채와 농산물 가격의 불안정, 중소기업의 고리채 중압, 산업시설과 유휴노동력의 지방 분산, 격심한 환화 평가절하로 인한 생산업계의 타격, 원조 달러 배정계획을 물동계획이라 참칭한 점 등 종래의 경제문제들이 시정되기를 바랐다.[82]

---

82) 「社說: 革命政府의 基本經濟政策에 대한 所感과 要望」, 『朝鮮日報』 1961.6.1.

이와 비슷한 기조이지만 무계획적인 자유경제체제의 문제점을 강조하고 정부와 민간의 조화를 기대하기도 했다. 경향신문은 사설을 통해, 〈기본경제정책〉의 경제운영원리가 자본주의적인 자유경제체제의 모순과 약점을 조화해 나가는데 필요한 정책이기 때문에 우리 경제적 여건에 비추어 적합한 방침이라고 평가했다. 따라서 무계획적으로 자유경제체제를 추진해 온 구정권의 실정들, 즉 방직 제분 제당업 등의 기형적인 시설 과잉, 중소기업의 위축 및 도산, 공익성을 띤 기업체들의 무궤도(無軌道) 운영 및 요율(料率) 인상 등이 비판되었다. 따라서 혁명정부가 공약인 국민일반의 최저생활 보장, 국민경제의 균형발전, 사회보장제도의 확충 등을 실천하려면 자유로운 경제활동을 토대로 하되 정부의 강력한 계획성을 가미시켜갈 필요가 있다고 보았다. 그러면서 계획성의 가미는 공익성을 띤 경제기관이나 단체들에 대한 정부 지도력의 강화 형태로서 나타날 것으로 기대했다. 따라서 부정과 부패와 무능을 발본색원하려는 혁명정부의 지도성이 기업경영에 대한 능력과 기술을 겸비하고 있는 민간인들의 자유로운 경제활동과 합치된다면 경제적인 빈곤은 조속한 시일 내에 구축될 것이며 경제적인 면에서 북한을 더욱 압도하게 될 것이라고 주장했다.[83]

이처럼 경향신문은 향후 "계획성의 가미"를 공익기관에 대한 "정부 지도의 강화"로 기대했지만, 다른 한편으로 "정부 지도의 강화"는 부정과 부패와 무능을 시정하는 조치로 이해했다. 따라서 다른 사설을 통해,[84] 〈기본경제정책〉의 방침을 실천하기 위해 이미 발표된 부정축재처리법에 기대를 걸며 부정축재처리에서 환수될 자본과 재원이 앞으로 자립경제 확립의 원천이 되어야 한다고 주장했다. 한편 이 사설은

---

83) 「社說: 革命政府의 基本經濟政策이 意味하는 것」, 『京鄕新聞』 1961.6.2.
84) 「社說: 祖國再建의 隊列에 參加하자」, 『京鄕新聞』 1961.6.16.

〈기본경제정책〉에서 병렬적으로 표현된 "자유로운 경제활동"과 "정부의 강력한 계획성을 가미하는 경제체제"를 "강력한 계획성을 가미한 자유경제체제"로 요약했다. 이러한 요약은 '자유경제체제'를 기반으로 하고, "강력한 계획성"을 부수적 조치로 이해하는 것이어서 〈기본경제정책〉의 병렬적 표현과 미묘한 차이가 있었는데, 〈기본경제정책〉의 불분명한 경제체제 규정을 자유경제체제로 견인하고자 한 시도이기도 했다.

이런 맥락에서 경향신문은 당시 미국에서 7월 1일부터 시작되는 신회계년도를 앞두고 논의되고 있던 외원정책에 관해 주목하면서,[85] 부패했던 구정권하에서 미국의 대한원조가 낭비되었다고 보는 미국의 한국관을 바로 잡을 필요가 있다고 주장했다. 장기개발방식으로 방향 전환하고 있는 케네디정부의 외원정책을 환영하면서, 이에 대비하는 외원 수용 태세를 확립하기 위해 외교적으로는 혁명정부가 공표한 '강력한 계획성을 가미시키는 경제체제'라는 것이 결코 자유경제체제의 원리에 위배되는 것이 아니라는 것을 미국을 비롯한 자유우방 제국에게 충분히 인식시킬 필요가 있다고 주장했다.[86]

2) 혼란 : 자유경제체제 혹은 혼합경제체제

언론을 통해 최고회의에 제출된 〈건설부시안〉이 "지도받는 자본주의체제"를 지향한다고 알려진 가운데,[87] 〈종합경제재건계획안〉에는 경제운영원리에 대한 뚜렷한 규정이 없었기 때문에 일반 여론에서는

---

85) 〈기본경제정책〉에는 6개 항목 중 '외원 및 외화'에서 자유우방의 공여, 차관 및 원조를 촉진한다고 명시되었다.

86) 「社說: 美國朝野의 外援政策 修正論議와 韓國의 立場」, 『京鄕新聞』 1961.6.11.

87) 「基幹産業 등 擴張」, 『京鄕新聞』 1961.6.17.

〈기본경제정책〉에서 제시된 경제체제 규정인 "자유로운 경제활동"과 "정부의 강력한 계획성"의 상관관계에 대한 해석이 다양하게 전개되었다.

〈종합경제재건계획안〉은 자본 낭비를 초래한 요인으로 부패와 부정, 방만한 경영과 함께 자원의 배분과 관리를 거의 전적으로 민간에게 위임할 정도로 가격기구의 매개적 기능을 과신해 자유방임한 것을 들었다. 투자자원 조달에서도 정부는 과거 8년간 거의 전적으로 혹은 반 이상을 민간투자에 의존해 왔는데, 민간투자가 자기자본이나 정상적인 금융유통기구를 통해 동원된 영세민간자본이 아니라 재정자금이나 금융적자 등을 통해 조달되었다고 비판했다. 그러면서 박력있고 능률적인 혼합경제체제의 정부 역할을 능히 담당할 수 있는 건전한 정부라면 자원의 조달과 배분에서 정부가 주체적인 역할을 할 수 있었음에도 불구하고 과거의 정부는 소수인의 부정축재를 조장하는 한편 그릇된 투자로 산업구조의 왜곡된 변천을 가져왔다고 비판했다.

이처럼 '민간' 중심의 "가격기구를 과신한 자유방임", 민간투자 자원의 비정상적인 조달 및 투자와 그로 인한 "산업구조의 왜곡" 등을 이전 정부들의 실정으로 지적한 것은 '혁명정부'의 "박력있고 능률적인" '건전한' 정부 역할을 강조하기 위한 것이었으며, 나아가 민주당정부의 '혼합경제체제' 지향을 비판하기 위한 것이기도 했다. 하지만 〈종합경제재건계획안〉에서 경제운영원리로 제시된 "정부의 강력하고도 능률적인 활동"은 혼합경제체제의 '건전한' 정부를 지향하는 것으로 해석될 수 있는 여지를 남겼다.

따라서 언론에서는 〈종합경제재건계획안〉의 조세정책이 간접세 치중의 역현상이며 이는 방임자본주의적 시책이라고 비판하면서, 이 계획안이 혼합경제 즉 수정자본주의를 말하고 있으면서 조세의 응분(應分)부담원칙에서 벗어난 것은 모순이라는 평가가 있었다. 이 주장에 의하면, 현대의 개념으로 공산주의를 막고 자본주의를 수정해 가는 두 가지 길은 누진세제와 사회복지인데, 민주당정부가 망쳐놓은 점을 혁명당국이 본의가 아니라면 이끌려 갈 수 없을 것이라고 주장했다.[88]

앞서 언급했듯이, 경향신문은 일련의 사설을 통해 반공과 경제적 승공의 입장을 견지하면서, 〈기본경제정책〉의 경제운영원리를 '자유경제체제'에 기초한 것이며 이에 반하는 것이 아니어야 한다고 주장했지만, 한편으로는 〈기본경제정책〉의 경제운영원리가 향후 혼합경제체제를 지향할 수 있는 가능성도 열어 놓았다.

이 주장에 의하면, 정부 당국이 발표한 계획성 있는 자유경제체제란 그 운영 면에서 이중 혹은 혼합경제체제로 해석할 수 있지만, 정부의 계획성 있는 민간경제에의 참여 정도는 앞으로의 구체적인 시책으로 판단할 수 있다고 보았다. 그러면서 만약 혼합경제체제를 의도할 경우 요청되는 정부 시책들을 열거했다. 즉 모든 민간기업의 기회균등으로 공정한 경쟁과 활발한 기업의욕을 돋울 수 있는 환경을 마련해야 한다. 그리고 정부가 정부산하기업의 운영을 국영으로 한다면 부패하지 않고 능률적으로 운영될 수 있는 제도상의 개혁과 정치와 단절시킬 수 있는 법적 조치를 단행해야 한다. 또한 정부가 혼합경제체제를 기반으로 능동적으로 시장경제에 참여하려면 민간부문이나 공공부문을 막론하고 계획적 운영이 가능할 만큼 산업부문의 조직화가 필요하며, 직업별 생산조합과 그 연합체가 정치와 관련없이 형성되게 지도 육성할 필요가 있다는 것 등이었다.[89]

이때 '자유경제(체제)'는 '민간경제' 혹은 '시장경제'를 의미하는 것이었으며, 여기에 정부가 계획성을 가지고 참여하는 것을 '혼합경제' 혹은

---

88) 文聖模, 「綜合經濟再建計劃案을 批判한다 (下)」, 『朝鮮日報』 1961.7.31.

89) 「社說: 一貫性 있는 政策的 基盤을 마련하기 바란다」, 『京鄕新聞』 1961.6.21.

'이중경제'로 본 것이다. 따라서 "정부의 계획성 있는 참여 정도"에 따라 '혼합경제'가 될 수도 있고 '민간경제'가 주축이 되는 자유시장경제가 될 수도 있다고 보았다.

3) 자유경제체제의 주체, 사기업의 재등장

"자유로운 경제활동"과 "정부의 강력한 계획성" 간의 상관관계에 대한 해석은 경제체제의 문제에서 좀 더 구체화되어 정부와 민간 간의 상호관계가 어떻게 정립되어야 하는지를 두고 논의가 분분했다.

경향신문은 경제개발계획 수립에서 경제개발의 주체적 역할을 민간 활동과 정부 활동 중 어디에 둘 것인지, 만약 정부 활동을 기간으로 한다면 정부 활동과 유발적인 민간 활동 영역을 사전에 명확히 해야 한다고 주장했다. 자유경제체제를 원칙으로 하더라도 선후진국을 막론하고 오늘날 정부의 보완적 내지 주체적 역할을 배제하는 국가는 없기 때문에 경제계획을 기준으로 사회주의경제와 자본주의경제를 구별하기는 불가능하다는 점을 강조했다. 하지만 정부가 보완적 역할만 하면 되는 선진경제와 달리, 후진경제의 경제개발은 산업구조의 변혁을 의미하기 때문에 투자자원 염출이나 자원 배분에서 정부의 주체적 역할이 요청된다고 보았다.

후진국 경제계획에서 정부의 역할이 중요하다는 점을 강조했지만, 그 궁극적 지향은 사기업의 성장을 촉진해 자유경제체제를 확립하는 것이라는 점을 강조했다. 즉 개발 초기에 있는 국가는 사업별 계획에 치중해 외부경제를 창출하는데 투자의 우선순위를 두어 그것과 보완 관계에 있는 산업이 민간자본에 의해 파생적으로 건설될 수 있게 해야 한다는 것이다. 이와 같은 방향으로 고용과 소득을 늘리는 자유경제체제를 확립해야 부족한 시장구매력 문제를 해결할 수 있으며 특히 중소

기업의 애로는 자금보다 시장구매력 부족에 있다고 주장했다.[90]

〈기본경제정책〉이 발표될 때만 해도 경제계획 추진에서 민간 활동 영역의 필요성을 명시적으로 언급하지는 않고 자유경제체제의 확립 정도로 피력되었지만, 〈종합경제재건계획안〉이 발표된 이후 사기업의 역할을 좀 더 분명히 강조하는 논조로 나아갔다.

경향신문은 종합경제재건계획안을 근본적으로 재편성해야 한다는 적극론이 대두하고 있다고 소개하면서, 계획안이 국내가용자원 측정에서 우리 경제실력을 과대평가한 감이 있으며 외화자원에서도 그 구상이 매우 소홀하다고 비판했다.

그리고 계획안은 공공부문과 민간부문을 구분해 책정하는 것이 이상적이며 실질적일 것이라는 입장을 피력했다. 그 근거로는 혁명정부의 기본경제정책이 '강력한 계획성의 가미'를 골자로 하되 그 체제만은 자본주의경제체제를 원칙으로 삼고 있다는 점을 들었다. 따라서 우리나라 경제의 후진성에서의 탈피와 비정상적인 요소를 제거하기 위해 예컨대 기업독점에서 오는 폐단과 또는 공익성을 침해할 우려가 있는 기업부문에 대해서만 정부가 강력히 계획성을 가미해 그것을 재건 또는 운영해 나가도록 할 필요가 있다는 것이다. 반면 민간실업인들의 능력만으로도 재건될 수 있고 운영해갈 수 있는 경제건설사업은 총체적인 조화를 이루도록 하기 위해서 그것을 장기경제계획의 일부로 책정하되 재건사업을 추진함에 있어서는 민간실업인들의 창의와 자유의사와 풍부한 경험에 맡기도록 하는 것이 보다 더 능률적일 수 있다고 주장했다.[91]

자본주의경제체제로서 자유경제체제를 강조하며 정부영역과 민간

---

90) 「社說: 長期經濟計劃과 政策의 轉換」, 『京鄕新聞』 1961.7.9.

91) 「社說: 長期綜合經濟再建計劃에 對하여 再論한다」, 『京鄕新聞』 1961.8.2.

영역의 조화를 주장한 경향신문과 달리, 경제계획의 주체로 사기업의 적극 역할을 주장하는 경우도 있었다.

동아일보는 최고회의가 발표한 경제재건5개년계획안이 민주당정부의 경제개발5개년계획 작성 때 이용된 자료를 대부분 사용했기 때문에 그것과 대동소이하다고 하면서 민주당정부 때와 마찬가지로 의욕이 미흡하다고 평가했다. 즉 이승만정권하에서도 연평균 6.3%의 경제성장률을 이룩했던데 비하면 이번 계획의 7.1%는 너무 소극적이라는 것이었다. 그러면서 재계인들이 5개년계획을 짠다면 야심적이고도 실현성이 확실하며 국민을 고무할 수 있는 계획이 나올 것이니 재계인들이 그런 계획을 짤 기회를 정부가 허락할 것을 요청했다. 학자들도 쓸모가 없지는 않지만 생물처럼 뛰고 있는 기업인을 활용할 필요가 있다는 것이었다.

또한 이 계획이 소극적인 이유는 자원 조달의 제약적 요소 때문이라고 평가하고, 외자 조달로는 서독, 이태리, 일본 등으로부터 한국은행 보증의 민간차관 도입을 주장했고, 내자 조달로는 원조 도입 시 시설재와 더불어 원면, 원모, 비료 등 원자재를 수입해 판매한 대금으로 공장 건설용으로 쓰도록 하자고 주장했다. 특히 고임금으로 도태하고 있는 일본의 경공업제품 시장을 한국이 대체하고, 나아가 인도, 파키스탄 등이 경공업제품 수출국으로 선진국을 대체하듯이 한일관계 정상화로 일본의 경공업제품 수출을 한국이 대체해야 한다고 했다. 국내 시장만 상대로 하는 풍조를 씻어내고 세계시장을 상대로 해야 하며, 이를 위해서는 일본경제와 교류를 촉진시키는 것이 필수적이라고 주장했다.[92]

정부 보증의 민간차관 도입과 수출에 대한 강조는 그 당시 박희범의 논리와 반드시 상충되는 것은 아니었다. 박희범은 그 양자 모두 현실

---

[92] 「社說: 國民을 鼓舞할 수 있는 經濟計劃을」, 『東亞日報』 1961.7.24.

적으로 어려움이 있기 때문에 당면의 과제로 수입대체공업화를 주장한 반면, 동아일보는 "발전적 성장적" 관점에서 양자 모두 가능할 수 있다고 보고 수입대체공업화를 원조 원자재 도입으로 대체하고자 했다는 점에서 차이가 있었다.

이러한 동아일보와 경향신문의 논조는 수출을 위해 정부의 지도와 육성이 대기업 중심의 성장정책으로 일관했던 데 대해 국민경제의 균형적 발전과 이를 위한 중소기업 육성을 강조한 민족경제론 및 이를 원용한 보수야당세력이 형성되는 단초를 보여준다.

9월 중순 한국경제인협회는 5개년경제개발계획 중 민간단체에서 할 수 있는 사업으로서 1차 기간산업건설계획안을 최고회의에 제출했다. 이 안은 정부가 종래와 같은 개별적이고 산발적인 투자방식을 지양하고 공동투자형식에 의거해 사업을 추진토록 종용한데 대한 경제인단체로서의 사업의욕을 반영한 것으로 평가되었다. 주로 부정이득자로 지목되어 이미 환수 통고를 받은 기업인들로 구성된 이 협회가 작성한 기간산업건설계획안은 비료공장, 시멘트공장, 종합제철공장, 정유공장, 인조화학섬유공장 등에 걸친 것이었다. 건설 재원 중 외자 전액과 환화 일부는 차관으로 조달하고, 환화 일부는 은행융자와 자체자금으로 할 것이었다. 그런데 이 협회는 정부가 수립한 사업계획 내용과 구체적으로 비교하면서 자신들 계획의 우월성을 지적하고 있다고 전해졌다.[93]

이처럼 1차 경제개발계획은 자유경제체제의 주체로서 사기업이 강조되고 재등장하는 가운데 정부 부문을 중심으로 민간 부문을 흡수해 이를 지도해 가는 양상으로 전개되어 갔다.

---

93) 「基幹産業建設計劃을 作成」, 『東亞日報』 1961.9.15 ; 「七個基幹産業建設計劃」, 『京鄕新聞』 1961.9.15.

4. 모종의 자본주의경제체제
: "새로운 경제체제"와 "지도받는 자본주의체제"

1) 경제기획원의 「제1차 경제개발5개년계획(안)」

최고회의는 7월 22일 〈종합경제재건계획안〉을 발표하기 직전인 7월 19일 내각에 "장기경제개발계획 방침"을 지시했다.[94] 8월 2일 경제기획원장은 세부적 계획을 포함한 실천 가능한 계획안을 9월 10일까지 완성시키기 위해 다음의 조치들이 필요하다고 최고회의에 건의했다.[95] 이 건의서는 앞서 언급했듯이 국가재건최고회의안(종합경제재건계획안), 건설부안, 한국은행안 등 3개 안이 계획 작성 방법에서 대체로 유사하며 자원 조달에서도 정도의 차는 있으나 외부의존 경향이 공통적이라고 평가했다. 따라서 시간적 제약을 고려할 때 명년도부터 실행할 수 있는 계획안을 완성하려면 〈종합경제재건계획안〉을 중심으로 경제기획원에서 작업하는 것이 첩경이며, 위원회의 의견을 종합하여 협동작업을 하면 목표기일까지 완성할 수 있을 것이다, 위원회는 비교적 분명한 의견을 개진할 수 있는 인사로 구성하고 목표기일까지 완성하기 위해 분과위원회제를 포기하고 종합토의 방식으로 한다,[96] 9월 10일까지 정부안을 완성하고 8월이나 9월 중에 도착할 미국 전문가단 또는 세계은행 파견고문의 검토를 받도록 한다 등이었다.

---

[94] 「제1차 경제개발5개년계획(안) 승인」, 국가기록원(관리번호: DA0547078).

[95] 「경제개발 5개년계획 완성을 위한 긴급건의의 건」, 국가기록원(관리번호: DA0547078).

[96] 〈위원회 구성(안)〉은 다음과 같다. 국가재건최고회의(종합경제재건기획위원회): 朴喜範, 金聖範, 白鏞粲, 鄭韶永, 국가재건최고회의(기획위원회): 鄭寅旭, 黃炳晙, 경제기획원: 宋正範, 安鍾稷, 한국은행: 鄭元勳, 朴聖柏, 학계: 成昌煥, 李廷煥, 陸芝修, 洪性囿, 朴東昂, 기술계통: 安京模, 南基棟.

별지의 「경제개발오개년계획 작업일정표」에 따르면, 위원회는 총 5차례 회의를 하는데 최종회의가 9월 5일이었고, 9월 10일부터 중앙경제위원회, 각의 및 최고회의가 경제기획원에서 완성한 계획안을 심의하게 되어 있었다. 따라서 이 위원회는 정부조직법(법률 제660호, 1961. 7.22.)상 경제기획원 산하의 심의기관인 중앙경제위원회와 다른 조직이었는데, 이후 이 위원회 위원 중 몇 사람이 중앙경제위원회 위원으로 위촉되었다.[97]

11월 14일 내각수반 송요찬은 중앙경제위원회의 심의와 각의의 의결을 거친 '제1차 경제개발5개년계획(안)'을 승인받기 위해 최고회의에 제출했다.[98] 이때 첨부문서로 제출된 「제1차 경제개발5개년계획(안) 조정안」(1961.11)은 경제기획원이 작성한 것인데 이에 의하면, 9월 15일 경제기획원에서 계획안을 완성했으며, 9월 29일~10월 14일 중앙경제위원회에서 이를 심의했고, 10월 20일~11월 7일 각의에서 심의한 후, '행정부안'으로 최종 조정을 보았다. 중앙경제위원회와 각의의 심의 조정에 따른 계수 정리는 추후 경제기획원이 하기로 했다. 따라서 중앙경제위원회와 각의가 심의한 계획안은 생산 일자가 1961년 9월로 되어 있는 경제기획원 명의의 「제1차 경제개발5개년계획(안)」(이하 〈계획안〉)으로 추정된다.[99]

---

[97] 1961년 9월 25일 당연직인 경제부서 장관을 제외하고 경제기획원장이 위촉한 중앙경제위원회 위원 25명은 다음과 같다. 申泰煥(전 건설부장관), 崔虎鎭(경제학 박사), 成昌煥(고려대 상대학장), 李東旭(동아일보 논설위원), 河相洛(교수), 李恩馥(생산성본부 이사장), 吳禎洙(전 상공부장관), 宋大淳(증권협회장), 崔景烈(재건기획분과 위원), 朴道彦(전 농림부차관), 金振九, 朱碩均(전 水聯회장), 洪性厚(전 금통위원), 柳鍾(재건기획분과 위원), 鄭樂殷(한국전력 부사장), 劉彰順(한은 총재), 朴東奎(중소기업은행 총재), 羅翼鎭(산업은행 총재), 李廷煥(한은 수석부총재), 金得榥, 鄭韶永(최고회의 재경위원회 고문), 郭琭壽(최고회의의장 고문), 朴東昂(서울상대 교수), 朴喜範(경향신문 논설위원), 白鏞粲「中央經濟委員 二十五名 委囑」, 『東亞日報』 1961.9.26 ; 「25名 委囑 中央經濟委員」, 『京鄕新聞』 1961.9.26)].

[98] 「제1차 경제개발5개년계획(안) 승인」, 국가기록원(관리번호: DA0547078).

　〈계획안〉에 의하면, "계획기간 중 경제의 체제는 되도록 민간인의 자유와 창의를 존중하는 자유기업의 원칙을 토대로 하되 기간부문과 그 밖의 중요부문에 대하여는 정부가 직접적으로 관여하거나 또는 간접적으로 유도정책을 쓰는 '지도받는 자본주의체제'로 한다." 그리고 경제운영원리와 관련해, "계획에 있어서는 정부가 직접적인 정책수단을 보유하는 공적(公的) 부문에 그 중심을 두고 이것이 민간부문에 미치는 파급효과와 민간부문의 자발적인 활동을 기대하는 한편 이에 필요한 유도정책을 감안키로 한다"고 밝혔다.

　〈기본경제정책〉과 비교해 볼 때, 〈계획안〉의 가장 특징적인 것은 경제체제로 '자본주의체제'를 명시했다는 점이다. 또한 "자유로운 경제활동"이 "민간인의 자유와 창의를 존중하는 자유기업의 원칙"으로 바뀌어 사기업 원칙으로 명시되었다. 그리고 "정부의 강력한 계획성을 가미하는 경제체제"는 "지도받는 자본주의체제"로 바뀌어, "정부의 강력한 계획성"의 내용이 정부의 "직접적 관여" 또는 "간접적 유도"로, '가미'의 내용이 정부의 '지도'로 구체화되었다. 또한 "지도받는 자본주의체제"는 "계획기간 중 경제의 체제"로 명시적으로 한정되었다. 이처럼 〈기본경제정책〉에서 불분명했던 경제체제 규정이 보다 구체화되고 명시적으로 바뀌었다. 〈기본경제정책〉 중 "경제적 후진성의 극복과 국민경제의 균형적 발전"은 삭제되었는데, 특히 "국민경제의 균형적 발전"은 헌법의 경제질서 규정이어서 "계획기간 중 경제의 체제"로는 적합하지 않았다.

　경제운영원리에서도 〈계획안〉은 〈기본경제정책〉에서 병렬적으로 나열되었던 "민간산업의 자율적 발전"과 '정부 투자'를 정부가 중심을 두는 '공적 부문'과 '파급 효과' 및 "자발적인 활동"을 '기대'하는 '민간부문'으로 구별했다. 그리고 〈기본경제정책〉 중 농어촌 개발 촉진이나 곡가

99) 「제1차 경제개발 5개년계획(안)」, 국가기록원(관리번호: BA0084283).

와 환율의 안정 등 경제운영원리 규정으로는 적합하지 않은 정책 수준의 어구들은 삭제되었다.

〈표 2-1〉에서 보듯이, 〈계획안〉은 〈건설부시안〉의 경제체제 규정이나 경제운영원리를 거의 재편집한 것이었다. 따라서 〈기본경제정책〉에 비해 정부 영역과 민간 영역을 분리하는 입장을 보이게 되었다. 다만 경제체제 규정에서 〈건설부시안〉의 '혼합경제체제' 지향은 삭제하고 "지도받는 자본주의체제"만 남겼다. 이것은 〈기본경제정책〉의 "정부의 강력한 계획성을 가미하는 경제체제" 규정에 '혼합경제체제'보다는 "지도받는 자본주의체제"가 훨씬 더 부합했기 때문으로 보인다.

따라서 〈건설부시안〉의 "지도받는 자본주의체제"는 민주당정부의 원래 계획안에는 없었던 것으로 추정된다. 왜냐하면 〈건설부시안〉에서 경제체제나 경제운영원리로 언급된 요소들, 즉 "자유기업제도와 정부에 의한 경제정책의 병존", 정부의 간접 통제방법, 민간부문에 대한 효율적 유도 등 정부 영역과 민간 영역을 구분하고자 했던 경제계획을 설명하기에는 '혼합경제체제'가 적합하며, 정부의 통제 내지 우위를 암시하는 "지도받는 자본주의체제"는 일련의 내용과 부합하지 않는 불필요한 수사이기 때문이다.

하지만 〈기본경제정책〉을 대체하게 될 이 〈계획안〉은 결과적으로 〈기본경제정책〉보다 논리적이게 되었다. 이는 정변 후 약 2주일 만에 발표된 〈기본경제정책〉이 시간적 여유로 볼 때 관료·학계 그룹의 영향이 없었거나 약했던데 반해, 이 〈계획안〉은 부흥부에서 건설부로부터 이어져온 경제기획원의 관료, '위원회'를 통해 관료들과 함께 작업한 학계 그룹의 작업 결과물이어서 비록 그들이 군부의 의도를 적극 반영하고 군부와 교류하면서 작업했다 하더라도 〈기본경제정책〉에 비해 그들의 입장이 더 반영되었기 때문이다.

2) 국가재건최고회의의 수정 지시

1962년 1월 6일 최고회의는 내각에서 승인 요청한 계획안을 수정 승인하면서 집행에 수반한 조치사항을 지시했는데, 첨부문서인 최고회의 명의의 「제1차 경제개발5개년계획(수정 및 조치 사항)」(이하 〈수정사항〉)에서 구체적인 지시 사항을 열거했다.[100]

1961년 11월 14일 내각수반 송요찬이 최고회의에 계획안을 승인 요청했을 때 첨부했던 문서 「제1차 경제개발5개년계획(안) 조정안」에는 경제기획원이 작성해 중앙경제위원회 및 각의의 심의를 거쳐 최고회의에 승인 요청한 계획안을 '행정부안'이라고 표현했는데, 이는 국가재건비상조치법(국가재건최고회의령 제42호, 1961.6.6)에 따른 조치였다. 이 법에 따르면, 최고회의는 총선거로 국회가 구성되고 정부가 수립될 때까지 최고통치기관의 지위를 가졌다. 최고회의는 국회의 권한을 행사하고, 최고회의 의장은 대통령 궐위 시 그 권한을 대행하며, 최고회의의 지시와 통제하에 내각이 국무원의 권한을 행하도록 했다. 따라서 이 '행정부안'은 최고회의의 지시에 따라 수정되어 향후 최종안으로 확정될 것이었다.

생산일자를 알 수 없는 「제1차 경제개발5개년계획 요약」(이하 〈요약〉)은 경제기획원이 작성한 것이다.[101] 이 문건 내용 중 '계획작성의 경위'에 의하면, 각의에서 조정한 계획안을 1961년 11월 20일에 최고회의에 부의했다고 한 것으로 보아, 그 이후로부터 최고회의가 계획안을 수정 승인한 1962년 1월 6일 사이의 기간인 1961년 12월경에 생산된 것으로 추정된다. 그리고 표제를 '계획(안)'이라고 하지 않은 것으로 보아,

100) 「제1차 경제개발5개년계획 공표」, 국가기록원(관리번호: DA0547078).
101) 「제1차 경제개발5개년계획 요약」, 국기기록원(관리번호: BA0246469).

각의 심의까지 마치고 조정한 거의 완성 단계의 문서로 보인다.

〈계획안〉과 비교해 볼 때, 〈요약〉은 '5개년계획 수립의 의의', '계획 작성의 경위', '계획수행에 따른 제 정책' 등을 새로 추가했다. 〈계획안〉이 많은 통계표를 넣어 407페이지에 달하는 반면, 〈요약〉은 통계표가 많이 없이 78페이지로 요약한 것이다. 후술하듯이, 〈요약〉의 '계획수행에 따른 제 정책'은 최고회의의 〈수정사항〉에 많이 반영된 것으로 보아 최고회의에 보고된 것으로 보인다.

〈요약〉은 경제체제를 명시적으로 규정하지 않고, '5개년계획 수립의 의의'나 '정책목표와 기본방침'으로 이를 설명했다. 계획 수립의 의의로는 세 가지를 들고 있다. 첫째, 이 계획은 경제적 후진성을 극복하고 국민경제의 자립적 성장을 위한 자본주의적 경제계획이라고 경제적 의의를 밝혔다. 〈기본경제정책〉의[102] 경제체제도 자본주의적 경제계획을 의미하는 것으로 국민의 자유로운 경제활동을 인정하되 국민경제의 자립적 성장을 목표로 하는 경제계획을 수립할 것을 의미한다고 해석했다. 둘째, 이 계획은 과거와 달리 경제개혁의 긴급한 실천이 보장되고 있는 것을 정치적 의의로 파악했다. 네이산 보고서의 5개년계획, 이(李)정권의 3개년계획, 장(張)정권의 5개년계획 등이 있었으나 무리한 계획과 행정부의 부패와 무능력으로 실천되지 못했다고 평가했다. 셋째, 경제개발계획은 국제적으로 장려되고 있고 후진국에서는 종합적인 장기개발계획을 수립하고 있으며 원조국가의 원조정책도 계획적 성장을 요구하고 있는 점을 국제적 의의로 들었다.

이러한 기조 위에서 기본방침은 다음과 같이 언급되었다. "첫째로 본 계획은 혁명정부의 기본경제정책에서 제시한 바와 같이 '자유경제

---

[102] 원문에는 6월 12일 발표된 〈혁명정부의 기본경제시책〉이라고 되어 있으나, 5월 31일 발표된 〈기본경제정책〉의 경제체제 규정과 동일하다.

체제를 원칙'으로 하면서 '강력한 계획성을 가미'하는 것이다. 따라서 어디까지나 민간인의 자유와 창의를 존중하면서 중요산업에 대해서는 정부가 적극적으로 관여하거나 간접으로 이를 이끌면서 경제전반의 균형적인 성장을 위하여 정부의 지도적인 역할을 인정하는 자본주의적 경제계획인 것이다. 둘째로 본 계획은 위의 기본원칙에 따라 주로 공적 부문을 중심으로 하고 민간부문은 자발적인 활동을 유발하도록 하였다." 기본방침으로 한정했지만, 첫째가 경제체제 규정에, 둘째가 경제운영원리에 해당된다.

경제운영원리 면에서 〈요약〉은 〈계획안〉과 차이가 없었다. 그러나 경제체제 관련 규정의 경우, 〈요약〉은 〈계획안〉의 "자유기업의 원칙"을 "자유경제체제의 원칙"으로 확정했으며, "지도받는 자본주의체제"를 "정부의 지도적인 역할을 인정하는 자본주의적 경제계획"으로 대체하면서 '체제'가 아닌 '경제계획'의 측면으로 한정했다. 〈요약〉은 "혁명정부의 기본경제정책에서 제시한 바"를 구현한 것이었지만, 〈기본경제정책〉이나 이 계획의 성격이 다름 아닌 "자본주의적 경제계획"이라는 점을 구체적으로 표현했다. "자본주의적 경제계획"은 계획 수립의 "국제적 의의"의 한 추세이며, 과거 정부들의 경제계획과 차별적 연장선에 있는 "정치적 의의"를 가진 것이라는 점을 강조했다. 따라서 이러한 "자본주의적 경제계획"이 지향하는 경체제제가 자본주의경제체제인 것은 확실했지만, 어떤 유형을 지향할지는 향후의 전개과정을 통해 형성되어 나갈 것이었다.

최고회의의 〈수정사항〉은 새로 추가된 최고회의 의장 박정희의 '서문', '행정부안'의 수정 부분, 새로 추가된 조치사항 등 세 부분으로 구성되었다. 〈수정사항〉이 수정 대상으로 한 계획안은 경제기획원이 작성해 중앙경제위원회의 및 각의가 심의했던 〈계획안〉으로 보인다. 중앙경제위원회와 각의의 심의 결과를 반영해 경제기획원이 '계수 정리'

를 한 것이었을 수도 있지만, 각의 심의가 완료된 11월 7일부터 내각이
최고회의에 승인 요청한 11월 14일까지 1주일 동안 '계수 정리'를 완료
하기에는 시간이 촉박했을 것으로 생각된다. 또 무엇보다 〈수정사항〉
에서 수정 사항으로 열거된 항목의 숫자 표기가 〈계획안〉과 일치한다.

〈수정사항〉은 군부의 입장을 살펴볼 수 있다는 점에서 중요하다.
〈수정사항〉은 〈계획안〉의 경제체제 규정에 대해서는 수정 사항이 없
었다. 즉 "자유기업의 원칙"을 토대로 한 "지도받는 자본주의체제"가 그
대로 유지되었다. 다만 경제운영원리의 경우, "민간부문의 자발적인 활
동을 기대하는"을 "…자극하는"으로 바꾸어, 정부의 '지도'를 부각하고
자 했다.[103]

〈계획안〉의 경제체제 규정에는 수정 사항이 없었지만, 새로 추가된
'서문'에서 이 계획을 이루기 위해 진정한 민주정신에 입각한 개인의
자유와 창의를 존중하는 자유경제체제의 원칙하에 국민경제의 조속한
발전을 도모하기 위한 정부의 강력한 계획성이 가미되는 새로운 경제
체제를 확립함으로써 승공통일을 기약할 수 있을 것이라고 명시했다.

'서문'의 경제체제 규정은 군부의 입장이 반영된 〈기본경제정책〉의
경제체제 즉 "자유로운 경제활동"을 토대로 "정부의 강력한 계획성을
가미하는 경제체제"의 기본 골격을 유지한 것이었다. 다만 〈기본경제
정책〉에서 모호하게 언급된 "자유로운 경제활동"이 "자유경제체제의
원칙"으로 명확히 규정되었고 '새로운'이라는 수식어 붙은 경제체제로
표현되었다. 〈요약〉에서 〈기본경제정책〉의 성격을 평가하면서 언급한
'자유경제체제 원칙'은 수용되었고 "자본주의적 경제계획"은 수용되지

---

103) 이외에도 〈수정사항〉은 외화 조달에서도 〈계획안〉의 "민주우방 제국으로부터의 원조"
　　확대를 "외자도입에 중점을" 둔다로 바꾸었는데, 원조 외에 차관 도입의 길을 열고자
　　한 것이다. 또한 국방비의 현재 수준 유지를 "불가피한 자연증액만"의 인정으로 바꾸어
　　증액 가능성을 열어 두었다.

않은 것이다. 다만 전술했듯이 〈수정사항〉은 〈계획안〉의 경제체제 규정을 수정하기 않았기 때문에 〈요약〉의 "자본주의적 경제계획"은 "지도받는 자본주의체제" 형태로 수용된 셈이다.

　　결국 '서문'에서 규정한 "자유경제체제의 원칙"하의 "새로운 경제체제"는 향후의 진행 경로에 따라 그 지향이 형성되어 갈 수밖에 없었지만, 적어도 지도받는 '자본주의체제'인 것만은 분명했다. 따라서 〈기본경제정책〉에는 없었던 "자유경제체제 원칙"이 '서문'에 수용되고 "지도받는 자본주의체제"가 "계획기간 중 경제의 체제"로 승인된 것은 〈계획안〉과 〈요약〉에 나타난 관료들의 입장이 반영된 것으로 보이며, "자유경제체제 원칙하"의 "새로운 경제체제"는 군부와 관료의 입장이 절충된 결과로 보인다. '서문'의 경제체제 규정에서 〈기본경제정책〉의 "국민경제의 균형적 발전"이 "국민경제의 조속한 발전"으로 바뀐 것도 〈건설부 시안〉의 요소공격식 접근방법이 반영된 이라 볼 수 있다. 〈기본경제정책〉의 "경제적 후진성"은 '서문'에서 "구정권의 무능과 부패"와 함께 장기경제개발계획 수립의 필요성으로 언급되었다.

3) 제1차 경제개발5개년계획 공표 과정의 혼돈

　　1962년 1월 12일 경제기획원 기획국은 1962년 1월 6일자로 최고회의가 수정 승인한 제1차 경제개발5개년계획을 공표하고자 한다는 기안을 작성했다.[104] 공표 계획안은 별첨된 「제1차 경제개발5개년계획(개요)」(이하 〈개요〉)였다. 이 공표 내용에는 최고회의의 수정 지시에 따른 계수 조정이 반영되었으며, 전체적인 조정작업이 끝나는 대로 계획서 전반의 수정이 이루어질 것이라고 추신했다. 〈개요〉는 경제기획원 명의

[104] 「제1차 경제개발5개년계획 공표」, 국가기록원(관리번호: DA0547078).

의 〈계획안〉이나 〈요약〉과 달리 대한민국정부 명의로 되어 있어, 경제기획원에서 작성한 계획안이 최고회의의 승인을 얻어 정부안으로 확정되었다는 것을 뜻한다. 〈개요〉에 의하면, 계획안이 중앙경제위원회의 심의, 각의의 조정, 최고회의의 심의를 거쳐 1961년 12월말에 완성되었다고 한다. 그리고 내각수반 송요찬이 원고지에 쓴 '담화문'이 첨부되었으며, 경제운영원리에서도 〈수정사항〉을 반영해 〈계획안〉의 "민간부문의 자발적인 활동을 기대하는"을 "…자극하는"으로 바꾸었다.

〈개요〉의 목차 구성은 〈요약〉과 거의 같았다. 다만 〈요약〉의 '계획작성의 경위'에 들어 있는 내용 중 일부를 '우리나라 경제의 성장과정'이라는 하나의 항목으로 분리했고, 〈계획안〉에 있었던 '계획작성의 방법'을 수정해 '계획작성의 기준'이라는 항목으로 다시 추가했다.

〈개요〉는 〈요약〉과 마찬가지로 '계획의 목표와 기본방침'을 설명하면서 경제체제나 경제운영원리에 관해 설명하는 방식을 취했다. 즉 "혁명정부의 기본경제정책에서 제시한 바와 같이 '자유경제체제를 원칙'으로 하면서 '강력한 계획성을 가미'하는 것이다. 따라서 어디까지나 민간인의 자유와 창의를 존중하면서 중요산업에 대해서는 정부가 적극적으로 관여하거나 간접적으로 이끌어서 균형적인 성장을 이룩하도록 정부가 지도적인 역할을 한다. 따라서 계획은 주로 공적부문을 중심으로 하고 있으며 민간부문에 대해서는 자발적인 활동을 자극하도록 하는 것이다."

〈요약〉과 거의 같은 내용이었는데, 〈요약〉에서는 "정부의 지도적인 역할을 인정하는 자본주의적 경제계획"으로 표현된 것이 〈개요〉에서는 "정부가 지도적인 역할을 한다"로 보다 단정적으로 표현되었다. 〈개요〉도 〈요약〉과 마찬가지로 〈기본경제정책〉의 성격을 '자유경제체제' 원칙으로 밝혔지만 〈요약〉의 "자본주의적 경제계획"을 삭제하고, 〈계획안〉의 "지도받는 자본주의체제" 규정도 삭제하여, '자유경제체제' 원칙하에서 "정부가 지도적인 역할"을 하는 경제체제가 무엇인지를 명확히 규정하지 않았다. 또한 〈요약〉이 "정부의 지도적 역할"을 민간영역과 더불어 "자본주의적 경제계획'의 한 요소로 본 것이라면, 〈개요〉는 "자본주의적 경제계획"의 일반적 성격보다는 후진국 상황 혹은 한국적 상황을 더 강조한 것에 가깝다.

이런 측면은 〈개요〉의 '5개년계획 수립의 의의와 경위'를 설명하는 부분에 더 구체적으로 나타난다. 〈요약〉에서는 이 계획이 "경제적 후진성을 극복하고 국민경제의 자립적 성장을 위한 자본주의적 경제계획"이라고 했지만, 〈개요〉에서는 이 부분의 "자본주의적 경제계획"을 "장기경제개발계획"으로 바꾸었다. 또한 〈기본경제정책〉의 경제체제에 대한 평가에서도, 〈요약〉에서는 "다름 아닌 자본주의적 경제계획을 의미하는 것으로 국민의 자유로운 경제활동을 인정하되 국민경제의 자립적 성장을 목표로 하는 경제계획을 수립할 것을 의미하는 것"이라 하여, "자본주의적 경제계획"에서 민간영역과 정부영역의 상관관계를 서술했다. 하지만 〈개요〉에서는 "자본주의적 경제계획"을 삭제하고 "국민의 자유로운 경제활동과 민간부문의 자발적인 경제활동을 적극 자극하되 국민경제의 자립적 성장을 목표로 정부가 이를 강력히 이끌어나가기 위한 경제계획을 수립할 것을 의미한다"고 하여, 정부의 지도성을 강조하고 "자본주의적 경제계획"과는 다른 모종의 "경제계획"으로 표현했다. 아울러 과거의 경제개발계획을 서술하면서 〈요약〉에는 서술되었던 "장(張)정권의 5개년계획"을 삭제하고 "네이산 보고서의 5개년계획"과 "이(李)정권의 3개년계획"만 남겨, 군사정변의 정당성을 확보하고자 했다.

전체적으로 보아 〈개요〉는 〈요약〉에서 언급되었던 일반적인 "자본주의적 경제계획" 수립의 경제적 의의나 국제적 의의보다 정치적 의의를 보다 부각하면서, 〈요약〉의 취지를 〈기본경제정책〉이나 그 기본 골격을 유지한 박정희의 '서문'과 조정하고자 한 시도였다고 보인다.

1962년 1월 13일 마침내 정부는 제1차 경제개발5개년계획을 발표했다.[105] 대한민국정부 명의로 발간된 『제1차 경제개발5개년계획(1962~ 1966)』(1962.1)은[106] 목차 구성에서 〈개요〉의 '5개년계획 수립의 의의와 경위'를 전면 삭제하고 그 중 '계획작성의 경위'는 김유택 경제기획원장의 '발간사'로 일부 수용되었다.

이 책자에 수록된 최고회의 의장 박정희의 '서문'은 〈수정사항〉의 '서문'과 같았다. 그런데 내각수반 송요찬의 '서문'도 있어 '서문'이 두 개가 되었는데, 이는 당시 최고회의와 내각이라는 '정부' 조직상의 기형성을 보여주는 것이기도 했다.

그런데 경제체제 규정이나 경제운영원리와 관련해 본문에서는 1962년 1월 12일 경제기획원 기획국이 공표 기안을 작성했을 때 첨부한 문서인 〈개요〉에서 서술된 내용이 모두 빠지고 1961년 9월 경제기획원이 작성해 중앙경제위원회와 각의가 심의하고 최고회의가 수정했던 〈계획안〉의 내용이 그대로 서술되었다. 다만 경제운영원리에서 "민간부문의 자발적인 활동을 자극하는 한편 이에 필요한 유도정책을 감안하기도 한다"고 하여, 최고회의가 〈수정사항〉에서 수정 지시한 '자극하는'이란 용어를 "기대하는" 대신에 사용하고, "유도정책을 감안키로 한다"를 "감안하기도 한다"고 하여 선택 사항으로 남겨두었다.

이렇게 바뀐 이유는 알 수 없으나, 〈개요〉에서 서술된 '5개년계획 수립의 의의와 경위'를 전면 삭제한 것과 연관이 있어 보인다. 앞서 서술했듯이 〈요약〉에서 언급된 "자본주의적 경제계획"을 〈개요〉에서 정부 지도성을 강조하는 경향으로 수정하는 과정에서 생긴 혼선을 정리하면서 '5개년계획 수립의 의의와 경위'를 전면 삭제하고, 원안에 해당하는 〈계획안〉의 내용을 복원한 것으로 보인다.

---

105) 「經濟開發五個年計劃 發表」, 『東亞日報』 1962.1.14.
106) 大韓民國政府, 『第1次 經濟開發5個年計劃(1962~1966)』, 1962.

〈표 2-1〉 경제체제 및 경제운영원리 관련 규정

	작성 주체, 일자	경제체제	경제운영원리
혁명공약	군사혁명 위원회 (1961.5.16)	국가자주경제	
기본경제정책	'정부' (1961.5.31)	자유로운 경제활동을 토대로 하는 동시에 경제적 후진성의 극복과 국민경제의 균형적 발전을 도모하기 위한 정부의 강력한 계획성을 가미하는 경제체제	광범한 민간산업의 자율적 발전과 정부 투자에 의한 중요 기간산업의 건설 및 농어촌의 개발을 촉진하며 곡가와 환율의 안정선을 유지한다.
제1차 5개년경제개발 계획(시안)	건설부 (1961.6.7)	한국경제체제는 자유기업제도와 정부에 의한 경제정책의 병존으로 지도받는 자본주의체제인 것이며 혼합경제체제를 지향하는 것이다.	혼합경제의 방도는 기업의 자발적인 계산과 그에 따르는 결의를 고도로 존중하는 한편 이에 모순 없이 계획의 주체인 정부가 간접적인 통제방법을 채용한다. 국가가 직접 그 실현수단을 보유하는 정부공공부문에 대하여는 가급적으로 주체적이며 실행가능성 있는 계획을 작성하고, 기본적으로 그 활동을 기업의 창의와 연구에 기대할 민간부문에 대하여는 예측적인 것으로 입안하여 그 방향을 최대한 효율적으로 유도하게 한다.
종합경제재건 계획안	최고회의 (1961.7.22)		국민의 비상한 노력과 내핍 그리고 정부의 강력하고도 능률적인 활동이 요망된다.
제1차 경제개발5개년 계획(안)	경제기획원 (1961.9)	계획기간 중 경제의 체제는 되도록 민간인의 자유와 창의를 존중하는 자유기업의 원칙을 토대로 하되 기간부문과 그 밖의 중요부문에 대하여는 정부가 직접적으로 관여하거나 또는 간접적으로 유도정책을 쓰는 '지도받는 자본주의체제'	계획에 있어서는 정부가 직접적인 정책수단을 보유하는 公的 부문에 그 중심을 두고 이것이 민간부문에 미치는 파급효과와 민간부문의 자발적인 활동을 기대하는 한편 이에 필요한 유도정책을 감안키로 한다.
제1차 경제개발5개년 계획 요약	경제기획원 (1961.12 추정)	본 계획은 혁명정부의 기본경제정책에서 제시한 바와 같이 '자유경제체제를 원칙'으로 하면서	

수정 및 조치 사항	최고회의 (1962.1.6)	'강력한 계획성을 가미'하는 것이다. 따라서 어디까지나 민간인의 자유와 창의를 존중하면서 중요산업에 대해서는 정부가 적극적으로 관여하거나 간접으로 이를 이끌면서 경제전반의 균형적인 성장을 위하여 정부의 지도적인 역할을 인정하는 자본주의적 경제계획인 것이다.	본 계획은 위의 기본원칙에 따라 주로 공적부문을 중심으로 하고 민간부문은 자발적인 활동을 유발하도록 하였다.
		(서문) 진정한 민주정신에 입각한 개인의 자유와 창의를 존중하는 자유경제체제의 원칙하에 국민경제의 조속한 발전을 도모하기 위한 정부의 강력한 계획성이 가미되는 새로운 경제체제	계획에 있어서는 정부가 직접적인 정책수단을 보유하는 公的 부문에 그 중심을 두고 이것이 민간부문에 미치는 파급효과와 민간부문의 자발적인 활동을 자극하는 한편 이에 필요한 유도정책을 감안키로 한다.
제1차 경제개발5개년 계획(개요)	대한민국정부 (1962.1)	혁명정부의 기본경제정책에서 제시한 바와 같이 '자유경제체제를 원칙'으로 하면서 '강력한 계획성을 가미'하는 것이다. 따라서 어디까지나 민간인의 자유와 창의를 존중하면서 중요산업에 대해서는 정부가 적극적으로 관여하거나 간접적으로 이끌어서 균형적인 성장을 이룩하도록 정부가 지도적인 역할을 한다.	계획은 주로 공적부문을 중심으로 하고 있으며 민간부문에 대해서는 자발적인 활동을 자극하도록 하는 것이다.
제1차 경제개발5개년 계획 (1962~1966)	대한민국정부 (1962.1)	(서문) 진정한 민주정신에 입각한 개인의 자유와 창의를 존중하는 자유경제체제의 원칙하에 국민경제의 조속한 발전을 도모하기 위한 정부의 강력한 계획성이 가미되는 새로운 경제체제 (본문) 계획기간 중 경제의 체제는 되도록 민간인의 자유와 창의를 존중하는 자유기업의 원칙을 토대로 하되 기간부문과 그밖의 중요부문에 대하여서는 정부가 직접적으로 관여하거나 또는 간접적으로 유도정책을 쓰는 '지도받는 자본주의체제'	계획에 있어서는 정부가 직접적인 정책수단을 보유하는 公的 부문에 그 중심을 두고 이것이 민간부문에 미치는 파급효과와 민간부문의 자발적인 활동을 자극하는 한편 이에 필요한 유도정책을 감안하기도 한다.

5. 제1차 경제개발5개년계획의 성격

1) 인위적 성장 계획과 실적

군부의 경제관은 모호했으나, 민주당정부의 「제1차 5개년경제개발
계획」(〈건설부시안〉)과 다르다는 것을 보여주기 위해 인위적으로 목표
를 과대 포장하고자 하고자 했던 것은[107] 분명해 보인다.

〈표 2-2〉 국민총생산 계획1

(단위 : 10억 환)

연도	건설부시안	종합경제재건계획안
1959(A)	1,164.8(5.2%)	1,164.8(5.2%)
1960(B)	공백년도	1,192.3(2.4%)
1961	공백년도	1,238.0(3.8%)
1962(1차년)(C)	1,337.7(5.0%)	1,308.5(5.7%)
1963(2차년)	1,411.1(5.5%).	1,392.2(6.4%)
1964(3차년)	1,499.7(6.1%)	1,493.8(7.3%)
1965(4차년)	1,599.8(6.8%)	1,610.3(7.8%)
1966(5차년)(D)	1,709.7(6.9%)	1,744.0(8.3%)
D/A(%)	146.8	
D/B(%)		146.3
D/C(%)	127.8	133.3

* 자료: 다음의 자료에서 재작성함. 「第1次5個年經濟開發計劃(建設部試案)」, 『經
濟調査月報』 6(5), 1961, 108쪽 ; 國家再建最高會議 綜合經濟再建企劃委員會, 『綜
合經濟再建計劃(案) 解說(自檀紀4295年 至檀紀4299年) 附屬諸計劃表』, 1961.7, 1쪽.

107) 스테판 해거드, 『주변부로부터의 오솔길 －신흥공업국의 정치경제학』, 문학과지성사,
1994, 112·120쪽.

〈표 2-3〉 국민총생산 계획2

(단위 : 10억 환)

연도	종합경제재건계획안	제1차 경제개발5개년계획
1957	1,035.3	-
1958	1,107.0(6.9%)	-
1959	1,164.8(5.2%)	-
1960	1,192.3(2.4%)	2,322.7(2.3%)
1961	1,238.0(3.8%)	2,320.4(-0.1%)
1962(1차년)	1,308.5(5.7%)	2,452.7(5.7%)
1963(2차년)	1,392.2(6.4%)	2,609.7(6.4%)
1964(3차년)	1,493.8(7.3%)	2,800.2(7.3%)
1965(4차년)	1,610.3(7.8%)	3,018.6(7.8%)
1966(5차년)	1,744.0(8.3%)	3,269.1(8.3%)
1962~1966 연평균	7.1%	7.1%

* 주) 〈종합경제재건계획안〉은 1955년 불변가격, 〈제1차 경제개발5개년계획〉은 1961년 가격 기준임.
* 자료 : 다음의 자료에서 재작성함. 國家再建最高會議 綜合經濟再建企劃委員會, 『綜合經濟再建計劃(案) 解說(自檀紀4295年 至檀紀4299年) 附屬諸計劃表』, 1961.7, 1쪽 ; 大韓民國政府, 『第1次 經濟開發5個年計劃(1962~1966)』, 1962.1, 42쪽.

국민총생산을 기준으로 〈종합경제재건계획안〉과 〈건설부시안〉을 비교해 볼 때, 〈건설부시안〉의 경우, 기준연도(1959)부터 목표연도(1966)까지의 연평균성장률은 5.6%이고, 기준연도 대비 목표연도의 총량 성장은 46.8%, 계획기간(1962~1966) 동안 연평균성장률은 6.1%였다.[108] 〈종합경제재건계획안〉의 경우, 계획기간(1962~1966) 동안 연평균성장률은 7.1%, 기준연도(1960) 대비 목표연도의 총량 성장은 46.3%였다. 어떤 부분에서는 1차년도 대비 목표연도의 총량 성장이 46.3%인 것처럼 서술되어 있으나 오류이다.[109]

108) 「第1次5個年經濟開發計劃(建設部試案)」, 3·14~15쪽.
109) 「國家再建最高會議서 發表한 綜合經濟再建計劃案(全文)」, 『朝鮮日報』 1961.7.23.

〈표 2-2〉에서 보듯이, 1~3차년도의 성장액은 〈건설부시안〉이 〈종합
경제재건계획안〉보다 더 높고, 4~5차년도는 그 반대인 특징을 보였다.
이것은 〈종합경제재건계획안〉이 5개년 초반기의 국내외 경제여건이
불투명했다는 것을 반증한다. 기준연도 대비 목표연도의 총량 성장은
46.8%와 46.3%로 비슷하지만, 계획기간 동안만 계산해 보면, 〈건설부
시안〉의 27.8%보다 〈종합경제재건계획안〉이 33.3%로 더 높다. 이것이
양자 간에 계획기간 중 연평균 성장률 1%의 차이를 가져왔다.

한편, 〈종합경제재건계획안〉은 기준연도인 1960년의 국민총생산액을
11,923억 환으로 잡았는데, 이는 전년 대비 2.4% 증가한 것이다. 전년
대비 1959년은 5.2%, 1958년은 6.9% 증가했다(〈표 2-3〉).[110] 한국은행이
발간한 1987년 『국민계정』에 의하면, 실질가격으로 전년 대비 1960년
1.1%, 1959년 3.8%, 1958년 5.5% 증가이다.[111] 〈종합경제재건계획안〉과
이후의 통계는 1958년 이후 점차 하락하는 비슷한 추세를 보인다. 1962년
1월에 확정된 〈제1차 경제개발5개년계획〉의 경우, 전년 대비 1960년
2.3%, 1961년 -0.1% 증가이다(〈표 2-3〉).[112]

〈종합경제재건계획안〉과 〈제1차 경제개발5개년계획〉은 전년 대비
1961년 각각 3.8%와 -0.1% 증가로 큰 차이를 보였다(〈표 2-3〉). 『국민계
정』(1987)에 의하면 실질가격으로 전년 대비 1961년은 5.6%인데,[113] 이
는 양자 모두와 차이가 있지만, 〈제1차 경제개발5개년계획〉이 보다 현
격한 차이를 보인다. 계획이 작성된 시점인 1961년의 추계가 부정확할

110) 國家再建最高會議 綜合經濟再建企劃委員會, 『綜合經濟再建計劃(案) 解說(自檀紀4295年
    至檀紀4299年) 附屬諸計劃表』, 1961.7, 1쪽에는 1953~1966년까지의 국민총생산 실적치가
    나와 있는데, 이를 근거로 계산한 결과이다. 위 〈표〉에는 편의상 1959년부터만 수록했다.
111) 韓國開發硏究員, 『韓國財政40年史』 第四卷, 1991, 4쪽.
112) 〈표 2-3〉에서 〈종합경제재건계획안〉과 〈제1차 경제개발5개년계획〉의 국민총생산액 차
    이는 가격기준 연도가 다르기 때문이다.
113) 韓國開發硏究員, 앞의 책, 1991, 4쪽.

수밖에 없는 상황이긴 했지만, 〈제1차 경제개발5개년계획〉은 전년 대
비 역성장으로 지나치게 낮게 책정한 것이다. 따라서 〈제1차 경제개발
5개년계획〉은 1961년의 국민총생산액을 〈종합경제재건계획안〉처럼 했
을 경우, 1차년도(1962)의 성장률 5.7%는 책정할 수 없었을 것이며, 계
획기간 동안의 연평균성장률 7.1%도 책정하기 어려웠을 것이다.

　군사정권에 대한 미국의 경제적 이해관계가 아직 확정되지 못해 미
국의 원조와 차관을 비롯한 외자도입이 불확실한 상황이었기 때문에
계획 초반의 국민총생산 증가를 장담할 수 없었고, 이에 따라 〈종합경
제재건계획안〉에서 이미 제시된 계획기간 중 연평균성장률 7.1%와 계
획기간 동안 연차별 성장률을 동일하게 맞추기 위해 〈제1차 경제개발
5개년계획〉에서 1961년의 국민총생산을 역성장으로 상정한 것이라 생
각된다. 역으로 이것은 〈종합경제재건계획안〉이 내외자의 자금 조달
여건을 충분히 고려하지 않고 경제성장률을 상당히 무리하게 급조했
다는 것을 뜻한다. 실제로 1963년에 최고회의가 발간한 책에 의하면,
1961년의 국민총생산액은 12,304억 환(=1,230.4억 원)으로 〈종합경제재
건계획안〉과 비슷했는데, 전년 대비 1962년(1차년도)의 성장률은 2.3%
로 〈제1차 경제개발5개년계획〉과 〈종합경제재건계획안〉의 계획치 5.7%
를 절반 이하로 밑돌았다.[114]

　1967년에 내각 기획조정실이 발간한 '평가보고서'에 의하면, 계획기
간(1962~1966) 동안 국민총생산 연평균성장률은 8.5%를 기록해 계획의
7.1%를 1.4%나 상회하는 실적을 올렸다.[115]

---

114) 國家再建最高會議 韓國軍事革命史編纂委員會, 앞의 책, 360쪽.
115) 企劃調整室, 『第1次經濟開發5個年計劃(1962~1966) 評價報告書(評價教授團)』, 1967, 32~
　　33쪽.

〈표 2-4〉 국민총생산 성장률 실적

(단위: %)

연도	1960 (기준년도)	1961 (공백년도)	1962 (1차년)	1963 (2차년)	1964 (3차년)	1965 (4차년)	1966 (5차년)	1962~1966 연평균
평가보고서	2.5	5.0	4.1	9.3	8.9	8.1	11.9	8.5
국민계정 (1987)	1.1	5.6	2.2	9.1	9.6	5.8	12.7	7.9

* 주)『국민계정』(1987)은 실질가격 기준임
* 자료: 다음의 자료에서 재작성함. 企劃調整室,『第1次經濟開發5個年計劃 (1962~1966) 評價報告書(評價教授團)』, 1967, 34~35쪽 ; 韓國開發研究員,『韓國財政40年史』第四卷, 1991, 4쪽.

〈표 2-4〉에 의하면, 계획기간 동안 연평균성장률은 양자 간에 0.6%의 차이가 나고, 큰 차이가 나는 연도는 1962년과 1965년이다. 1961년의 경우, '평가보고서'는 계획의 −0.1%보다(〈표 2-3〉) 높은 5.0%로 잡고 있지만『국민계정』의 5.6%보다는 낮다. 1962년의 경우, 양자 간에 약 2배 차이가 나는데, 이는『국민계정』이 실질가격 기준으로 한 수치이기 때문이다.『국민계정』은 경상가격으로는 1961년 20.1%, 1962년 20.9%이다. 이것은 1962년에 인플레이션이 그만큼 높았다는 것을 뜻하며, 또한 1차년도인 1962년은 5개년계획 실행에서 무리한 변수들이 많이 게재되었다는 것을 뜻한다. 하지만, 결과적으로 1차 5개년계획은 계획을 웃도는 성장률을 보였다.

그런데 1964년에 한국은행은 1955년 기준의 불변가격을 1960년 기준으로 옮기고 구성항목의 재추계 작업을 통해 이전의 국민계정 통계를 전면 개편했다.[116] 더욱이 원 계획은 이전의 국민소득 통계를 기초로 작성되었고 가격 기준년도도 1961년인데 반해, 국민소득 실적 추계는

116) 韓國銀行,『韓國銀行十五年史』, 1965, 110쪽.

1960년이어서 직접 금액 대비가 불가능하게 되어 '평가보고서'는 구성
비와 증가율을 위주로 평가할 수밖에 없었다. 따라서 제1차 5개년계획
을 평가한 '평가보고서'는 원계획을 1961년도 가격기준에서 1960년도
가격기준으로 수정하는 작업을 했는데, 원 계획은 조정된 액수를 밝히
고 있지만 5개년계획 동안 국민총생산의 실적 액수를 기준연도(1960)
와 목표연도(1966) 외에는 제시하지 않고 성장률만 제시했다.[117] 따라
서 이런 요인도 '평가보고서'와 『국민계정』 양자 간 경제성장률 차이를
초래한 원인이 되었을 것이다.

2) "새로운 경제체제"의 조숙한 실패

정변 직후 5월 28일 최고회의는 이주일 육군소장을 위원장으로 하는
부정축재처리위원회를 구성했는데, 위원 중에는 유원식 육군대령도 있
었다.[118] 같은 날 최고회의는 부정축재처리요강과 29명의 부정축재자
명단을 발표하고 25명을 체포했다. 체포된 사람 중에는 백두진 전국무
총리, 김영선 민주당정부 재무부장관, 송인상 이승만정부 재무부장관
등이 있었으며, 제일제당의 이병철은 아직 체포되지 않았다.[119] 6월
14일에는 부정축재처리법이 공포되었다.[120]

---

[117] '평가보고서'를 작성한 평가교수단은 경제학, 경영학, 회계학, 공학, 농학 등 30명의 교수
로 구성되었다. 경제학 관련 전공으로는 趙東弼(고려대), 李基俊(국민대), 劉鎭舜(중앙
대), 金潤煥(고려대), 成昌煥(고려대), 金相謙(연세대), 邊衡尹(서울대), 黃炳晙(서울대),
陸芝修(서울대), 南悳祐(서강대), 朴喜範(서울대), 李碩崙(경희대), 李昌烈(고려대), 安霖
(국제경제연구소), 崔虎鎭(연세대) 등이 참여했다(企劃調整室, 『第1次經濟開發5個年計
劃(1962~1966) 評價報告書(評價敎授團)』, 1967, 28~31 · 33~34쪽).

[118] 자문위원으로는 최호진(중앙대 경상대학장), 신태환(서울대 교수), 성창환(고려대 교수)
등이 있었다(國家再建最高會議 韓國軍事革命史編纂委員會, 앞의 책, 58쪽).

[119] 「不正蓄財處理要綱을 發表」, 「一般12 · 公務員12 · 軍人5」, 『朝鮮日報』 1961.5.28.

[120] 國家再建最高會議 韓國軍事革命史編纂委員會, 앞의 책, 619쪽.

6월 14일부터 10일간의 자진신고기간 동안 자진 신고한 사람은 공무원 13명, 일반인 44명(48개 기업체)이었다. 같은 날 이병철은 탈세액과 벌과금을 환원하고 필요하다면 자신의 재산을 조국에 제공하겠다는 각서를 부정축재처리위원회에 보냈고, 이에 앞서 6월 5일에는 부정축재기업인 8명이 자신의 재산 일체를 자진 헌납하겠다는 결의문을 최고회의에 보냈다. 이에 10월 26일 내각수반은 심의 중인 5개년개발계획에 필요한 내자 동원을 위해 부정이득자들도 경제개발에 헌신할 수 있는 기회를 부여하기 위해 부정축재처리법을 개정한다는 담화를 발표했다. 즉 부정이득자가 공장을 건설해 그 주식을 정부에 납부할 수 있도록 하고, 경제개발5개년계획에 필요한 사업의 실수요자 결정에서 부정이득자 여부를 불문하며, 부정이득자가 공장을 건설할 때 내자를 추가 요청하면 융자가 아니라 정부 직접투자 방식한다는 것 등이었다.[121]

부정축재처리법은 경제개발에 필요한 내자를 동원하고 사기업에 대한 정부의 통제력을 강화하기 위한 것이었지만, 한편으로는 기성 정치인들을 통제하기 위한 수단이기도 했다. 1961년 6월 15일 부정축재처리위원회는 민주당 정치자금으로 제공된 수표의 최종소지인의 출두를 명령했다. 수표 발행 회사는 12개의 방직회사들이었으며 총액 약 1억1천9백만 환이었다.[122]

한편 최고회의는 '금융기관에 대한 임시조치법'(1961.6.20)을 제정해 이전에 불하되었던 일반 은행의 주식을 부정축재처리법 제11조, 제20조에 따라 국가에 귀속시켰다. 이 은행 주식은 식민지시기 일본인 소유주식을 미군정이 군정으로 귀속시켰다가 한국정부에 이양한 것이었는데, 이승만정부 때 불하되어 소수의 대주주들에게 낙찰된 것이었다. 또

121) 國家再建最高會議 韓國軍事革命史編纂委員會, 앞의 책, 60~62쪽.
122) 國家再建最高會議 韓國軍事革命史編纂委員會, 앞의 책, 59쪽.

한 군사정부는 한국산업은행법을 개정해(1961.12.27) 공칭자본금을 20억 환에서 2천억 환으로 증액했다. 1961년 7월에는 농업은행 점포를 주축으로 중소기업은행이 만들어졌고, 국민은행법이 공포되면서(1961.12.31) 한국중앙무진주식회사를 흡수 합병해 국민은행이 설립되었다. 또한 농업은행을 농업협동조합으로 통합했다.[123]

보다 중요한 것은 개정된 한국은행법 개정이었다(1962.5.24). 법 개정으로 대통령이 국무회의의 동의를 얻어 임명하던 한국은행 총재를 재무부장관의 제청으로 내각수반이 임명하도록 했다. 한국은행법 개정안은 1961년 11월 재무부가 작성했는데, 개정된 법에 의하면 재무부장관은 금융통화운영위원회 의결사항에 대해 재의를 요청할 수 있었고 재의 요청이 부결될 경우 대통령이 최종 결정하도록 하여 금융정책에 대한 최종 책임을 명백히 행정부에 귀속시켰다. 따라서 금융의 중립성이나 독립성은 행정부의 전반적인 경제정책에 부응하는 범위 내에서만 인정된다는 원칙이 법문에 명시되었다.[124]

당시 군부의 입장은 한국은행의 독존적 특권운영방식을 지양하기 위한 것이었다고 했지만,[125] 한국은행법 개정은 한국은행을 재무부의 통제하에 두기 위한 조치였다. 이처럼 군사정부는 금융기관에 대한 정부의 소유와 통제를 보다 확대했는데, 이는 대기업과 정부 간의 협력관계가 특징인 일본식 경제운영원리와 다르고 자본주의적 금융제도의 주요소인 자율적인 중앙은행과 민영은행의 원리도 아니었다.[126]

1962년 6월 9일 긴급 소집된 최고회의는 유원식 재정위원의 제안 설명

123) 民主韓國革命靑史編纂委員會, 『民主韓國革命靑史』, 1962, 100 · 147 · 187~188쪽 ; D.C. 콜, 朴英哲, 『韓國의 金融發展:1945~80』, 韓國開發硏究院, 1984, 66쪽.
124) 韓國銀行, 앞의 책, 10 · 12쪽.
125) 民主韓國革命靑史編纂委員會, 앞의 책, 100 · 147 · 170쪽.
126) D.C. 콜, 朴英哲, 앞의 책, 70쪽.

후 긴급통화조치법을 가결했다.[127] 박정희 의장은 담화를 통해 음성자금이 산업자금화 되지 않고 있고 누증된 통화량은 투기화할 위험과 악성 인플레이션의 요인이 되고 있다는 점을 통화개혁을 하게 된 요인으로 들었다.[128] 통화개혁에 곧이어 제정된 긴급금융조치법(1962.6.18)에 의하면, 저축성 예적금의 상당액을 봉쇄예금계정으로 묶고,[129] 봉쇄예금계정은 6개월 이내에 개발기관으로 설립될 산업개발공사의 주식으로 대체하며, 그 주식에 대해 연 15%의 배당률을 정부가 보증하기로 했다.

6월 말경에는 언론을 통해 산업은행을 개편해 산업개발공사로 만들 계획을 최고회의가 심의 중이라고 보도되었다. 이 공사는 경제기획원장 직속하에 두고 통화개혁으로 동결된 내자 약 90억 원, 관리기업체, 부정축재환수금, 은행 환수주식 등을 합쳐 총 5백억 원의 자본금으로 운영하게 될 것이라고 전망되었다. 통화개혁을 최초로 발의한 것으로 알려진 고위 인사는 공사가 실업인으로 구성될 것이며, 통화개혁 단행 날짜의 결정은 의장과 유원식 위원, 천 재무장관 정도 몇 사람만 알고 있었으며 자신도 몰랐다고 했다. 그리고 동결되어 산업자금화 되는 90여억 원은 예입신고 총계좌의 6%에 불과하다고 했다.[130]

당시 재무부장관이던 천병규는 유원식에게서 통화개혁에 대해 처음 들었으며, 1961년 9월 초 박정희로부터 통화개혁에 관한 연구를 하도록 박희범에게 이미 지시했다는 얘기를 들었다. 10월 중순 박정희, 송요

127) 「緊急通貨措置 最高議서 議決」, 『東亞日報』 1962.6.10.
128) 國家再建最高會議 韓國軍事革命史編纂委員會, 앞의 책, 104쪽.
129) 봉쇄예금계정은 다음과 같다. ① 정기예금, 정기적금, 거치예금, 특약예금, 통지예금, 무진정기적금과 금전신탁(이하 저축성 예적금)으로서 기한 6개월 이상 1년 미만의 것 35% ② 기한 3개월 이상 6개월 미만의 저축성 예적금 등 40% ③ 기한 3개월 미만의 저축성 예적금 등과 저축예금 45%
130) 「現 産業銀行 産業開發公社로 改編」, 『京鄕新聞』 1962.6.27.

찬, 천병규, 유원식이 참석한 가운데 박희범이 통화개혁에 관해 극비 브리핑을 했다고 한다. 그러나 천병규는 박희범의 안이 너무 조잡하고 비현실적이어서 백지화하고 그를 제외한 채 통화개혁 작업을 계속했다고 한다.[131)

통화개혁을 비롯해 부정축재자 환수금, 금융기관 통제 등은 군사정부의 "새로운 경제체제"를 수행하기 위한 주요 도구였으나, 금융기관 통제를 통한 재정·금융 지출의 확대 외에는 정변 주체세력의 계획대로 이루어지지 않았다.

최종 부정축재 통고액은 57억 5천3백만 원(=575억 환)이었으나, 1962년 말까지 17%인 약 9억 원만 회수되어 1962년도 부정축재처리자금특별회계는 약 6억 원의 결손을 보이게 되었다.[132) 1961년 12월 30일 부정축재환수관리위원회는 부정축재 통고액은 발표하지 않고 환수액이 약 81억 환이라고 발표했는데,[133) 결과적으로 1962년도에는 거의 환수되지 않은 셈이다.

더욱이 미국은 통화개혁의 백지화를 요구하면서 경제원조 중단을 통보했고, 최고회의도 개편되어 유원식은 최고위원을 사퇴했다. 1962년 7월 13일에는 '긴급금융조치에 의한 봉쇄예금에 대한 특별조치법'이 공포되어, 봉쇄예금의 1/3은 자유계정으로, 2/3는 1년 기한의 특별정기예금계정으로 전환하게 되었다. 이로써 통화개혁은 화폐단위만 1/10로 절하하는 것으로 끝나게 되었다.[134)

봉쇄예금이 해제되면서 산업개발공사는 설립 자원의 대부분을 잃게 되어 그 전망이 불투명해졌다. 더욱이 킬렌 유솜(USOM) 처장은 공사

131) 金正濂, 『韓國經濟政策30年史』, 중앙일보사, 1995, 93~94쪽.

132) 「不正蓄財者의 未納徹底調査」, 『朝鮮日報』 1962.11.9.

133) 「不正蓄財還收狀況(28日 現在)을 發表, 『朝鮮日報』 1961.12.31.

134) 金正濂, 앞의 책, 95쪽.

설립에 반대했는데, 투자 집중 대신 융자, 정부 관리 집중 대신 민간기업 부문 확대를 강조하는 입장이었으나, 5개년경제개발계획 및 기업활동 등 보다 근본적인 문제에서 기인한 것이었다.[135] 1962년 10월 31일 각의는 공칭자본금 4백억 원으로 경제기획원장 감독하에 두고 산업은행을 흡수하는 것을 골자로 하는 산업개발공사법안을 의결했으나,[136] 민정 이양을 앞두고 결국 최고회의에서 통과되지 못했다.

이런 여건하에서 1차년도인 1962년에는 재정투자 중심의 확대성장정책으로 일관했다. 재정안정계획은 중단되었고 재정투융자 재원을 확보하기 위해 세제개혁이 단행되었으며, 투자를 유인하기 위해 금리가 인하되었고 대출이 증대했다. 결국 과도한 재정 지출은 재정 적자에 의존할 수밖에 없어 재정 인플레이션을 유발했다. 미국의 원조를 비롯한 외자도입은 부진했고 계획사업에 따른 수입 수요가 확대된 데다가 흉작까지 겹쳐 수입이 증가해 외완 위기와 함께 환(換) 인플레이션을 초래했다. 여기에 통화개혁 실패로 유통과 생산은 침체되었다.[137]

1963년 4월 군사정부는 안정화 조치에 대해 미국과 타협하게 되어,[138] 1963년부터 재정안정계획이 다시 시행되는 등 안정을 우선하게 되었으며, 3개년 기간의 보완계획(1964~1966)이 수립되어 연평균성장률을 매년 일률적으로 5%로 하향 조정했다. 1965년부터 다시 성장정책으로 전환했으나 이전과 달리, 자유경제체제의 성격이 강화되어 투자 주체는 정부에서 민간으로, 투자 재원은 원조자금 중심의 재정자금에서 차관 및 금융 자금 중심의 민간자금으로 그 주도권이 바뀌게 되었다. 대내적으로는 유통기구의 현실화정책이 추진되었고, 대외적으로는 봉쇄체

135)「産業開發公社 設立에 難航」,『東亞日報』1962.8.6.
136)「産業開發士法案 어제 閣議에서 議決」,『東亞日報』1962.11.1.
137) 企劃調整室, 앞의 책, 26, 154쪽.
138) 스테판 해거드, 앞의 책, 113쪽.

제에서 개방체제를 지향하게 되었다.[139] 즉 "새로운 경제체제"는 자유
경제체제로 한발 더 나아가게 되었다.

3) "새로운 경제체제"와 혼합경제체제

1930년대 세계자본주의의 위기는 경제에 대한 국가의 광범한 개입을
실행했던 나치 독일의 성공과 5개년계획을 추진했던 소련의 성취와 대
비되면서, 자유방임경제에 대한 믿음은 사라지게 되었다. 케인즈(J.M.
Keynes)는 새로운 자본주의 경제질서에 이론적 틀을 제공했는데, 시장
경제와 자유경쟁 원칙에 반대하지 않았지만 완전고용을 유지하기 위
한 적극적인 정부 개입만이 자유시장경제의 안정을 가져올 수 있다고
주장했다. 재정정책을 통한 소득재분배와 경기대응 예산정책 등 정부
개입을 위한 기법들이 정교화되면서, '케인즈주의 혁명'은 제2차 세계
대전 이후 혼합경제의 발전에 결정적인 역할을 했다.
   적극적인 정부 개입 개념은 경제성장 이론에도 적용될 수 있었다.
제2차 세계대전 후 선진자본주의 국가들에서 완전고용과 복지국가 건
설을 위한 정책은 투자를 증가시켜 국민생산을 확대하려는 정부의 강
력한 정책으로 이어졌다. 경제성장은 그 자체로 목표가 되어 정부 프
로그램의 중심이 되었고, 더욱이 목표는 단순한 성장이 아니라 서구 경
제의 역사적 평균보다 더 빠르게 성장하는 것이었다. 각국 정부는 초
고도 성장률을 책정하고 그 달성을 위해 경제계획을 수립하기까지 했
다. 1940년대 후반에 서구에서 정착하기 시작한 이러한 새로운 사고방
식과 행동방식은 1950~1960년대에 우세하게 되었다.[140]

---

[139] 企劃調整室, 앞의 책, 27, 155쪽.
[140] Herman Van der Wee, 앞의 책, 32~35쪽.

한편 전후의 신생국 중 인도는 중립주의, 민주주의적 사회주의를 표방한 혼합경제론과 그 실현수단인 5개년계획을 내세우며 당시 신생국의 대표로서 다른 후진국에 영향을 끼쳐, 대부분의 신생국들은 혼합경제론의 입장에서 장기경제개발계획을 실시하게 되었다.[141]

따라서 1950~1960년대에 사회주의권을 제외한 세계 각국에서 정도의 차이는 있지만 혼합경제체제가 아닌 것이 없었던 셈이다. 문제는 어떤 유형의 혼합경제체제인가였을 뿐이다. 혼합경제체제의 특징인 정부 개입을 의미하는 경제계획은 이승만정부의 경제개발3개년에서 경제의 계획적 운영이 세계적 풍조라고 밝힌 후[142] 민주당정부의 〈건설부시안〉에서나 군사정부의 관료나 이에 참여했던 학계 그룹 모두 공유한 내용이었다.

박정희 최고회의 의장 고문으로 유원식과 함께 활동했던 박희범이 선진국의 수정자본주의에 대응한 동시대의 조류로 후진국형 혼합경제체제를 주장한 것도 이런 범주에 있었다. 그는 허쉬만(A.O. Hirschman)의 불균형성장론, 로스토우(W.W. Rostow) 및 싱거(H. Singer)의 주요 성장부분 중심 성장론 혹은 전략적 성장론 등은 후진국 근대화의 성격을 파악하지 못했지만 시장문제 해결을 위한 이론적 근거를 확립했다고 평가했다. 넉시(R. Nurkse)나 로젠슈타인-로단(Rosenstein-Rodan) 및 라이벤슈타인(Leibenstein)의 균형성장, 빅 푸쉬(Big-push), 최소노력명제 등은 후진국 근대화의 성격을 부분적으로 인식했지만 빅 푸쉬의 제도적 근거와 시장문제의 애로를 해명하지 못했다고 평가했다. 따라서 이러한 제도 변혁과 후진국 공업화의 성격을 파악한다면, 2대 조류를 통합·절충해 정책수단을 만들 수 있을 것이라 보았다.[143]

141) 杉谷 滋, 「發展途上國의 경제체제 문제」, 趙容範 編著, 『經濟體制論』, 한울, 1985, 343쪽.
142) 復興部 産業開發委員會, 앞의 책, 5쪽.

로스토우를 제외하면 그가 언급한 학자들은 후진국의 개발정책을
긍정적으로 평가하고 이를 이론화해 '신고전파'의 비판에 대항했다. 이
들은 다양한 입장과 상이한 이론구성을 보였지만, 대개 1차 산품 수출
국의 교역조건 악화로 인한 국내 시장 중심의 내포적 발전, 보호무역을
통한 국내 시장 확보와 수입대체산업 공업화, 생산요인 중 자본 중시와
투자의 전략적 역할 강조, 국가의 경제 개입과 계획의 필요성[144] 등을
특징으로 했다. 시장메커니즘에 대해서는 미르달(G. Myrdal)처럼 전면
적으로 부정하는 견해도 있지만, 대부분 민간부문과 정부부문의 영역
을 분리하고 구조개혁과 자본 축적에 대해서는 계획과 정부 개입의 필
요성을 인정하는 혼합경제론을 주장했다.[145]

박희범은 "후진국형 혼합경제체제"를 이론화하면서 파시즘이나 사회
주의 외에도 대만, 인도, 버어마, 파키스탄 등도 참조했는데, 동남아 후
진국들 역시 완전한 체계를 갖추지는 못했다고 평가했다. 그는 주요
공업은 국영의 경우도 있지만 생산부문은 원칙적으로 민간에게 맡기
고 유통부문을 국가가 장악하거나 직접 통제해 생산가격과 시장가격
의 차액 혹은 생산가격과 공정가격의 차액을 생산자본으로 동원하는
제도를 구상했다. 이는 국영기업의 생산가격 조작을 통해 자본을 조달
하려 한 인도의 경우를 참조한 것이다.[146]

유원식은 〈종합경제재건계획안〉을 발표한 후 내자 조달을 위해 박
정희에게 자신이 화폐개혁을 제안했다고 하면서, 긴급금융조치법의 산

143) 朴喜範, 앞의 책, 99쪽.
144) 이는 국제시장의 작용에 역행하고 비교우위 기준에 반하는 산업체계 건설 그리고 일정
    규모 이상의 투자에 의한 빅 푸쉬는 시망메커니즘의 작용과 이윤동기로 실현될 수 없기
    때문이다.
145) 衫谷 滋, 앞의 글, 345~347쪽.
146) 朴喜範, 앞의 책, 97, 281쪽.

업개발공사 운영계획에 대해 설명하고 있다. 즉 고소득층의 유한자금을 동결해 산업개발공사에 강제 투자하게 하고 공사가 외자도입의 지불보증도 하여 마련한 자금으로 공사가 투자한 기업이 자립하게 되면 공사가 투자한 자본을 회수해 다른 산업에 출자하는 방식으로 하고자 했다는 것이다.[147]

유원식은 박희범의 이론적 자원을 바탕으로 그와 함께 산업개발공사를 구상한 것으로 보이는데, 이 공사는 이탈리아 파시스트 정부의 산업부흥공사(IRI: Istituto per la Ricostruzione Industriale)와 유사했다. 파시스트 정부의 주장에 따라 은행은 운영이 어려운 기업의 부채를 청산하기 위해 상당한 주식을 인수했고, 이런 회사의 주가를 유지하기 위해 주식을 자주 매입했다. 그 결과 은행은 많은 기업을 통제할 수 있었다. 1933년에 국가가 설립한 산업부흥공사는 은행이 재정문제에 봉착했을 때, 통제된 기업의 주식을 교환하는 방식으로 은행에 유동성 자원을 제공했다. 그 결과 산업부흥공사는 약 120개의 기업을 통제할 수 있었다.[148]

군사정부의 산업개발공사 설립 계획과 금융기관 통제를 통한 경제개발계획은 전후 이탈리아 방식과 비슷한 면이 있었다. 그러나 이탈리아를 비롯해 프랑스, 영국 등이 국유화 부문을 기반으로 신집산주의적(Neo-Collective) 혼합경제체제를 지향했던데 반해,[149] 군사정부의 초기 계획은 광범한 국유 부문을 바탕으로 한 것이 아니라는 점에서 차이가 있었다.

군사정부는 정부관리기업체를 개편하고 운영방식을 정비해 적자경영을 탈피하고자 했지만,[150] 국유 부문을 더 이상 확대하지는 않았다.

147) 柳原植, 앞의 책, 330~331쪽.
148) Herman Van der Wee, 앞의 책, 297~298쪽.
149) Herman Van der Wee, 앞의 책, 290~297쪽.
150) 民主韓國革命靑史編纂委員會, 앞의 책, 146쪽.

박희범은 공익사업이나 기초공업의 국유화와 일부 대기업의 국유화를
주장하기도 했지만, 혼합경제체제는 원칙적으로 사유재산제도에 토대
를 두는 것이며 자원의 배분에 관한 유통기구의 혼합경제적 근대화로
정부통제를 받는 것이라는 입장이었다. 일부 소비재 대기업의 국유화
도 가격정책의 효율적 집행 혹은 내자 동원의 한 수단으로서 고려된
것이었다.151) 더욱이 정부관리기업체가 독립채산제와 생산책임제를 확
립하기 위해 정부는 행정 권한을 대폭 이양해 기업 활동의 자유분위기를
조성해야 하며, 나아가 독립채산제와 경영합리화가 확립되면 공공성이
큰 기업체 외에는 자유경제체제를 확립하기 위해 주식 불하 형식으로
정부관리기업체를 민영화해 가야 한다는 것이 관료들의 입장이었다.152)
  이에 반해 제2차 세계대전 후 이탈리아의 산업부흥공사는 정부의 재
정 지원을 받으면서 성공적인 국영지주회사로 발전했는데 정부로부터
상당한 독립성을 유지했다. 산업부흥공사는 필요한 원자재 및 에너지
수입과 외자 유치는 강력한 수출 추진을 통해서만 충족될 수 있다고
판단해 수출주도성장 정책을 기반으로 했다. 또한 산업화에 필요한 에
너지를 제공하기 위해 1953년에는 탄화수소공사(ENI: Ente Nazionale
Idrocarburi)가 설립되었는데, 이 공사는 1960년에 200개 이상의 회사를
통제했다. 1950년에는 남부 이탈리아 경제개발을 위해 정부기관으로
남부은행(Cassa per il Mezzogiorno)이 설립되었다. 이처럼 이탈리아의
경제계획과 산업발전은 거대 국영지주회사가 정부와 은행의 지원을
받으면서 성공할 수 있었다. 국유화되거나 정부가 통제했던 대부분의
은행들은 중앙은행 총재의 직접적인 통제하에 있었다. 중앙은행 총재

151) 朴喜範, 앞의 책, 97 · 284쪽.
152) 당시 정부 직할 기업체로는 조선공사, 한국전력, 호남비료, 석탄공사, 대한중석, 대한철광,
    한국제련공사, 대한중공업, 충주비료, 조선기계 등이 있었다(朴忠勳,「政府管理企業體의
    實態와 展望」,『最高會議報』통권 3호, 1961, 120 · 122쪽).

는 매우 영향력 있는 기관이었고, 정부와 연결되어 있었지만 충분히 독립적이어서 장기적인 산업 확장을 위한 자체 전략을 수행했다.[153]

군사정부는 국유 부문을 더 이상 확대하지는 않았지만 여전히 에너지나 기초공업 부문의 국영기업을 소유하고 있었을 뿐 아니라 금융기관을 통제하고 있었으며, 산업개발공사는 정부 통제수단의 정점에 있었다. 또한 박희범은 수입대체공업화 더불어 외자 조달을 위한 수출에 대한 강조를 잊지 않았다. 이런 점에서 산업개발공사로 상징되는 박희범이나 군부의 초기 경제계획은 전후 이탈리아의 신집산주의적 혼합경제체제의 '변형'이라 할 수 있다. 다만 이탈리아의 국영지주회사나 중앙은행이 정부와 연계를 가지면서 지원도 받았지만 정부로부터 자율성을 유지하고 있었다는 점에서 군사정부의 경제계획과 차이가 있었다.

평가교수단의 '평가보고서'는 물가통제 해제, 유동환율제 실시, 금리 현실화 등 1963년 이후 일련의 현실화 조치를 가격의 자유로운 매개변수 기능을 구현한 것이라고 평가했다. 우리나라 경제는 시장경제체제를 바탕으로 하기에 민간의 창의와 노력이 개발의 원동력이며 정부는 이를 밀어주는데 지나지 않는 것이라는 점을 그 이유로 들었다. 그리고 무역자유화 확대, 임시특별관세법 개정 등을 통해 국내 물가와 환율 간의 균형을 유지할 수 있도록 해야 한다고 권고했다.[154]

발전국가론인 해거드는 1963년을 기점을 한 안정화 조치는 경제정책이 민중주의적인 것에서 보수주의적 기술관료적인 것으로 이행해가는 것으로 평가했다. 군사정부는 내향적 성장정책을 재고하게 되었고 새로운 외화 재원으로 수출을 적극 추진하게 되었는데, 이런 점에서 크루거(A. Krueger)는 수출촉진정책은 목적이 아니라 수단으로 채택되

---

153) Herman Van der Wee, 앞의 책, 298~299쪽.
154) 企劃調整室, 앞의 책, 41~42쪽.

었다고 평가했다.[155]

　1963년을 기점으로 하는 안정화 조치와 보완계획 이후의 성장정책은 폭넓은 국유화를 기반으로 하지 않으면서 광범한 정부 개입과 경제계획을 시행했던 일본의 신집산주의적 혼합경제체제와 유사하게 되어 간 것으로 보인다. 1955년에 설립된 일본 경제기획원은 1955~1977년 동안 7개 이상의 계획을 준비했으며 모두 지시적(indicative) 성격을 띠었다. 통산성을 중심으로 수출주도성장 방식이 수행되었으며, 재벌은 자본시장이 제대로 조직되지 않은 시기에 은행에 의존했고 은행은 유동성 공급을 위해 결국 중앙은행에 의존했기 때문에 정부는 케인즈주의적 경기대응정책을 위한 효율적인 도구를 가지고 있었다.[156]

　대한민국정부가 발간한 『제2차 경제개발5개년계획(1967~1971)』에서 대통령 박정희는 "이 계획과 정부가 유도하고자 하는 정책"을 이해해야 한다는 것 외에 "새로운 경제체제" 같은 언급은 하지 않았다. 또한 "2차 계획 기간 중에는 시장경제의 원칙을 더욱 충실히 지키며 그 장점을 충분히 발휘케" 하고 "그 단점을 시정함으로써 보다 능률"을 재고하는 것이 경제운영원리로 본문 중에 제시되었다.[157]

　제2차 5개년계획에서는 "새로운 경제체제"나 "지도받는 자본주의" 같은 용어는 사라지고 "시장경제의 원칙"이 명시되었지만, 1차 5개년계획 보완계획 이후에도 정부는 여전히 중요산업 부문을 국영으로 유지하고 있었고 중앙은행을 비롯한 금융기관을 통제하고 있었다. 이에 따라 "새로운 경제체제"는 시장경제체제로, 정부의 '지도'는 통제의 성격으로 구체화되어 신집산주의적인 혼합경제체제의 '변형'으로 안착해 갔다.

155) 스테판 해거드, 앞의 책, 114쪽.
156) Herman Van der Wee, 앞의 책, 299~302쪽.
157) 大韓民國政府, 『第2次 經濟開發5個年計劃(1967~1971)』, 1966, 3・27쪽.

서구의 정부 계획은 명령적이기보다는 지시적이었다. 권장되는 성
장 목표 수치는 공공부문에 대한 의무 지침에 불과했으며 일반적으로
는 그런 정도도 아니었다. 민간부문의 경우 정부 계획은 권장 사항에
불과했다.[158] 이와 달리 급속한 산업화를 위한 박정희정부의 전략은
금융 대출을 통제하고 수출 진흥을 보조 혹은 강제하는 것이었다는 점
에서 '변형'이었다. 금융 대출에 대한 정부 통제는 일본보다 더 중앙집
권적이었을 뿐 아니라, 일본 재벌은 한국과 달리 은행을 소유할 수 있
었다. 금융 대출은 수출을 보조하고 강제하는 수단으로 활용되어, 기업
이 정부의 지도를 받아가며 수출 목표를 달성하지 못했을 경우 정부는
금융 대출을 유보했다. 거의 모든 개발도상국이 민간 분야에 유인제를
제공했지만 그 결과를 통제하지 않았던 반면, 박정희정부는 수출보조
금의 결과를 통제했다.[159]

　　한편 박희범이 강조한 "후진국형 혼합경제"가 정부 주도의 수출지향
공업화와 반드시 상충되는 것은 아니었다. 박희범은 자신의 "후진국형
혼합경제"는 선진국형 혼합경제가 아니라 민트(H. Myint)의 개념이며,
이 개념에 따라 후진국형 혼합경제체제를 구성하고자 한다고 했다.[160]
하지만 민트의 이론에 대한 구체적인 소개는 하지 않았다.

　　버어마의 경제학자인 민트는 싱거, 프레비쉬 등 후진국개발론자들에
대한 '신고전파'의 반격을 이끈 대표 논자였다. 민트는 한결같은 후진
국개발론자들의 주장에 대해 각국의 구제적 조건에 적합한 다양한 정
책의 필요성을 설명했고 효율화와 그것을 위한 선택의 문제를 강조했
다. 이런 관점에서 수입대체공업화의 비효율성을 지적하고 시장메커

158) Herman Van der Wee, 앞의 책, 329쪽.
159) Alice H. Amsden, 『한국의 경제발전』, 시사영어사, 1988, 15~18쪽.
160) 朴喜範, 앞의 책, 97 · 277 · 291쪽.

니즘의 회복과 이용, 국제시장을 고려한 외향적 발전을 주장했다.[161]

　박희범은 각국의 조건을 강조한 민트의 주장을 채용하고자 한 것으로 보이는데, 민트가 주장한 수입대체공업화의 비효율성이나 시장메커니즘, 외향적 발전은 자신의 주장과 상치되는 면이 있었다. 하지만 박희범이 의미하는 내포적 공업화가 "전통적이거나 전근대적"인 경제활동양식을 근대화하고 경제적 예속을 탈피하는 것이라면, 그 과정에서 필요한 정책 수단인 수입대체공업화나 유통가격부문의 국가 통제는 내포적 공업화 성취 후에는 수정될 수 있는 것이며, 그 역시 새로운 국제분업원리에 입각해 무역을 확대해 가야 한다고 주장한 점에서 민트의 주장과 반드시 상치된다고는 볼 수 없다.

　민트를 비롯한 '신고전파'의 반격은 인도를 비롯해 정부 주도 개발노선을 취했던 나라들이 성장률도 낮았고 경제자립의 목표도 달성하지 못하게 되는 상황에서 나왔고, 또한 1964년에는 국제연합무역개발회의(UNCTAD) 사무국장이던 프레비쉬가 보고서를 통해[162] 국제경제 환경을 변혁해 외향적 발전을 가능하게 하는 방식으로 사고의 전환을 해가던 시점에서 나왔다.[163] 박희범 역시 이런 변화된 상황 속에서 민트의 입론을 차용해 자신의 후진국형 혼합경제체제론를 만들어 가고자 한 것으로 보인다. 1960년대에 박희범은 자신의 후진국형 혼합경제체제론을 만들어가고 있는 중이었다.

　요컨대 군사정변 후 초기에 군부는 박희범의 후진국형 혼합경제체제론과 유사한 방식으로 "새로운 경제체제"를 구상한 것으로 보이며, 제1차 5개년계획 수립 과정에서 보듯이 경제계획과 정부의 주도적 역

161) H. Myint, *The Economics of Underdeveloped Countries*, 1964(杉谷 滋, 앞의 글, 355~356쪽).

162) United Nations, *Toward a New Trade Policy for Development*, 1964.

163) 杉谷 滋, 앞의 글, 354~356쪽.

할을 인정하지만 시장경제체제의 기초를 강조했던 학계·관료 그룹과 일정한 차이를 노정했다. 하지만 통화개혁과 산업개발공사로 상징되는 군사정부의 "강력한 계획성이 가미되는 새로운 경제체제"는 조기에 실패 혹은 좌절되었다. 민정으로 전환한 박정희정부는 시장경제체제에 기초해 금융 통제를 주요 수단으로 한 수출주도성장 정책 중심의 혼합경제체제로 나아가게 되었는데, 이는 관료 그룹의 입장이 점차 강화되어가면서 사기업이 육성되어 가는 것을 의미했다.

결국 국가가 유통부문을 장악해 생산가격과 시장가격의 차액을 생산자본으로 전환해 내포적 공업화를 이루고자 했던 박희범식 후진국형 혼합경제체제 혹은 군사정부의 "새로운 경제체제"는 금융 통제의 형태로 부분적으로 실현되었고, 내포적 공업화는 좀 더 일찍 수출주도성장 정책으로 전환되었다.

6. "지도받는 자본주의체제"를 둘러싼 길항

1) "지도받는" 민간의 자율적 참여 요구와 국민 동원

제1차 경제개발5개년계획이 공표되자, 언론은 〈기본경제정책〉에서 "자유로운 경제활동을 토대"로 한다고 표현된 애매한 문구가 "자유경제체제의 원칙"으로 확정되자 이를 환영하는 분위기였다. 그러면서 기대 섞인 주문 사항을 내놓았는데, 대개 "지도받는 자본주의체제"하에서 사기업의 활동 영역을 확보하기 조치를 주문하거나 이를 국민 일반의 이해로 포장하기도 했다.

한 언론은 제1차 5개년계획의 성공 여부에 따라 경제의 자주적인 자립화와 민주주의의 토대가 이루어 질 것이라고 계획의 의의를 평가하

면서 그 실천을 바랐다. 그리고 이 계획의 성격은 자유자본의 계획이
기 때문에 직접 통제나 부문적이나마 사회화의 수단에 호소하는 것도
아니며 대부분 가격기구를 통한 간접통제에 의지하는 만큼 그 계획의
실현 수단은 제한되고 있다고 평가했다. 따라서 경우에 따라 중요산업
에 대한 입법조치가 필요할 경우도 있겠으나 기본적으로는 정부가 할
일과 민간이 할 일을 명시하여 민간기업이 희망을 가지고 사업계획을
추진할 수 있도록 하는 방향에서 이 계획을 보강해 가야 한다고 주장
했다. 그래야만 계획 추진 과정에서 민간자본을 유도할 수 있다는 것
이었다.[164]

　경향신문 논설위원 안림은 장문의 글을 통해 〈기본경제정책〉이 발
표될 때부터 줄곧 언론에서 주장되던 입장들 즉 5개년계획이 자본주의
경제계획의 틀을 벗어나서는 안 된다는 점, 국가 영역과 민간 영역의
조화가 필요하다는 점, 계획 수립과 실천 과정에 민간의 참여가 필요하
다는 점 등을 거의 망라했다.

　그는 경제계획의 정당성 여부는 경제사회의 종합적인 가치 판단에
따라 결정되어야 할 문제여서 다양한 의견을 참작해야 한다면서, 사회
의 총자본을 대표하는 국가는 중립성을 견지하여 각 계층의 이해를 공
평하게 대변해야 한다고 주장했다. 그가 생각하는 총자본의 선량한 조
정자로서 국가는 독점과 비능률 및 경제적 제악(諸惡)의 온상을 발본
색원해 국민 복지를 창달하는 것이었다. 하지만 이 계획은 자본 축적과
경제 발전의 중심축을 어디에 두고 있는지 분명하지 않다고 평가했다.[165]

　또한 이 계획의 기본 성격은 자본주의 경제계획이며 사회경제체제
의 변경을 의미하는 것이 아니기 때문에 국민과 정부의 긴밀한 기업공

164) 「社說: 第一次 5個年經濟開發計劃의 全貌를 보고」, 『京鄕新聞』 1962.1.15.
165) 安霖, 「經濟開發5個年計劃에 對한 批判(上)」, 『京鄕新聞』 1962.1.15.

동체로서 실천을 기할 수밖에 없다고 주장했다. 이 계획은 강력한 통제나 부분적인 사회화 등에 의한 직접적인 수단을 쓰는 것도 아니며 대부분 가격기구를 통한 간접 통제가 수단인 만큼 실천 수단은 극히 제한되어 있으며, 계획의 성격상 국가가 개별 기업에 개입할 수도 없기 때문에 민간자본을 집결시키고 그 협력을 얻을 수 있는 유도정책의 효과 역시 제한되어 있다고 평가했다.

따라서 이 계획은 국민의 협력 없이는 성공할 수 없으며, 국민의 협업 방식과 개별 기업의 시행착오를 수정하는 조정에 의지할 수밖에 없다고 주장했다. 따라서 계획의 과정에는 국민 각 계층의 이해를 반영시킬 수 있도록 야당은 물론이고 광범한 이익단체를 참가시켜야 한다고 주장했다. 아울러 민간의 두뇌를 망라한 계획위원회의 법제화, 계획에 구속성을 부여하기 위한 평가위원회의 필요성을 주장했는데, 이는 계획의 독단성을 회피하기 위한 수단이라는 것이다.[166]

민간 영역의 협조와 참여가 경제계획 실행에 필수적인 요소라는 점은 이 계획의 재원 조달 측면에서도 요구될 수밖에 없는 형편이었다. 다만 민간 영역에 어느 정도의 자율성을 부여할 것인가의 문제였다. 경제학 박사 최호진은 이 계획의 성패가 투자계획에 있으며 투자계획은 재원 조달에 있다고 보면서 민간부문이 재원 조달의 44%를 담당하고 있는 점을 지적했다. 그는 민간부문의 재원 조달에서 합리적이고 강력한 정부의 시책을 기대하면서도 정부는 기업가가 안심하고 자유로운 경제활동을 할 수 있는 기업 활동의 자유 분위기를 보장해 주어야 한다는 입장을 피력했다.[167]

"지도받는 자본주의체제"를 둘러싸고 사기업의 자율적 활동 영역의

---

166) 安霖, 「經濟開發5個年計劃에 對한 批判(中)」, 『京鄕新聞』 1962.1.16.
167) 「經濟開發五個年計劃 나는 이렇게 본다」, 『東亞日報』 1962.1.16.

범위, 제1차 경제개발계획에서 사기업이 담당할 역할, 나아가 국민 일
반의 경제생활에서 정부의 '지도'가 미칠 영향 등에 대한 주문과 의문
이 제기되는 가운데, 최고회의 경제기획위원 오정근은 경제개발5개년
계획에서 언급된 "지도받는 자본주의체제"를 다음과 같이 설명했다. 그
는 강력한 계획이 앞서는 이상 강력한 지도가 수반되지 않을 수 없으
며, 개인의 이윤 추구에 몰두해 국가의 이익을 잊었던 과거에서 탈피하
여 국가 이익을 위해 공헌하는 모멘트를 만들도록 하는데서 시작하는
것이라고 강조했다. 경제개발계획은 특정 관료만으로 되는 것이 아니
라 범국가적 범국민적으로 수행해야 한다는 것이다. 그는 로스토우의
경제사회 5단계설을 들면서 도약 단계에서는 국민의 의욕적 정신 상태
와 기개, 강력한 리더십이 있어야 한다고 했다.[168]

　박정희 의장 역시 1월에 발표된 『제1차 경제개발5개년계획(1962~1966)』
의 서문에서, "계획을 성공적으로 완수하기 위해서는 정부와 국민의 지
속적인 노력과 인내가 요망되는 것이며 안으로는 범국민적인 내핍정
신과 근로정신이 요구되는 것이며 자본 축적을 위한 강력한 저축운동
이 전개되어야" 한다고 주문했다.[169]

　제1차 5개년계획이 발표되면서 "지도받는 자본주의체제"는 국민 대
중의 내핍과 근로, 저축을 국가 이익으로 이끌어가는 강력한 리더십의
체제를 뜻했으며, 개인의 이윤 추구를 국가 이익으로 이끌어가는 정신
운동을 위한 구호이자 국민 동원을 위한 구호의 성격을 띠어갔다.

　그런데 정작 경제개발5개년계획에 대해 들은 적이 있다는 사람은
50.7%에 불과했고 못 들었다는 사람이 48.7%나 되었다. 그리고 5개년
계획을 알고 있다는 사람 중에서 45.5%만 계획이 성공할 것으로 생각

168) 柳赫仁, 「5月의 얼굴(12) : 吳定根 經濟企劃委員」, 『東亞日報』 1962.5.14.
169) 大韓民國政府, 『第1次 經濟開發5個年計劃(1962~1966)』, 1962.

한다는 낙관적 견해를 표시했다.[170]

이런 상황에서 정부의 선전과 계몽이 불충분하다는 지적이 있게 되었다. 한 신문 사설은 5개년계획을 약한 정도의 혼합경제체제하의 자유경제 계획방식이라고 평가했다. 따라서 계획 실천 수단의 제한성, 내외의 경기변동 요인 등으로 목표 달성을 장담할 수 없기 때문에 국민의 이해를 얻기 위한 선전과 계몽이 중요하다고 했다. 계획이 위로부터 주어진 강제 목표나 정치적 구호로 선전된다면 국민의 에너지가 되지 못할 것이라고 우려를 표시했다.[171]

한편 박정희 의장의 서문을 두고 1차 5개년계획의 숙명을 벗어나기 위한 정부시책의 지침이라고 평가하기도 했다. 그 숙명이란 자립화 계획 없이는 원조를 받기 어렵기 때문에 경제개발계획은 타율적으로 강요당하고 있다는 것이었다. 이런 상황에서 1차 5개년계획에는 국민생활을 규정하는 '인간의 조건'이 성문화되어 있지만, 지도받는 자본주의체제의 지도력과 실천력이 대중의 요구에 부합할 수 있는지 그리고 민정 복귀 후 어느 정도 추진될 것인지에 대해서는 회의적인 입장을 보이기도 했다. 그러면서 장기계획을 안전하게 집행하는 데에는 법률의 보장이 아니라 지도자가 인간성의 발현으로 대중의 편에 서는 것이 더욱 중요하다고 지적했다.[172]

군정의 민정 이양을 앞두고 "지도받는 자본주의체제"의 실천성과 그 '지도'의 구체적인 방향을 두고 기대와 우려가 교차하는 가운데 민정 이양 수순은 진행되어갔다.

---

170) 「經濟開發5個年計劃 못 들었다 48.7%」, 『京鄉新聞』 1962.5.27.

171) 「社說: 經濟政策의 國民 理解와 統合性을 높이자」, 『京鄉新聞』 1962.5.28.

172) 「革命 一年을 批判한다(7) 長期開發計劃」, 『東亞日報』 1962.5.21.

2) 개헌 논의로 비화한 "계획성을 가미한 자유경제체제"

민정 이양 수순은 개헌 문제를 촉발했는데, 권력구조의 문제와 함께 헌법상의 경제질서 개헌 역시 관심사가 되었다. 〈종합경제재건계획안〉이 발표될 무렵인 1961년 7월 26일 기자회견에서 박정희는 의회만능주의의 폐단을 지양할 강력한 정부가 필요하다면서 개헌 문제를 암시했다. 경제체제는 헌법상 자유주의경제가 명시되어 있어 근본 원칙은 변동이 없으나 우리 경제의 후진성을 빨리 탈피하고 비정상적인 산업구조를 빨리 올바른 질서로 끌어올리기 위해서는 강력한 계획체제를 가미해야 하며, 특히 독점기업의 폐단과 공익성을 침해할 우려가 있는 기업체를 제외하고는 광범한 자유기업을 허용할 것이라고 했다.[173]

제헌헌법을 기초했던 유진오 고려대 총장은 당시 논란이 되고 있던 헌법 제정과 헌법 개정 문제에 대해 몇 가지 이유를 들며 후자를 지지한다는 입장을 밝혔다. 현행 헌법이 문제되고 있는 것은 권력기구에 관한 것이지 헌법의 기본방향에 관한 것은 아니라는 점을 그 이유 중의 하나로 들었다. 즉 이것은 헌법의 경제질서는 개헌의 대상이 되지 않는다는 것을 의미했다. 또한 그는 헌법 기초 당시 지방자치제가 민주정치 발전에 기여할 가능성을 과소평가했던 자신의 주장을 시정한다면서 우리나라와 같은 민주주의의 후진국에서 지방자치는 국민의 민주의식의 각성과 함양에 큰 기여를 할 수 있다고 주장했다.[174]

이에 반해 내무부장관 고문이던 한태연은 현행 헌법이 헌법 제정 기술로 보아도 조잡한 헌법이라고 평가하면서, 제3공화국은 현행 헌법을 전면 개폐(改廢)하는 새로운 헌법을 제정할 필요가 있다고 주장했다.

---

173) 「議會萬能의 弊端을 止揚」, 『東亞日報』 1961.7.27.
174) 俞鎭午, 「憲法改正의 方向과 이에 따르는 諸問題」, 『最高會議報』 통권 6호, 1962, 6~8쪽.

오늘날 자유민주주의 국가에서 개인의 자유는 국가적 안전을 위해 후퇴하는 경향이 있다면서 제3공화국 헌법도 그러해야 한다고 주장했다.[175]

1962년 7월 11일 헌법심의위원회가 구성되었는데, 이주일 최고회의 부의장을 위원장으로 하고 21명의 전문가를 포함해 총 30명으로 구성되었다.[176] 1962년 7월 12일 이주일 헌법심의위원장은 우리나라의 후진성을 탈피하기 위해 자유경제체제에 다소의 계획을 가미하는 것이 제3공화국 헌법의 특징이어야 한다면서, 그렇게 하는 것이 경제개발을 조속히 실천할 수 있는 길이라고 덧붙였다.[177] 앞서 언급했듯이 〈종합경제재건계획안〉이 발표될 무렵 박정희 의장이 언급한 "강력한 계획체제" 가미는 제1차 경제개발5개년계획이 발표된 후 이처럼 "다소의 계획" 가미로 그 어조가 바뀌었다.

헌법기초위원회는 현행 헌법의 "균형있는 국민경제의 발전"과 "계획성을 가미한 자유경제체제"를 어떻게 조정할 것인가를 두고 부심하고 있다고 전해졌다.[178] "계획성을 가미한 자유경제체제"의 방향으로 헌법의 경제조항을 개정하려는 군사정부의 시도에 대한 언론의 비판은 두 가지 방향에서 이루어졌다.

먼저 헌법에 경제조항을 넣을 필요가 없다는 주장이 있었는데 동아일보의 견해가 대표적이었다. 그 주장의 논거로는 첫째 사회정의의 실현이나 균형있는 국민경제의 발전을 기하지 않는 국가는 없기 때문에 그런 문구를 헌법에 넣을 필요가 없다는 것이다. 둘째 균형있는 국민경제의 발전이란 균형있는 산업과 국민의 소득 균형을 추구하는 것이기 때문에 계획성을 가미한 자유경제와 양립할 수 있다는 것이다. 셋째

---

175) 韓泰淵, 「憲法改正의 方向과 이에 따르는 諸問題」, 『最高會議報』 통권 6호, 1962, 10·12쪽.
176) 「새憲法審議委 構成」, 『朝鮮日報』 1962.7.11.
177) 「9月까지 憲法要綱 作成」, 『東亞日報』 1962.7.13.
178) 「社說: 憲法에 經濟條項을 넣어야만 할까」, 『東亞日報』 1962.7.19.

자유경제 역시 어느 정도의 계획과 통제를 전제로 한 것이기 때문에 계획성을 가미한 자유경제라고 덧붙일 필요가 없다는 것이다. 이상의 이유로 사회정의의 실현 및 국민경제의 발전 같은 문구를 넣을 필요가 없고 계획성을 가미한 자유경제도 넣을 필요가 없기 때문에 헌법에 경제조항을 두는 것은 무용의 사족을 붙이는 것에 불과하다고 주장한 것이다.[179]

동아일보는 1954년 경제조항 개헌 때에도 국영기업체를 모두 민영화하고 사유재산 및 자유가격과 기업의 자유경쟁으로 사회정의의 실현과 균등한 국민경제의 발전을 기하기 위해서는 얼치기 사회주의적 경제조항을 미온적으로 수정할 것이 아니라 경제조항 전문을 삭제한 새 개헌안을 채택해야 한다고 주장했다.[180]

경제조항 자체의 무용론을 주장하는 동아일보와 달리 경향신문은 계획성을 가미한 자유경제체제라는 추상적인 이념이 필요한 것이 아니라 실질적인 내용을 가진 개념을 규정할 필요가 있다고 주장했다. 계획성을 가미한 자유경제체제는 개념상의 명확성을 결여하고 있으며, 기존 헌법의 경제조항도 바이마르시대의 경제민주주의 사상을 추상적으로 추종해 실질적인 의미가 없다고 비판했다.

기존 헌법의 경우, 경제계획과 경제 관리는 국가 정책의 문제인데도 그 관리·운영의 기구와 방식에 대한 규정이 헌법에 결여되어 있어 경제조항의 추상성을 띠게 되었다고 그 한계를 비판했다. 계획성을 가미한 자유경제체제는 체제는 자유경제이되 기능적으로 계획을 한다는 것으로 이해되는데, 정책의 종합성을 구현하기 위한 경제계획은 정책 기능의 영역이라는 것이다. 또한 순수한 의미의 자유경제체제는 역사

179) 「社說: 憲法에 經濟條項을 넣어야만 할까」, 『東亞日報』 1962.7.19.
180) 신용옥, 「제헌헌법 및 2차 개정 헌법의 경제질서에 대한 인식과 그 지향」, 『사학연구』 제89호, 2008, 180쪽.

상에 존재한 적이 없기 때문에 계획성을 가미한 자유경제체제는 개념
적으로나 실제적으로 무의하다는 것이다. 국가가 민주주의적인 사회
목적과 기준에 따라 경제과정에 관여한다면 혼합경제이며 또한 계획
성을 가미한 자유경제체제라는 것이다. 이런 점에서 보면 계획성을 가
미한 자유경제체제는 개념상의 후퇴를 의미하며 이미 경험하고 있는
정책 환경을 정책 이념으로 대치하려는 것이라고 비판했다.

　　따라서 헌법의 경제조항에는 자명한 것을 넣을 것이 아니라 경제계
획과 경제관리의 책임과 의무가 국가에 있다는 것을 밝히고 계획의 기
본방향과 관리의 원칙적인 방법 또는 내용을 규정하는 것이 타당하다
고 주장했다.[181]

　　동아일보와 경향신문의 주장은 기존 헌법이나 "계획성을 가미한 자
유경제체제"나 모두 자명한 이치를 설명한 추상적 규정에 불과하다고
비판한 점에서는 공통적이었으나, 동아일보는 경제조항의 무용론을 주
장한 반면 경향신문은 경제조항의 보다 실질적인 규정을 주장한 점에
서 차이가 있었다. 이러한 차이는 동아일보의 경우 대한민국의 경제질
서가 자유경제체제를 지향해야 한다고 본 반면 경향신문은 자유경제
체제의 기초 위에서 정부의 역할을 필요로 하는 혼합경제체제를 지향
해야 한다고 보는 관점의 상이함을 반영했다.

　　헌법 개정 논의가 진행되는 가운데 "계획성을 가미한 자유경제체제"
의 구체적인 방향을 가늠해 볼 수 있는 군사정부의 보험업육성방안이
발표되었다. 1962년 9월 12일 최고회의가 내각에 지시한 바에 의하면,
생명보험회사와 화재보험회사 중에서 자산 내용이 불충분하고 경영이
건전하지 못한 회사를 유력회사에 흡수·합병시키고 정부 관리 재보험
회사를 설립해 한국손해보험회사를 흡수·합병한다는 내용이었다.[182]

---

181) 「計劃性을 加味한 自由經濟體制」란 무엇을 의미하는가」, 『京鄕新聞』 1962.7.22.

송기철 고려대 교수는 과거 보험업계가 비정상적이었으며 정상화를 위해 업계 자체의 자성 및 자율적 규제를 요망했으나 기대할 수 없음에 비추어 정부가 감독권을 행사해 타율적 규제를 강요하게 되었다고 평가했다. 그러나 정부의 간섭은 어디까지나 민업(民業)을 육성하는 민간업체의 창의 위에 기초를 두어야 한다고 주장했다. 그는 이 조치를 계획성을 가미한 자유경제체제라는 경제이념을 내세우는 혁명정부의 민간업체에 대한 강제권 행사로 평가하면서, 이번 흡수·합병 조치에 의한 결과 여부는 계획성을 가미한 정부의 경제시책에 대한 하나의 시금석이 될 것이라고 보았다.[183]

이러한 군사정부의 보험정책은 자유경제체제를 훼손하는 간섭과 통제로 비판되기도 했다. 동아일보는 사설에서 군사정부의 보험정책이 납득하기 어려운 방향으로 가고 있다고 평가했다. 재보험공사를 국영으로 한 것, 과당 경쟁을 막기 위해 금융기관을 통한 보험을 단일창구에서 취급하도록 한 것, 화재보험회사의 난립을 시정하기 위해 통합을 권장하면서 해상보험만 취급하던 회사에 화재보험까지 하도록 한 것 등을 보험행정의 난맥이라고 비판했다. 이어 군사정부가 계획성을 가미한 자유경제체제를 국민 앞에 공약한 것은 새로울 수 있지만, 과당 경쟁을 시정하는 것이 아니라 경쟁을 거의 없애는 조치는 용납될 여지가 없으며 재보험을 국영으로 한 것도 수긍하기 어렵다고 비판했다. 자유기업주의를 국시로 한다면 민영으로는 할 수 없는 것과 민간이 하기 싫어하는 것만 국영으로 하는 것이지, 민간이 하고 싶어 하는 것과 할 수 있는 것까지 국영으로 한다는 것은 그런 국시에 맞지 않다고 비판했다.[184]

182) 「現存保險業體를 統合」, 『朝鮮日報』 1962.9.13.
183) 宋基澈, 「保險業 育成'에 對한 管見」, 『京鄉新聞』 1962.10.16.

3) "지도받는 자본주의체제"에 대한 비판적 조류

"지도받는 자본주의체제"가 국민 대중의 인내와 내핍을 요구하는 만큼 그에 상응하여 대중의 이해에 부합할 수 있는 지도력을 발휘하는지에 대해 비판의 목소리가 점점 커져갔다. 계획 1차년도인 1962년에 발생한 일련의 사태를 거치면서 "지도받는 자본주의체제"는 그 시험대에 서게 되었다.

후진국에서 일반적으로 볼 수 있듯이 증권시장은 초기 단계에서 그 성장의 진로가 정부의 시책 여하에 달려 있다고 할 수 있는데, 지도받는 자본주의체제를 내세우고 있는 정부가 이를 위한 만족스러운 시책을 내놓은 것은 거의 없는 것과 마찬가지라는 비난이 쏟아졌다. 정부가 선량한 투자를 유인하고 보호하는 조치는 외면하면서 과열화된 증권시장을 유지하는 데만 주력했다는 것이었다.[185]

통화개혁 직후 언론에서는 통화개혁이 지도받는 자본주의체제의 테두리 내에서 거둔 거시적인 경제 효과가 크다는 것은 부인할 수 없지만, 경제적 분야에서 뿐 아니라 사회적 국면에 끼친 영향이 심각하다고 비판되었다. 최소한도로 허용된 자유 인출은 구매력 저하로 이어져 단기적 경기침체 현상을 야기할 것이며, 통화개혁으로 새로운 기업이 새로운 경제질서 위에서 번영할 수 있는 소지를 마련했지만 구권 소유자는 모든 재산권 행사가 거부되어 융자의 길을 찾을 수밖에 없다고 우려했다. 통화개혁이 한국경제에 씌운 굴레는 인내와 내핍으로 상징되지만, 그 경제적 사회적 성과가 국민 대중의 이해에 부합하는지에 대해서는 의문이 제기되었다.[186] 결국 정부의 예상과는 달리 통화개혁의

184) 「社說: 保險政策의 本然한 姿勢」, 『東亞日報』 1963.8.6.
185) 「革命 一年을 批判한다(12) 證券市場」, 『동아일보』 1962.5.27.

결과는 음성자금의 편재가 없었다는 것을 실증했으며, 다시 특별조치
법으로 산업자금화하려 했던 봉쇄예금을 전부 풀어 33일간의 '혁명적
인 원화의 꿈'은 사라져버리게 되었다고 평가되었다.[187]

　민정 이양이 진행되면서 군사정부도 민주공화당 창당을 준비해 갔
다. 1963년 2월 2일 공화당 창당 준비대회에서 강상욱 위원이 낭독한
'공화당의 나아갈 길'에 의하면, 민주공화당은 개인의 존엄성과 행복은
전체와의 조화에서 확보되고 국가의 영광과 민족의 번영은 개인의 자
유와 창의를 보장함에 있음을 신봉한다고 밝혔다. 그리고 농촌진흥과
자립경제, 빈곤의 추방이 당면 목표임을 인식하고 계획성을 가미한 자
유경제체제의 실현을 위해 경제5개년계획의 강력하고 일사불란한 추
진에 국민의 총도를 경주해야 한다는 것이 창당 취지로 언급되었다.[188]
이즈음 계획성을 가미한 자유경제체제는 일종의 교도적 민주주의 또
는 행정적 민주주의에 상응하는 경제체제로 이해되기도 했는데,[189] 이
러한 해석은 공적 부문으로서 전체를 우선시 하는 공화당의 창당 취지
와 다르지 않았다.

　1963년 10월 박정희가 민정 이양을 거부하며 대통령선거에 나서 당
선되고 이어 11월에 6대 국회의원선거가 실시되면서 "지도받는 자본주
의체제"에 대한 비판은 정치이념 등으로 확대되어 갔다.

　이상은 고려대 교수는 박정희의 언술을 조목조목 비판했다. 박정희
의 혁명이념은 빵 문제의 해결을 위해 자유와 민주주의를 희생해도 좋
다는 것이라고 평가하고, 정치의 안정 즉 정치문제의 해결없이 경제문
제의 해결을 구하는 것은 망상이라고 비판했다. 정치문제를 경제문제

186) 「원 혁명과 새 경제질서 : 해설」, 『東亞日報』 1962.6.18.
187) 「軍政의 決算(1)」, 『東亞日報』 1963.12.11.
188) 「共和黨의 나갈 길」, 『東亞日報』 1963.2.2.
189) 「本社 一線 部長들의 放談, 革命政治를 診斷한다」, 『京鄕新聞』 1962.5.16.

로 환원시켜 경제문제를 근본적 문제로 보는 것은 맑스 경제학의 일반 공식론이며 한국의 정치 경험은 그 정반대의 이론이 되어야 한다는 견해를 피력했다. 그리고 박정희가 말하는 새로운 정치풍토란 다름 아니라 야당의 평화적 정권교체가 가능한 것이어야 한다고 주장했다. 박정희가 정치인들에게 요구하는 새로운 지도이념은 히틀러나 무솔리니의 사고방식 혹은 공산당식의 교조주의에 빠질 위험성이 있다고 지적했다. 또한 박정희가 말하는 강력한 지도체제도 민중이 동의하고 따를 때 강력해지는 것이라고 비평했다.[190]

김성식 고려대 교수는 민족주의나 민주주의는 자유주의를 근거로 하고 있는데, 그것들이 권력자에 의거하게 될 때 교도적 민주주의나 민족적 민주주의, 선의의 독재 같은 말이 나오게 된다고 박정희를 비판했다. 정부가 공산당의 간접침략을 말하지만, 공산주의를 막는 길 역시 민족의식과 민주의식을 향상시키는 것이며 그것은 인민의 결의와 인민의 주권을 토대로 해야 가능하다는 것이다.[191]

자유주의 가치관은 독재와 절대주의적 통치에 대한 불신, 자유롭게 선출되고 법치를 보장하는 정부 및 의회를 가지거나 그런 기구가 이끄는 입헌통치에 대한 헌신, 시민의 권리와 자유에 대한 인정을 바탕으로 하고 있다.[192] 이상은과 김성식의 논리는 이와 크게 다르지 않았다.

박정희의 노선은 자유주의 가치관과 어긋나 있었다. 남재희 조선일보 기자는 박정희의 사상이 다분히 반자본주의적이어서, 대통령선거에서 기업가, 지주세력, 상인계급 등의 지지보다 노동자, 농민, 영세시민, 일부 인텔리 등의 지지를 받아 당선된 것으로 알려진다고 평가했다.

---

190) 李相殷,「朴正熙氏에게 부치는 글」,『思想界』 통권 127호, 1963, 311~314쪽(영인본).
191) 金成植,「民族主義와 民主主義」,『思想界』 통권 127호, 1963, 389·394쪽.
192) 에릭 홉스봄, 앞의 책, 157쪽.

그리고 그 지지세력 구성으로 볼 때 혁신적인 입장이지만, 파시즘도 이
와 유사한 배경에서 불발했다는 사실을 지적했다. 또한 국회의원선거
에서 공화당 공약은 계획성 있는 경제성장인 반면 다른 정당은 자유경
제적인 경제안정이라는 것이다. 박정희나 공화당의 기본노선을 사회
민주주의나 민주사회주의와 연결시키려는 견해가 있지만, 국내 계급의
조화에 치중한 서구적 의미로 사용될 때 그것은 한국 같은 후진국가의
민족주의와 거리가 멀다고 보았다. 결론적으로 전통 보수세력의 저항,
미국의 압력, 신세력 내에 싹트는 부패 등의 상황에서 박정희의 기본노
선은 파시즘 혹은 "선의의 독재" 혹은 사회민주주의 혹은 민족혁명론이
될 수도 있는 분기점에 있다고 보았다.[193]

이상의 비판과 결을 달리 하여 일요신문 편집위원 임종철은 로스토
우의 비경제적 사관이 맑스 사관을 대신했다고 볼 수 없다면서, 맑스
사관은 스탈린주의의 잔학성에 대한 분노, 공산침략으로부터 자유의
수호라는 사명감이나 감상에서가 아니라 과학적 객관성과 역사적 필
연성에 입각해 극복하려고 해야 한다고 비평했다.[194] 전술했듯이 로스
토우는 최고회의 경제기획위원 오정근이 경제개발계획을 수행하기 위
한 국민의 의욕적 정신 상태를 설명하면서 인용하기도 했다.

이처럼 제1차 5개년계획이 발표된 지 2년이 경과하면서 "지도받는
자본주의체제"는 정치이념과 연관되면서 자유주의적 비판에 직면하게
되고 또 "지도받는 자본주의체제"의 이론적 근거로 활용되기도 했던 로
스토우의 후진국 근대화론도 비판되게 되었는데, 이는 1차 경제개발계
획 자체에 대한 비판으로 이어졌다.

지도받는 자본주의체제를 1차 5개년계획의 경제체제 이념으로 내건

193) 南載熙, 「朴政權의 公約과 '未知數' 民主主義」, 『思想界』 통권 128호, 1963, 396·398~401쪽.
194) 林鍾哲, 「로스토우의 새 經濟史觀」, 『思想界』 통권 127호, 1963, 350~351쪽.

정부는 최고권력자나 경제기획원장이나 모두 구호 이상으로 계획 시
행을 위한 정책 수단과 부문별 집행 원칙을 내세워본 적이 없다는 것
이었다. 지도받는 자본주의체제라는 용어만 있을 뿐 이 체제하의 경제
정책 수단이 없었기 때문에 1차 경제개발계획은 그동안 혁명정부의 주
축을 이룬 통화개혁과 통제가격 제도, 통화량 정책과 아무런 연관이 없
이 존재했고 그때그때의 필요에 민감할 뿐이어서 계획은 의미를 상실
하고 후퇴일로를 걷게 되었다고 평가되었다.[195]

7. "지도받는 자본주의체제"에서 시장경제체제로

제1차 경제개발5개년계획이 시행된지 2년이 지난 시점에서 당시 언
론은 이 계획이 군사정부가 추진하고 만들어낸 용어 가운데 가장 으뜸
가는 상징이었지만 당초부터 졸속의 폐가 우려되었고 과욕의 습작이
라고 평가했다. 군사정변이 나면서 서두른 〈종합경제재건계획안〉과
민주당정부에서 만들었던 5개년경제개발계획을 골자로 만든 〈건설부
시안〉을 경제기획원이 종합하여 7개월 만에 급작스레 만든 결과, 제1
차 경제개발계획은 시행 당초부터 종합경제계획으로서 많은 무리와
미비점을 안고 있었다. 무리와 미비점에 대한 집행 실무자와 외국 전
문가들의 공통된 비판은 통계의 신빙성에 대한 의문과 7.1%라는 국민
총생산 성장률 계획이 지나치게 과대하다는 데 있었다.

지도받는 자본주의를 경제체제로 내건 1차 경제개발계획은 공산권
을 제외한 후진국 가운데 가장 높은 GNP 성장률인 7.1%를 책정했으나
1961년 실적은 3.5%, 1962년 2.8%, 1963년 4.4%(추계)에 불과했다. 혁명

---

195) 「軍政의 決算(1)」, 『東亞日報』 1963.12.11.

정부가 이 계획의 제1장에서 통렬히 비판한 바 있는 휴전 이후 1954년
부터 1960년까지의 평균 국민총생산 성장률이 4.7%였던데 비해 1961~
1963년의 평균성장률 3.6%라는 실적은 혁명정부 스스로 내건 근대화
구호를 무색하게 했다는 것이다. 그러나 무엇보다 집행 2년간의 경험
중에서 가장 신랄한 모순을 드러낸 것은 성장목표 달성에 필요한 정책
수단의 체계가 없다는 점, 자립경제의 기준과 가치를 규제하는 장기계
획이 없다는 점, 물가변동에 따라 조정되어야 할 물가체계가 전혀 고려
되어 있지 않았다는 점이라고 평가되었다.[196]

특히 5개년계획 1차 년도에 실시된 통화개혁의 완전 백지화는 계획
의 실효를 동시에 백지화시켰다. 결국 1963년 8월에는 보완계획이란
이름으로 경제개발계획을 전면적으로 재수정하게 되어, 성장계획을 낮
추고 저축, 소비, 조세 부담, 투자, 산업구조 전반을 성장에서 안정으로
바꾸었다. 즉 당초 계획의 원칙과 방법을 역으로 돌린 보완계획은 안
정의 방향을 모색하게 되었다.

이로써 정부 정책의 일관성에 대한 국민의 신임에 균열이 가속화되
기 시작했다. 더욱이 통화개혁을 계기로 새로 임명된 경제 각료들의
일반적인 경향은 급작스럽게 자유경제를 주창하고 있어서 경제계획에
서 말하는 계획성과 이를 어떻게 조화시키려는 것인지 궁금하다는 여
론이 일었다. 그러면서도 일부의 생필품 가격 통제에 관한 방침도 수
시로 시사되고 있었다. 따라서 정부는 재정투융자를 중심으로 한 전략
부문만 장악하고 나머지는 유도 또는 민간기업에 일임하는 정책을 내
세우는 것이 시급하다는 주장이 힘을 얻어 가게 되었다.[197]

1차 경제개발계획은 계획과 집행이 처음부터 끝까지 기능적 연관을

---

196) 「軍政의 決算(1)」, 『東亞日報』 1963.12.11.

197) 「社說: 零細民救護施策 등 綜合經濟施策에 一言하다」, 『京鄕新聞』 1962.7.26.

결여했다고 평가되었다. 경제개발은 단순히 자본과 기술로만 결정되는 것이 아니라, 사회 제도, 정치의 향방 등이 얽혀 있기 때문에 사회경제 종합계획으로서 하나의 청사진을 요구하고 있다. 그러나 1차 경제개발 계획은 계획이 지향하는 이념이 없었다는 것이다. 지도받는 자본주의 체제라는 용어만 내걸고 그 이념의 전개가 없었던 것도 큰 잘못이지만 계획이 담는 의지가 없어 계획으로서는 생기를 잃었다는 것이었다.[198)]

　　1965년 3월 3일 경제기획원이 국무회의에 제출한「제2차 경제개발 5개년계획 작성지침(안)」은 각 부처 및 관계기관이 사업계획을 작성하는데 필요한 지침을 제공하기 위한 것이었다. 이 지침안에 의하면, 내자 동원은 계획의 최대 문제점 중의 하나이며 계획 수립 초부터 당시까지 해결해야 할 큰 문제로 남아 있었다. 국내저축률은 1차 계획 기간 중 평균 6.5%로 책정되었으나 1964년까지 5%에 지나지 않았다는 것이다. 따라서 2차 5개년계획에서도 국내저축률을 극대화하는 대책이 수립되지 않는 한 소요되는 투자율을 유지하기 어려울 것이라고 전망했다. 물가 역시 1962~1964년 동안 약 7.8%가 상승했는데, 이는 계획의 계산 기초를 흔들어 그 집행을 곤란하게 했다고 보았다. 따라서 경제 안정과 자본 동원 문제는 제2차 5개년계획 기간 중에도 여전히 중요한 문제가 될 것이라고 전망했다.

　　이에 따라 2차 5개년계획에서는 자유기업의 원칙을 토대로 민간부문의 자발적인 활동을 중심으로 하고 중요부문에 대해서는 정부가 직접·간접으로 관여하여 원활한 경제활동을 촉진하는 것으로 경제체제를 규정했다. 또한 안정 성장을 기조로 생산과 수출을 중시하는 동시에 국민생활의 균등한 향상을 기하는 것을 2차 5개년계획의 기본 방침으로 정했다.[199)]

---

198)「試行錯誤 겪은 靑寫眞」,『東亞日報』1966.7.7.

1966년에 7월 발표된 『제2차 경제개발5개년계획(1967~1971)』은 2차 계획기간 중 시장경제의 원칙을 더욱 충실히 지키며 그 장점을 충분히 발휘하게 함으로써 국민경제를 더 활발히 움직이게 하되 그 단점을 시정해 보다 능률있게 한다는 원칙을 밝혔다. 그리고 중점 시책의 두 번째 항목에 화학, 철강 및 기계공업의 건설을 두었다. 첫째 항목은 식량 자급이었으며, 셋째 항목은 7억 달러의 수출 달성과 수입대체 촉진이었다.

계획기간 중 연평균 성장률은 7%로 잡았다. 이에 소요되는 재원은 총 9,800억 원이며, 국내저축으로 6,029억 원(61.5%), 해외저축으로 3,772억 원을 조달하기로 했다. 국내저축 중에서 민간저축은 3,839억 원(63.7%)이며 정부저축은 2,189억 원(36.3%)이었다. 그간 국내재원이 효율적으로 동원·배분되지 못한 것은 국민의 소비성향이 소득수준에 비해 높은데다 재정적자와 만성적인 초과수요기 주요 원인이 되어 인플레이션이 계속되었고 금융기관과 자본시장의 기능이 계속된 인플레이션과 비현실적으로 낮은 이자율 등으로 제대로 발휘되지 못한데 있었다고 보았다. 따라서 국내재원을 효율적으로 동원하기 위해서는 경제안정 기조를 견지하여 경제 및 경제활동에 미치는 안정된 지표를 제시해 자원의 조달과 배분 과정을 연계시켜야 할 것이라고 전망했다.[200]

당시 언론은 2차 계획이 장기적 전망을 갖지 못했던 1차 계획에 비해 1981년에 자립경제를 달성한다는 15년간의 장기예측계획에 의거했으며, 1차 계획의 지도받는 자본주의체제라는 슬로건이 없어지고 시장경제의 원칙을 더욱 충실히 지킨다는 기본정책을 밝혀 군정 경제체제의 지양을 경제계획 면에서 천명한 것이라고 보았다.[201] 즉 1차 계획은

---

199) 「第2次 經濟開發5個年計劃 作成指針」, 국가기록원(관리번호: BA0084429).

200) 大韓民國政府, 『第2次 經濟開發5個年計劃(1967~1971)』, 1966, 27·32·41·103쪽.

계획성을 가미하는데 중점을 둔 이른바 혼합경제체제를 지향한 반면, 2차 계획에서는 시장경제의 기능에 역점을 두어 정부의 적극적 관여는 일단 후퇴하고 시장 기능의 발휘를 통해 성장을 추진하려는 방식으로 전환했다는 것이다.[202]

하지만 2차 계획은 수출 증대를 통한 공업화의 촉진이 우리 경제의 불가피한 진로라고 명시하면서도 분배정책 면에서는 소득 격차, 독점의 폐해 등을 우려하는 대목이 엿보일 뿐 뚜렷한 정책을 제시하지 못했다고 비판되었다.[203] 더욱이 1차 계획의 경험에 비추어 볼 때, 2차 계획이 신임을 받을 수 있느냐의 문제가 제기되었다. 1차 계획이 계획과 집행의 과도한 유리 현상을 보였고 2차 계획이 내거는 의지는 국민의 경제 의욕을 집중화시킬만한 매력을 갖고 있지 않기 때문에 결국 2차 계획의 신임 문제는 집권자에게 있다고 주장되기도 했다.

더욱이 2차 계획은 전반적으로 시장경제의 기능을 강화하는 방향으로 나타났지만, 시장경제체제하에서 중화학공업 지향은 배분정책과 관련해 경제윤리와 민주주의를 어떻게 끌고 나갈 것인가 하는 문제를 제기하게 했다.[204]

또한 2차 계획에서 밝힌 시장경제 원칙과 중화학공업의 우선 발전이 어떻게 연관될지에 대해서는 모호한 면이 있다는 의문이 제기되었다. 현재의 여건이나 2차 계획이 지향하는 중화학공업의 우선적 발전·개발을 위한 조건 아래서 "시장경제의 원칙"이 어떻게 "더욱 충실히" 발휘될 수 있을 것인지 잘 납득이 가지 않는다는 것이다. 중화학공업의 우선 개발에 수반되기 마련인 경제계획적 요소의 강화와 자유경쟁 원칙

201) 「經濟成長 年 7%」, 『東亞日報』 1966.7.7.
202) 「1人當 GNP 389弗의 設計, 3次 5個年계획 內容」, 『每日經濟新聞』 1971.2.11.
203) 「經濟成長 年 7%」, 『東亞日報』 1966.7.7.
204) 「試行錯誤 겪은 靑寫眞」, 『東亞日報』 1966.7.7.

을 지향하는 시장경제의 원칙이 모순되는 것도 문제이지만, 국민의 소
비 억제를 강요하고 배분관계의 시정을 뒷전에 미뤄놓고 있으면서 시
장경제의 원칙이 어떻게 제대로 기능을 발휘할 수 있을 것인지 알 수
없을 뿐 아니라, 그러한 모순을 지금에 와서 구태여 자초하는 이유가
무엇인지 납득되지 않는다는 비평이 이어졌다.[205]

한편 2차 계획의 밑바닥에 깔려 있는 이념에 있어서도 지도받는 자
본주의라는 어색한 문구는 사라졌지만 무엇이든 정부가 하면 된다는
사고방식에는 다름이 없다는 평가도 있었다. 즉 국민 대중의 역할이란
그저 정부 방침에 따라가는 것으로 끝나는 것 같다는 것이다. 이 계획
은 자유로운 기업 활동과 시장기구의 중요성을 강조하는 한편 농민들
은 증가하는 생산성의 과실을 고스란히 차지하게 된다고 약속했다. 중
소기업은 대기업과 손잡고 수출산업으로 전향하면 살 수 있고 분배는
공평해지리라 내다보고 있다. 그러나 계획의 이면에는 여전히 분배보
다 생산, 소기업보다 대기업, 농업보다 공업이 우선하는 경제철학이 숨
어 있을 뿐이라는 것이다.[206]

경제개발계획이 시행되면서 파생되는 '부정적인' 사회 현상이 지적
되기도 했다. 1·2차 경제개발계획이 시행되는 동안 국민경제 속을 흐
른 의식의 주류는 경제계획 개념이었다. 그동안 누구도 경제계획의 필
요성 자체에 대해서는 의문을 제기하지 않았으며, 경제적으로 뒤진 나
라가 선진국을 따라 가려면 자유방임이 아니라 어느 정도 계획성의 가
미가 필요하다는데 의견 일치를 본 셈이었다고 약 10여 년의 과정을
되돌아보았다.

하지만 개별연대를 거치면서 돈 제일주의와 레저 붐이라는 사회현

205) 「第2次 5個年計劃의 비전」, 『京鄕新聞』 1966.7.6.
206) 南悳祐, 「2次 5個年計劃 批判(2) : 인플레 危險을 內包」, 『東亞日報』 1966.7.12.

상이 생기게 되었다. 경제제일주의라는 정책 지표에 영향을 받아 사회
의 가치 측정 기준은 경제이며 이는 곧 돈이라는 등식으로 통하게 되
었다. 도시민 사이에 부동산 투자 붐을 몰고 왔으며, 지나치게 높은 소
비성향은 저축 감소와 자본 축적 부족을 가져와 경제건설을 저해하는
암으로 분석되기도 했다.

　하지만 이러한 사고방식과 달리 옛날 그대로의 상태에서 맴도는 것
도 있었다. 기업인들의 기업가정신 결여와 농민들의 경제관념 부족이
대표적이라는 것이다. 기업인들은 자본주의 원칙 속에 영리주의만 있
는 것으로 생각하고 그와 함께 합리주의 개인주의 정신이 뼈대라는 것
을 인식하지 못했다. 적당한 연줄만 잡으면 치부할 수 있다는 생각에
사로잡힌 기업인들이 활개치고 있다. 농업에 대한 경시사상도 여전했
는데, 이는 정책 당국에도 책임이 있지만 농민 자신들의 의식구조에도
큰 원인이 있다고 인식되었다.[207]

8. 제3차 경제개발5개년계획과 중화학공업화 선언

1) 제3차 경제개발5개년계획의 숨은 뜻

　제3차 경제개발5개년계획 작성도 먼저 계획작성지침(안)을 마련하
는 것에서부터 시작되었는데, 이 지침안을 검토하는 간담회가 1969년
5월 26일에 열렸다. 이 간담회에는 박동묘, 고승제, 송인상, 이창렬, 조
동필, 이한빈, 성창환 등 13명이 참석했다. 이 간담회는 3차 계획이 국
민 총능력의 최적 배분 계획이어야 하고 국민지성의 총화로 이루어져

야 하며 국민에게 희망을 실감시켜주는 것이 되어야 함에도 불구하고
뚜렷한 전망의 제시가 없어 국내외의 설득력이 없는 계획 지침이 되어
있다고 비평했다. 특히 국민에 대한 호소력이 약하다는 점이 지적되었
다. 따라서 계획기간 중 향상된 생활수준 및 생활안정도 등 국민의 생
활 설계에 대한 방향을 제시하여 국민 전체의 자발적인 저축과 개발
의욕을 유발할 수 있는 지침이 되어야 한다고 건의했다.[208]

1971년에 발표된 『제3차 경제개발5개년계획(1972~1976)』에 의하면,
이 계획의 기본정신은 성장과 안정 균형의 조화를 추구하여 안정된 기
반 위에서 성장을 이룩하고 개발 성과가 농어민과 저소득층을 포함하
여 온 국민에게 널리 보급되도록 하여 국민의 복지를 향상하는 것을
첫째 항목으로 두었다. 두 번째 항목으로는 산업구조의 고도화와 국제
수지의 개선 및 주곡의 자급이 배치되었다. 간담회의 건의가 반영된
것이다.

이 계획은 계획기간 중 연평균 성장률을 8.6%로 잡았다. 계획기간
중 총 투자소요액은 4조 5,250억 원인데, 국내저축으로 3조 5,760억 원
(79%), 해외저축으로 9,490억 원(21%)을 조달하기로 했다. 국내저축 중
에서 민간저축은 2조 2,048억 원(61.7%)이었으며 정부저축은 1조 3,709억
원(38.3%)이었다.[209] 2차 계획에서 국내재원의 비중이 61.5%였던 데 반
해 3차 계획에서는 79%로 대폭 증가한 것이 특징이었다.

언론에서는 1·2차 계획과 달리 3차 계획은 계획 집행을 위한 방침
을 밝히지 않았다고 지적했다. 재계의 오랜 염원인 민간주도형 경제개
발이 계획당국의 지지를 받고 있으면서도 실제 계획 편성에서는 부각
되지 못했다. 투자재원 조달의 국내저축 염출에서 정부저축과 민간저

208) 「제3차 경제개발5개년계획 지침(안) 검토」, 국가기록원(관리번호: BA0177293).
209) 大韓民國政府, 『第3次 經濟開發5個年計劃(1972~1976)』, 1971, 1~2·13~14쪽.

축의 비율이 2차 계획 때와 거의 동일하게 책정되어 재원조달 면에서
민간주도형이 도외시 되었다는 것이다. 또한 3차 계획에서는 한국경제
의 장기 전망이 결여되어 있다는 점도 지적되었다.[210]

　재원조달에서 국내재원의 비중이 높아진 것은 당시 한미 간의 균열
양상을 반영한 결과였으며, 민간주도형 경제개발이 부각되지 못하고
재원조달에서도 민간주도형이 되지 못한 것은 자주국방과 이를 위한
중화학공업화에 있었다.

2) 중화학공업화와 자주국방

　베트남 파병으로 강화된 한·미 간의 밀월관계에 균열이 생기게 된
계기는 1968년 북한 특수부대의 청와대 습격사건(1·21사태)과 이틀 후
발생한 미 해군 소속 정보수집함 푸에블로호 납북사건에 대한 미국의
대응 방식이었다. 미국은 1·21사태의 우선적 처리와 군사적 대응을 요
구하던 박정희를 따돌리고 북한과 비밀회담을 열어 푸에블로호 사건
에 대한 외교적 해결책을 모색했다. 이에 더하여 1969년 1월에 닉슨 독
트린(Nixon Doctrine)이 발표되고 이와 동시에 사토 에이사쿠(佐藤榮作)
정부가 추진해 오던 오키나와(沖繩) 반환 문제가 구체화되면서 한·미
간의 긴장은 더욱 증폭되었다. 닉슨 독트린은 아시아에 대한 미국의
군사적 공약을 점차 축소하는 한편 아시아 국가들의 국방 자조 노력을
강조하는 것이었으며, 미국의 오키나와 반환은 전시 중 미군의 군사능
력을 약화시킬 것이라고 생각되었다.[211]

210) 「1人當 GNP 389弗의 設計, 3次 5個年계획 內容」, 『每日經濟新聞』 1971.2.11.
211) 구라타 히데야(倉田秀也), 「박정희 '자주국방론'과 미·일 '한국조항'」, 『시장·국가·국제
　　체제』, 아연출판부, 2003, 148쪽.

이러한 미국의 세계전략 변동에 따른 반공전초국가의 안보 위기는 곧 박정희정부의 위기이기도 했다. 박정희 대통령은 두 가지 수단으로 이 위기를 타개하며 적응하려 했다. 하나는 한국에 대한 미국의 확실한 안보공약을 재확인함으로써 자신의 정권 기반을 공고히 하려는 것이었다. 박정희는 오키나와가 반환될 경우 제주도를 미군기지로, 더 나아가 미군의 핵무기 기지로 제공할 용의가 있음을 표명하면서까지 반공정권에 대한 미국의 지지를 확보하려 했다. 1970년 주한미군 감축이 결정되자 박정희는 강력히 반발했는데, 그 이유는 감군이 박정희와 미국 사이의 균열로 비쳐져 1971년의 대통령선거에 큰 지장을 줄 것으로 생각했기 때문이었다. 따라서 철수를 하더라도 선거가 끝난 다음에 해야 할 것이라고 주장했지만, 미국은 1971년 3월부터 미군 제7보병사단 병력 2만 명을 철수시켰다. 미 7사단이 떠나면서 사용하기 시작한 '자위(自衛)'라는 말을 1972년부터는 더 이상 사용하지 않고 '자주국방'이라는 용어만 바꾸어 사용하게 되었다.[212]

하지만 미군 철수가 곧 박정희정부에 대한 미국의 불신이나 한국에 대한 미국의 이해관계의 축소를 의미하는 것은 아니었다. 미국은 3선 개헌이 파행적으로 이루어지고 뒤이어 유신체제가 성립되는 과정에서도 별다른 간섭을 하지 않았다. 베트남전쟁은 계속되고 있었고 한국군을 파병한 박정희정부에 대한 미국의 지지는 변하지 않았던 것이다. 그리고 한국에는 여전히 미군 제2보병사단이 주둔하고 600~700개의 핵무기가 배치되어 있었다.[213]

닉슨 독트린은 한일국교정상화로 구축된 한·미·일 삼각군사동맹 체제에서 각국이 수행해야 할 지위와 역할을 체계화하는 계기가 되었

---

212) 박영구, 『한국의 중화학공업화: 과정과 내용(I)』, 해남, 2012, 79쪽.
213) 김창수, 「한미관계, 종속과 갈등」, 『박정희를 넘어서』, 푸른숲, 1998, 347·335쪽.

다. 닉슨 독트린이 발표된 후 1969년 11월에 개최된 미·일 정상회담의 공동성명에는 1972년 내 오키나와를 반환한다는 합의 이외에, "한국의 안전은 일본 자신의 안전을 위해서도 중요하다"는 이른바 '한국조항'이 포함되어 있었다. 이것은 한국이 공격을 받을 경우 일본은 이를 일본을 포함한 극동의 평화와 안전에 대한 위협으로 간주할 것이며, 미국이 이 공격에 대응하기 위해 일본 내 미군기지를 발진기지로 사용해야 할 때 즉각적이고 적극적인 조치를 취한다는 것이었다.

하지만 미·일 공동성명이 아시아 국가의 국방 자조 노력을 강조하는 닉슨 독트린을 배경으로 하고 있었다는 점을 고려할 때, 이 '한국조항'은 전시 상태에만 한정되는 의미는 아니었다. 즉 평상시의 국방 자조 노력으로 연결되었는데,[214] 박정희의 자주국방은 이런 맥락 위에서 반공정권의 안보 위기를 타개하고 변화된 미국의 세계전략에 적응해가기 위한 두 번째 수단이었다.

1·21사태와 푸에블로호 사건 처리 과정에서 미국을 불신하게 된 박정희는 자주국방을 내세우며, 1968년 7월 '전투태세완비 3개년계획(1968~1970)', '제1차 방위산업정비 3개년계획(1969~1971)'을 발표했다. 전자는 북한의 무장 게릴라 진압을 주목적으로 했는데, 이에 따라 20개 사단에 이르는 향토예비군이 창설되었으나 무기는 대게 구식 M1이나 카빈 소총이었다. 따라서 M16 자동소총을 포함한 필수 무기를 자체 조달하기 위한 군수산업의 개발과 고도 경제성장을 병행하기 위한 '방위산업 3개년계획'이 필요했던 것이다.

1·21사태 처리에 대한 박정희의 불만을 회유하기 위해 미국이 전 국방차관 번스(C.R. Vance)를 특사로 급파했을 때, 미국은 M16 소총 공급을 약속했고, 1968년 5월에 열린 제1회 한미국방장관회의에서 미국

---

214) 구라타 히데야(倉田秀也), 앞의 글, 149쪽.

은 그동안 반대해 왔던 군수공장, M16 생산공장을 한국에 건설하기로 합의했지만 진전이 없었다. 1968년 11월 울진·삼척 무장공비사건이 발생하자, 국정 지표는 '일면 건설 일면 국방'으로 전환되었다.215) 박정희의 미국 불신은 자체 생산 쪽으로 한 걸음 더 나아가고 있었다.

M16 소총 공장 건설에 대한 미국의 지원이 기대와 달리 지지부진하자, 박정희는 군수산업의 근간이 될 중화학공업화를 서두르면서 일본의 지원을 강조했다. 경제성 문제 때문에 차관 교섭에 난항을 겪던 포항종합제철소 건설 사업은 1969년 3월 종합제철사업계획연구위원회가 만들어지면 본격화되었는데, 이 연구회는 7월에 보고서를 완성했다. 1969년 8월 제3차 한·일 정기각료회의에서 정부는 종합제철 건설안을 제출했다. 이 회의에서 김학렬 경제부총리는 북한의 경제 도발에 대항하기 위해 경제개발의 상징으로 제철소 건설이 필요하다고 하여 제철소 건설의 당위성이 경제적 효율성이 아니라 북한에 대한 대응수단이라는 점을 분명히 했다. 이 회의 마지막 날인 8월 28일에 포항제철 건립 협력각서가 양국 간에 서명되었고, 9월에 일본정부 조사단이 방한한 후, 11월 19일 공동선언이 발표되었다. 공동선언의 골자는 규모·설비·건설·공정에 대해서는 일본 측 보고서의 권고에 따라 실시하고, 소요 외자에 대해서는 일본이 7,370만 달러 유·무상의 청구자금 및 5,000만 달러 한도의 수출입은 수출금융으로 한다는 것이었다.216)

박정희의 자주국방은 미국 이외에 일본이라는 또 다른 반공 동맹국의 지원을 요구했고, 일본은 '한국조항'에 입각해 한일국교정상화로 구축된 한·미·일 삼각군사동맹체제에서 부여된 자신의 임무를 수행해 갔다. 박정희는 일본식 교육으로 독일·일본식 발전 모델에 관심이 있

215) 위의 글, 156~160쪽 ; 박영구, 앞의 책, 33쪽.
216) 박영구, 앞의 책, 10~13쪽.

었고 집권 초기부터 대북 우위를 위해 또 한편으로는 부국강병의 수단
으로 군수공업 및 중화학공업 육성에 관심을 가지고 있었다. 조선공업
에 대한 관심도 일본의 사례에 기초에 있었다. 하지만 1960년대에 이런
관심이 나타나지 않았던 것은 미국의 영향과 한국의 기술 수준 때문이
었다.[217]

1970년으로 접어들면서 박정희는 민간산업을 바탕으로 무기를 국산
화한다는 방침을 세우고, 경제기획원 장관, 국방부 장관, 상공부 장관,
대통령안보담당 특별비서관으로 구성되는 한국경제공업화위원회와 국
방과학연구소(ADD), 비밀특별위원회인 무기개발위원회(WEC)를 설치
했다.[218] 1970년 5월 연평도에서 북한이 한국 경비함을 납치하는 사건
이 발생하고 6월에는 무장간첩에 의한 국립묘지 현충원 폭파사건이 발
생하는 가운데 주한미군 철수도 급박하게 진행되었다. 1970년 7월 박
정희는 M16 자동소총 외의 병기를 생산할 수 있는 공장 건설을 지시했
고, 이를 계기로 주물선 공장, 특수강 공장, 중기계 공장, 조선소 등 4대
핵심공장 건설계획이 추진되게 되었다. 이들 공장은 무기 생산과 직접
관련이 있고 기계공업 육성에도 중추적 역할을 할 것이라고 기대해 경
제기획원은 이들 공장을 '4대핵공장'이라 불렀다.[219]

이러한 일련의 박정희의 자주국방과 군수산업의 근간이 되는 중화
학공업에 대한 일본의 관여는 닉슨 독트린이라는 변화된 미국의 세계
전략에 조응하면서 한·미·일 삼각군사동맹체제를 강화하는 범위 내
에서 이루어졌고, 박정희와 미국의 긴장도 결코 이 범위를 넘어서지 않
았다. 베트남전쟁의 수렁에서 좀처럼 벗어날 수 없었던 미국은 점증하

217) 위의 책, 35쪽.
218) 김창수, 앞의 글, 338~339쪽.
219) 박영구, 앞의 책, 38~40쪽.

는 반전 기운과 팽창하는 전쟁 비용으로 인한 재정 위기의 중압을 이기지 못하고, 결국 닉슨 독트린을 발표하면서 자신의 역할이 한계에 봉착했음을 인정하게 되었다.

따라서 닉슨 독트린의 기본 특징은 비핵전력을 사용한 공격에 대해서는 당사국에 일차적인 의무를 부과하거나 지역 대국의 지역방위 노력을 강화하도록 요구하면서 자신의 군사적 개입을 최소화하려는 것이었다.[220] 더욱이 미국의 개입은 당사국의 방위 노력 여하에 달려 있었다. 따라서 미국의 개입을 확실하게 하는 방법은 닉슨 독트린이 강조한 국방 자조를 강화하는 것이었다. 박정희의 자주국방은 이러한 변화된 미국의 세계전략에 조응하면서 출발되었고, 일본은 지역 대국으로서 관여하게 되었다.

하지만 미국은 세계적인 간섭정책이나 자유세계에서 자신의 주도적 지위를 포기할 생각은 없었다. 따라서 동맹국들의 국방 자조도 자신의 군사전략 기조에 합치되는 방향으로 나아가도록 유도했다. 이런 방향에서 미국은 1971년에 '종합전력구상'이라는 방위계획을 입안했는데, 자유세계의 모든 군사력과 관련 자원을 종합전력으로 파악하고 이를 바탕으로 각종 전투형태에 대응한다는 계획이었다. 이 계획에 의하면, 한국과 북대서양조약기구는 미국과 당사국의 전력통합을 전제로 하는 '연합전력'이었고, 일본과 태국은 '보완전력', 인도네시아와 중동국가들은 '보조전력'으로 배치되었다.[221] 또한 닉슨 독트린의 암묵적인 양해사항으로 동맹국의 국방 자조는 미국산 무기 구입을 의미했는데, 박정희정부의 M16 소총 공장건설은 1971년 3월 미국 콜트사와 계약함으로서 가능하게 되었다.[222]

---

[220] 坂井昭夫, 『독점자본주의와 군사노선』, 세계, 1986, 44쪽.
[221] 위의 책, 45쪽.

1960년대 말부터 1970년대 초에 이르는 일련의 사건을 통해 한·미·일 삼각군사동맹체제는 닉슨 독트린에서 요구되는 각자의 역할을 정리했다. 박정희는 이를 바탕으로 1973년에는 중화학공업화를 선언하고, 그 일환으로 방위산업 육성을 본격화했다. 그리고 자주적 전력증강계획으로 '국방 8개년계획'(제1차 율곡계획: 1974~1981)을 추진했는데, 이 계획 역시 닉슨 독트린의 범주 내에서 한·미 안보동맹체제를 강화하기 위한 것이었다.[223]

중화학공업화 선언은 방위산업에서 중화학공업화로 그 추진축이 이동되면서 나타난 결과였다. '4대핵공장' 사업이 해외차관을 도입하지 못해 성과가 없었다. '4대핵공장' 건설사업은 방위산업으로서 중화학공업이라는 성격 때문에 단기적인 전략의 성격이어서 그 한계가 있었다. 따라서 근본적으로 방위산업이 성공하기 위해서는 중화학공업화를 통한 방위산업화 즉 방위산업을 위해서는 중화학공업화가 먼저 이루어져야 한다는 논리로 전환하게 되었다. 중화학공업은 단계론적 목표였고 최종 목표는 방위산업이었다. 이에 따라 방위산업 그 자체의 사업을 정부사업으로 추진하는 것이 아니라 장시간을 두고 중화학공업을 우선 민간부문에서 추진하기로 했다. 즉 방위산업을 목표로 하되 이를 성공하기 위해서는 민간부문의 중화학공업화를 추진하고 방위산업으로 전환한다는 것이었다. 이에 따라 정부 보증으로 차관을 들여와 1972년에 울산 현대조선소가 기공식을 가지게 되었다.[224]

1975년 4월 사이공이 함락되면서 박정희의 자주국방은 군사적 대중동원체제인 총력안보체제로 한층 강화되었고, 민방위대가 전국적으로

222) 구라타 히데야(倉田秀也), 앞의 글, 181쪽.
223) 김창수, 앞의 글, 339쪽.
224) 박영구, 앞의 책, 71~75쪽.

조직되었으며 각급 학교에는 학도호국단이 결성되었다.

그러나 박정희정부의 위기는 외부가 아니라 내부에서 촉발되었다. 1972년 유신체제가 공포되면서 이에 반대하는 민주화운동이 이어졌다. 1973년에는 중앙정보부가 일본에서 반유신운동을 벌이던 김대중을 납치하는 사건이 발생했고, 장준하를 중심으로 한 유신헌법개정 100만인 서명운동(1973.12), 전국민주청년학생총연맹사건(1974.4), 자유실천문인협의회 165인 선언(1975.3), 3·1구국선언(1976.3) 등이 이어졌다. 이에 박정희 정권은 유신헌법으로 마련한 긴급조치를 9호까지 발동하면서 민주화운동을 탄압했고, 이 과정에서 많은 사람들이 투옥되어 고문을 당했으며 사형되거나 의문의 죽음을 당하기도 했다.

이러한 한국의 인권 상황은 냉전의 최첨단 한반도에서 성취된 자유민주주의체제의 우월성을 동요하는 제3세계 국가들에게 과시하려 했던 미국에게 타격을 주었을 뿐 아니라, 한국의 가시적인 경제성장으로 입증되어 가는 듯했던 자본주의체제의 효율성에 대한 신뢰마저도 훼손하는 것이었다. 더욱이 이러한 정치적 파행은 더 이상 박정희정부의 존립을 어렵게 하는 요인이었기에 미국의 부담은 한층 커질 수밖에 없었다. 한편으로 이것은 반공정권을 유지해야 할 필요성과 박정희정부에 대한 지지로 떠안을 정치적 부담 사이에 처한 미국의 딜레마이기도 했다.

1970년대 중반 한국의 인권문제에 대한 청문회가 미국 의회에서 잇따라 열리면서, 한국의 안보위기는 억압체제에서 비롯되니 이를 강화시켜주는 군사원조를 중단하고 주한미군도 철수해야 한다는 주장이 제기되었다. 더욱이 한국 정보부가 박동선을 통해 유신체제에 대한 반대 여론을 무마하기 위해 미국 의원들을 매수한 사실이 폭로되면서, 미국 내 반박정희 경향은 확산되었다.[225] 박정희에게 인권문제는 곧 유신체제에 대한 부정을 의미했고, 유신체제에 대한 부정은 박정희정부의 존립이 더 이상 불가능함을 의미했다.

1970년대 초반에 확산되었던 냉전체제의 긴장 완화는 남베트남이 패망하는 1970년대 중반으로 접어들면서 급속히 붕괴되었다. 냉전으로 회귀하는 국제정세의 변화는 박정희를 위기에서 구출하는 듯했다. 1975년 포드(G.R. Ford) 대통령과 미키 다케오(三木武夫) 수상의 정상회담 후 발표된 공동성명에는 "한국의 안전이 한반도의 평화유지에 긴요하며 또한 한반도의 평화유지는 일본을 포함한 동아시아의 안전에 중요하다"는 '신한국조항'이 포함되어 있었다.[226] 1970년대 초반 데탕트 분위기 속에서 남한뿐 아니라 북한과도 관계개선을 도모하는 '두 개의 한국 정책'을 취하며, 미국에게 '한국조항'의 개정을 요구하기도 했던 일본이 다시 냉전으로 회귀하여 한국과 관계를 정상화했다. 포드정부 역시 인권문제와 안보를 분리하며 안보에 더 중점을 두었다.

그러나 1977년에 들어선 카터(J. Carter)정부는 주한미군 철수를 표방했다. 카터의 철군정책 역시 닉슨 독트린의 연장선에 있었는데, 지상병력은 당사국이 맡고 미국은 지상군보다는 해공군력과 같은 기동타격대에 중점을 두어 군사비를 줄이려는 것이었다.[227] 주한미군 제2사단은 전쟁 수행 능력보다는 정치적인 의미가 컸고, 분쟁 발생 시 미국의 자동개입을 보장하는 인계철선(Trip Wire)의 효과를 위해서는 4만 명의 병력이 주둔할 필요가 없었던 것이다.

그러나 카터정부의 철군에는 닉슨정부 때의 철군과 다른 요소가 부가되어 있었다. 베트남전쟁의 패배와 워터게이트 사건을 배경으로 등장한 카터정부는 인권 외교를 표방하며 냉전체제에서 도덕과 이념으

---

225) 김창수, 앞의 글, 342~343쪽.

226) 구라타 히데야(倉田秀也), 앞의 글, 150쪽.

227) 김창수, 앞의 글, 354쪽.

로 승리할 것을 강조했는데, 주한미군 철수는 한국의 인권문제와 무관
하지 않았다. 이에 대해 박정희는 핵 개발로 대응하면서 주한미군 철
수에 반대했다. 실제로 박정희는 닉슨독트린 후 1970년대 초반부터 핵
개발을 추진해 왔으며, 1975년에는 미국에게 핵무기 포기각서를 써주
기도 했다. 이러한 박정희의 주한미군 철수 반대는 곧 이와 연동되어
있던 인권문제에 대한 미국의 비판을 철회시키고 자신의 정부에 대한
지지를 확보하는 것이기도 했다.

  박정희의 핵 개발 위협은 카터의 주한미군 철수를 좌절시키는 한 요
인이 되었다. 그러나 카터정부가 주한미군 철수를 보류하며 소련에 대
한 경제제재, 모스크바 올림픽 보이코트 등을 통해 1979년 12월 이후
냉전정책으로 다시 복귀하는 데에는[228] 1970년대 후반 격화되어 가던
신냉전의 국제정세와 미국 내 군부엘리트 관료들의 반대 등과 같은 요
인이 구조적인 차원에서 작용하고 있었다.

  박정희와 미국 사이의 긴장과 갈등은 민족사회 전체의 이익을 옹호
하는 민족주의에서 발현된 것이라기보다는 분단국가주의에 기초하여
반공정권의 이해를 분단국가의 이해로 등치한 것이었다. 박정희가 추
구했던 경제개발, 중화학공업화와 이와 연동된 자주국방은 반공정권을
유지하기 위한 기반이었지만, 박정희정부는 냉전과 반공을 벗어나 민
족 화해의 길로 나아가지 못하고 정권 내부로부터 붕괴되었다.

---

228) 오코노기 마사오(小此木政夫), 「시냉전에서의 한미일 체제」, 『시장·국가·국제체제』,
   아연출판부, 2003, 192쪽.

제3장

민주화 이후 경제운영원리의 신자유주의적 분산

1. 경제적 민주주의의 내포와 외연

1987년 민주화투쟁은 우리 사회에 민주주의를 위한 또 하나의 이정표를 세우며 많은 변화를 불러왔다. 과거 경제성장을 위한 '개발연대' 동안 억압되고 소외되었던 가치들이 분출되었고, 경제성장과 함께 새로운 요구와 가치들이 형성되었다. 개발과 생태, 성장과 분배, 동맹과 자주, 경쟁과 연대, 현상 유지와 청산 등 상충되는 가치들이 갈등했지만, 각 부문 간의 유기적 연관이 확보된 뚜렷한 사회 지향이 형성되지 못한 가운데 '개발연대'의 유제들이 신자유주의와 착종되면서 경제운영원리 또한 변형되면서 분산되었다.

1987년 민주화 이후 10년은 1997년의 경제위기로 귀결되었고, 1997년 이후에는 사회 양극화가 심화되어갔다. 1987~2006년 동안 1인당 국민소득은 3,321달러에서 18,372달러로 6배 성장했고, 경제성장률도 OECD

국가들 중에서는 높았던 편이었다. 2005년을 기준으로 무역규모는 5,000억 달러를 넘어 세계 12위 교역국이 되었고 국내총생산은 7,930억 달러로 세계 10위가 되었다.

하지만 노동소득 분배율은 1996년 기점으로 하향곡선을 그리게 되었고 지니계수는 1998년을 기점으로 상승하게 되어 계층 간 양극화가 심화되었다. 지역 간 양극화도 심화되어 수도권 인구는 1990년에 전체 인구의 42.8%이던 것이 2005년에는 48.1%로 상승했다. 이러한 양극화는 수도권과 비수도권, 지역 내에서는 광역시와 그 외 지역 간의 양극화로 나타났다. 대기업은 성장하는 반면 중소기업의 이익률은 하락하는 기업 양극화도 나타났다. 빈곤도 확대되어 1994년에 8.8%였던 빈곤층은 2005년에는 13.8%로 증가했다. 일자리도 양극화되어 중간층의 좋은 일자리는 줄어들고 상층과 하층의 일자리는 늘어나게 되었다.[1]

1987년 민주화투쟁으로 대두하게 된 '경제민주화'의 과제가 사회 양극화로 귀결되게 된 과정은 '경제민주화'에 대한 서로 다른 시각에서 출발한다.

민주주의는 어원상 '인민의 지배'를 뜻한다. 인민이 스스로 지배하면서 지배당하는 '인민의 지배'는 무계급 혹은 일계급의 평등한 사회에서 가능하다. 그러나 이러한 고전적인 민주주의는 유토피아적인 것이어서, 고대 아테네에서도 여성, 노예, 외국인 체류자 등 인구의 4분의 3 이상이 인민에서 제외되었으며, 더욱이 프랑스혁명 이후 민주주의는 자본주의적 계급 분열의 기초 위에서 다양한 형태로 변모해 왔다. 따라서 현실에서 민주주의는 '인민의 지배'를 완성하려는 투쟁과 인민을 지배하는 정치체제의 대립으로 나타난다.[2] 이런 점에서 민주주의는

---

[1] 김정훈, 「민주화 20년의 한국 사회」, 『경제와 사회』 74호, 2007, 45~49쪽.

[2] 박주원, 「민주주의란 무엇인가」, 한국정치연구회 사상분과, 『현대민주주의론 I』, 창작과

목적론적인 동시에 과정적인 개념이며, 모든 억압, 착취, 차별과 배제에 반대하는 사회 상태를 의미한다.[3]

자본주의 발전과 함께 태동한 근대 시민권 개념은 프랑스혁명을 거치면서 평등권을 내포하게 되었으며, 노동계급을 비롯한 사회적 억압계층의 투쟁으로 확대되어 왔다. 마르크스의 분석처럼 자본주의 사회의 민주주의는 이중성을 띠고 있는데, 자유주의와 결합된 현실 제도로서 계급성을 표현하고 있었을 뿐 아니라 봉건 질서에 대항해 투쟁하면서 이념적 지향으로 형성된 평등성도 내포하고 있다. 마샬(T. H. Marshall)은 시민권이 공민권, 정치권, 사회권으로 발전해 간다고 보았는데,[4] 이러한 시민권의 확대 과정과 함께 민주주의 역시 정치적 민주주의에서 경제적 민주주의, 사회문화적인 '일상성의 민주주의'로 확대되어 왔다.[5]

그러나 서구 민주주의 혹은 시민권의 발전 경로를 따라 자유화, 민주화, 사회화의 단계를 순차적으로 밟아갈 것이라는 예상과 달리, 남미나 한국의 경우처럼 현실은 그렇지 못했다. 따라서 정치적 민주주의의 발전이 경제적 민주주의의 발전을 가져오는가, 더 본질적으로는 선거민주주의가 민주주의인가 하는 회의를 낳았다.[6]

비평사, 1992, 20~21쪽.

[3] 윤도현·김성희·김정훈, 『한국의 빈곤과 불평등』, 민주화운동기념사업회, 2004, 39쪽 ; 손호철, 「민주화 운동, 민주화, 민주주의」, 『한국과 국제정치』 43호, 2003, 6쪽.

[4] 마샬이 말하는 공민권(civil rights)이란 인간의 기본적인 자유권을 의미하며 18세기에 성립되었다. 자본주의적 생산양식의 발전을 가능하게 했던 사유재산권의 자유, 계약체결의 자유와 시민계급의 성장 발판이 되었던 법 앞의 평등, 언론·출판·집회·결사의 자유를 포함한다. 정치권(political rights)은 "한 사회의 성원으로서 투표할 수 있는 권리뿐만 아니라 대의기구에 선출될 수 있는 권리"로 정의되며 19세기에 발달했다. 20세기에 확립된 사회권(social rights)은 "적정 수준의 경제적 복지로부터 사회적 유산을 공유하고 그 사회의 보편적 기준에 따라 문명화된 삶을 살 수 있는 권리"이며, '교육과 사회복지 서비스'로 제도화된다(박순우, 「T. H. Marshall 시민권론의 재해석」, 『사회복지정책』 20집, 2004, 89~90쪽).

[5] 윤도현·김성희·김정훈, 앞의 책, 27~43쪽 ; 박주원, 앞의 글, 35쪽.

따라서 정당 의회주의를 비롯한 현실의 민주주의에서 투표는 분리된 정치와 시민사회를 연결해주는 매개 고리에 불과하여 인민은 정치의 장에서 축출되었고 정치는 직업적 정치가가 전담하게 되어,[7] 현실의 민주주의는 민주주의의 '참칭'일 뿐이라고 비판되기도 한다. 따라서 '인민의 지배'인 민주주의는 생산양식 각 층위의 요구를 직접 정치화하여 정치와 경제(시민사회)의 자본주의적 분리를 지양하는 가운데 가능하다는 것이다. 그리고 생산자 연합인 동업조합 연합의 자율적 정치를 통해 자유경쟁을 제한하여 경제활동의 공생적 재생산을 추구했던 중세 유럽의 도시 코뮌에서 그 지양의 모범적 사례를 구하여, 그 현실적 재구성으로 노동자평의회 의회를 구상하기도 한다.[8]

경제적 민주주의는 1897년 영국의 웹 부부(Sidney & Beatrice Webb)가 처음 도입한 산업민주주의의 독일적 표현이었으며 제1차 세계대전 이후 보편화되었다.[9] 산업민주주의의 목표는 국가와 시민 간의 관계를 규정하는 민주주의 원리를 기업과 노동자 간의 관계로 연장해 정치적 민주주의와 경제적 민주주의를 통일적으로 실현하려는 것이다. 산업민주주의는 부와 소득의 불평등, 노동 대중의 민주주의 권리에 대한 억압으로 인해 제기되었던 만큼, 다두정(polyarchy) 개념으로 정치적 민주주의의 기초를 정립했던 달(R. A. Dahl)조차[10] 자유를 희생시키지 않

---

6) 김정훈, 앞의 글, 43쪽.

7) 아테네의 민주주의는 시민의 일상적인 참여로부터 독립된 기구가 존재하지 않아 국가와 시민사회의 구분이 없었고, 민주주의 그 자체가 '정부 형태'로서 존재해 모든 인민이 정책 결정에 참여했다(박주원, 앞의 글, 21쪽 ; 이종영, 「이데올로기로서의 민주주의」, 『진보평론』 21호, 현장에서 미래를, 2004, 127쪽).

8) 이종영, 위의 글.

9) 안석교, 「산업민주주의의 사상과 실제」, 『경상논총』 7호, 한독경상학회, 1989, 22쪽.

10) 달의 다두정은 국민들이 정치적 선호를 형성할 기회, 선호를 나타낼 기회, 정부 정책에서 이 선호를 다른 선호들과 동등하게 취급할 기회의 평등을 보장하는 정치체제이며, 조직의 결성과 가입의 자유, 표현의 자유, 투표권, 피투표권, 대안적 정보의 접근권 등으로 제도화

으면서 정치적 평등을 이루기 위해서는 기업 종사자 모두가 기업을 집단적으로 소유하고 민주적으로 관리하는 자주관리기업 제도가 필요하다고 주장하게 되었다.[11]

산업민주주의는 독일의 경험을 통해 보다 풍부한 자원을 획득하며 경제적 민주주의로 안착하게 되었다. 1891년 독일 사회민주당이 채택한 '에어푸르트 강령(Erfurt Program)'은 노동자계급에 의한 정치권력 장악과 생산수단의 사적 소유 폐지를 제기했지만, 부르주아 민주주의의 확산을 통해 노동자계급의 사회적 지위를 향상시키고자 한 베른슈타인(Eduard Bernstein)의 수정주의도 내재되어 있었다. 베른슈타인은 프롤레타리아독재와 민주주의를 대립적인 것으로 파악하고 민주주의 발전을 통해서만 사회주의를 실현할 수 있다고 주장했다. 2차 세계대전 후 서독 사회민주당과 영국 노동당이 주도한 1951년의 '프랑크푸르트 선언(Frankfurt Declaration)'은 지도 원리로서 마르크스주의를 포기했으며, 이후 사회민주주의 정당들은 프롤레타리아 계급정당을 포기하고 다양한 계층을 포괄하는 국민정당으로 탈바꿈했다.[12] 따라서 이러한 경제적 민주주의는 현실의 의회민주주의를 보장하고 그 형해화를 방지하기 위해 노사협조에 기반한 산업 평화와 사회 개량을 추구하는 것으로 평가되기도 한다.[13]

독일의 경험에서 유추된 경제적 민주주의는 경제력을 통제 · 견제하

되어야 한다. 손호철은 직선제와 같은 엘리트 간의 공정한 경쟁을 보장하는 슘페터 류의 '최소주의적' 입장이 아니라 최소한 달의 다두정 수준에서 정치적 민주주의가 실현되어야 한다고 주장한다(손호철, 앞의 글, 7쪽).

11) 정병수, 「산업민주주의의 이념과 목표」, 『경제학연구』 36집 1호, 1988, 288~294쪽.

12) 김수행 · 안삼환 · 정병기 · 홍태영, 『제3의 길과 신자유주의』, 서울대학교출판부, 2003, 124~128쪽 ; 박주원, 앞의 글, 40쪽 ; 최갑수, 「사회민주주의란 무엇인가」, 『사회평론』 창간호, 1991, 62쪽.

13) 양원태, 「우리나라 경제민주주의에 관한 연구」, 『경제학논집』 7권 3호, 1998, 264~265쪽.

고 미시적 거시적 차원의 의사결정에 당사자의 참여를 보장하는 것이
다.[14] 제2차 세계대전 후 서구 사회민주주의의 경험에서 경제적 민주
주의는 스웨덴의 임노동자기금처럼 사적 소유권을 인정한 바탕위에서
노동자들이 기업의 소유권(주식)을 획득하거나 독일의 공동결정제처
럼 자본소유자가 되지 않은 상태에서 기업에 대한 직접 통제권 행사에
참여하는 형태로 나타났지만, 사적 소유권을 부정하고 노동자가 기업
에 대한 직접 통제권을 행사하는 사회주의적 형태도 실현되었다.[15]

　자본주의 사회의 민주주의가 계급성과 평등성의 이중성을 내장하고
있듯이, 경제적 민주주의는 서구 사회민주주의의 경제적 민주주의를
중심으로 좌우로 분화된 해석을 가능하게 한다. 아담 스미스(A. Smith)
는 고립 분산적인 개별 경제주체들이 자유롭게 시장에 참여하게 될 때
가장 효율적인 부의 생산과 공정한 분배가 가능하다고 보았다. 즉 시
장에 의한 경제력의 통제와 시장구조의 참여를 통한 분배인데, 이러한
자유주의적 관점에서 볼 때 경제적 민주주의는 완전경쟁시장을 확립
하기 위해 독점적 현상을 제거하는 것이다.[16]

　마르크스(Karl Marx)는 법 앞의 평등, 사유재산권, 신체의 자유 등 개
인의 권리(rights of man)와 정치적 결정에 참여할 권리인 시민의 권리
(rights of citizen)로 인권을 구분했지만, 실제 이 권리들의 행사는 부와
신분에 따라 달라지며 더욱이 이데올로기에 의해 현실적 불평등이 은
폐되고 있다고 생각했다. 헤겔(G.W.F. Hegel)은 시민사회의 사회악이
자본주의의 숙명이지만 중립적인 엘리트 관료에 의해 통제될 것으로
기대한 반면, 마르크스는 사회악이 정의와 권리 같은 법적 개념으로는

14) 안석교, 앞의 글, 19쪽.
15) 심상완, 「산업 민주주의의 논리와 기본 모델」, 『산업노동연구』 4권 1호, 1998, 12쪽.
16) 백종국, 「경제민주주의의 고전이론」, 김석준·최병선·이은진·백종국, 『경제민주화의
　　정치경제』, 법문사, 1994, 5~6쪽.

해결될 수 없으며 정의와 권리를 필요로 하는 상황 그 자체 즉 그런 시민사회를 해소함으로써 해결될 것이라고 보았다.[17]

　자본주의 사회의 문제를 시민사회의 모순으로부터 해결하고자 한 마르크스는 불공정한 소득 분배의 근원인 자본주의적 생산과 소유 자체를 폐절하고 국가와 시민사회를 통합해 생산자연합의 자치질서를 실현하는 것이 완전한 의미의 민주주의 곧 사회주의라고 생각했다.[18] 중세 유럽의 도시 코뮌이 정치와 경제의 분리를 지양한 경제의 정치화 성격을 띠고 있듯이,[19] 사회주의에서 경제적 민주주의는 정치적 민주주의와 통일되어 완전한 의미의 민주주의로 존재한다. 이러한 민주주의에서 분배의 정의는 능력에 따라 거두고 생산에 따라 분배하는 사회주의 단계의 형식적 평등을 거쳐 능력에 따라 거두고 필요에 따라 분배하는 공산주의 단계의 실질적 평등으로 실현될 것이라고 생각했다.

　아담 스미스의 자유주의적 견해를 비판한 것은 마르크스만이 아니었다. 리스트(F. List)는 스미스의 만민주의적 정치경제학이 이상형적이어서 현실에서는 예상치 않은 악덕을 발생시킬 것이라고 비판하면서, 생산과 분배의 공정성과 평등성을 보장하기 위해서는 균형있는 국민경제 공동체가 유지되어야 한다고 생각했다. 국민경제는 유기체적이어서 한 부분의 과대·과소 성장은 불균형을 초래하기 때문에 개인의 자유로운 능력이 국민경제 전체의 조화로운 한 부분으로 최대한 발휘되도록 해야 한다는 것이다. 따라서 민주적이고 자유로운 체제 즉 경제적 민주주의는 유기체적인 국민경제 공동체를 달성하는 전제가 된다.[20]

17) 이정전, 『두 경제학의 이야기』, 한길사, 1993, 290~292쪽.
18) 박주원, 앞의 글, 33~36쪽.
19) 이종영, 앞의 글, 137쪽.
20) 백종국, 앞의 글, 9~12쪽.

2. '경제민주화' 요구와 노태우정부의 경제자유화

1970년대 중반부터 중화학공업에 대한 과잉투자 현상이 나타나고 선진국의 긴축정책에 따라 수출이 둔화하면서 1979년에는 경제공황이 현실화되었다. 유신체제의 붕괴와 함께 격화된 경제공황이 외채위기로 현실화되자, 전두환정부는 금융시장을 개방해 외자로 자본을 조달하고 자본 비용을 절감하기 위해 농산물을 수입하는 개방정책을 추진했다. 중화학공업의 과잉투자와 수출 부진이 경제공황의 직접적 원인이었기 때문에 개방정책은 수출지향공업화를 적극 추진하기 위해 경쟁력을 제고하는 데 중점이 두어졌다. 그리고 이를 위해 산업합리화를 통해 중화학공업 투자를 조정하고 부실기업을 정리해 자본을 집중하는 한편, 노동조합 탄압, 임금 동결, 장시간 노동 등 노동통제가 강화되었다.[21]

그 결과 1980년대 초에는 외국자본과 국가에 의존하는 재벌의 독점자본 지배체제가 공고하게 확립되어 독점과 비독점 부문 간에 양극구조가 형성되었다. 대량생산과 대량소비의 결합, 고생산성과 고임금의 결합 등이 특징인 포드주의적(Fordism) 대량생산체제가 확립되었지만,[22] 그 핵심적인 생산설비와 구상을 외국에 의존했다. 고생산성은 저임금과 결합되었고 사회보장도 빈약해 개발독재와 시장전제주의(시장경쟁의 외적 강제)가 포드주의적 조절양식을 대체했으며, 대량생산은 대량수출을 통해 유지되었다.

미국 초국적자본의 전략을 효과적으로 수행하고자 한 레이거노믹스

---

21) 정태인, 「최근의 경제동향과 그 실천적 함의」, 『동향과 전망』 4호, 1989, 72쪽.

22) 포드주의는 구상과 실행의 분리, 노동의 탈숙련화 및 기계의 부속품화 등으로 생산과정에서 노동자를 배제하면서, 이를 통한 고생산성과 대량생산을 기반으로 고임금과 대량소비라는 분배의 혜택을 제도적으로 보장하는 축적체제이다(김수행·김상균·남기곤·양우진·허우긍, 「탈현대의 한국경제」, 『사회경제평론』 15호, 한국사회경제학회, 2000, 83쪽).

(Reaganomics, 1981~1989)가 무역 및 재정 적자라는 쌍둥이적자를 초래해 통상 마찰이 빚어지자, 선진 5개국은 플라자 합의(Plaza Agreement)로 달러 강세를 시정하고 금리를 인하하기로 합의했다. 이로 인해 발생한 이른바 저유가·저달러·저금리의 '3저 현상'은 절상 압력을 받지 않은 가공무역형 국가에게 유리했는데, 이를 바탕으로 한국경제는 1986년부터 3년 동안 호황을 구가하게 되었다. 수출은 섬유·신발 같은 경공업 제품과 자동차·기계 등의 중화학공업 제품, 반도체 등 첨단산업 부품을 중심으로 급성장하게 되어 경이로운 경제성장과 국제수지 흑자를 기록하게 되었다.[23]

하지만 1974~1978년 동안 연평균 약 20억 달러로 증가하던 외채 규모는 1982년 동안 연평균 50억 달러 이상으로 누증되어 1985년 말에는 468억 달러로 증가했다. 이런 외채 규모는 1985년 말 기준으로 브라질, 멕시코, 아르헨티나에 이어 세계 4위를 기록한 것이었으며, 경산 국민총생산의 55.9%를 점하는 수준이었다. 더 큰 문제는 외채의 구조였는데, 상환기간이 1년 미만인 단기채무가 1980~1984년 중에 약 27%를 기록했고, 변동금리의 비중도 1983년에 65.5%로 급상승했다.[24]

1987년 '6월 민주항쟁'과 함께 하나의 언술로 나타난 '경제민주화'는 논자에 따라 다양하게 표현되었다. '경제민주화'는 경제를 전제적, 군사독재적, 독점적, 명령적으로 관리하지 않는 민주적 관리로 개술되거나,[25] 직접 생산자에게 적절하고 정당한 소득이 보장되어야 한다는 경제정의의 관점으로 이해되기도 했다.

또한 경제사회 구성원들 간에 형평이 이루어지면 구성원 간의 이해

---

23) 김형기, 「1980년대 한국자본주의: 구조전환의 10년」, 『동향과 전망』 29호, 1996, 81~89쪽 ; 정태인, 앞의 글, 72~73쪽.

24) 財務部·韓國産業銀行, 『韓國外資導入 30年史』, 1993, 244~245쪽.

25) 변형윤, 「경제민주화의 의의와 과제」, 변형윤 외, 『경제민주화의 길』, 비봉출판사, 1992.

가 상충될 때 자유롭게 교환을 거부할 수 있다는 포퍼식 경제적 민주
주의를 원용해, '경제민주화'를 경제력의 공평한 분배로 설명하기도 했
다. 즉 경제력이 소수에 집중되는 것을 막고 경제적 약자의 지위를 향
상시켜야 한다는 것이다. 이를 위해서는 우선 절대빈곤을 해소해야 한
다. 정치를 민주화하고 경제운용 기준을 전환해 규칙의 공정성을 확보
하여 법 앞의 평등을 이루어야 하고, 조세 및 정부지출의 재분배 기능
을 강화해 소득과 부를 재분배하여 결과의 평등을 추구한다. 그리고
대기업 또는 재벌에 대한 독과점 규제를 강화해 경쟁을 촉진하고, 상속
세와 증여세를 강화해 자산 소유의 집중을 완화해야 하며, 부동산이나
금융자산을 통한 불로소득을 규제하여 기회의 평등을 이루어야 한다
는 것이다.[26]

'경제민주화'를 보다 뚜렷한 사회체제 지향의 관점에서 제시한 논의
들도 있었다. 자유주의적인 관점에서는 경제발전 단계상 등장하는 역
사적 요청이 '경제민주화'의 등장 배경이라고 파악한다. 경제발전 단계
상 선성장·후분배로는 더 이상 경제가 성장 발전할 수 없는 한계에 부
딪히면서 기존의 대기업 위주의 정책으로부터 보다 경쟁적인 시장경
제체제의 구축을 위한 정책, 즉 중소기업을 포함한 모든 기업에게 기회
의 균등을 제공하고 모든 유형의 기업에게 진정한 기업정신을 고취할
수 있는 시장경제체제를 지향하는 정책으로 전화하게 되었다는 것이
다. 이 입장에서는 경제력과 부의 집중 완화, 소외계층의 이익 보호, 경
제정책 결정과정의 민주화 등을 경제민주화의 과제로 제시하지만, 그
목적은 시장 메커니즘이 제대로 작동하도록 하는 데 있다고 보았다.[27]

26) 정운찬, 「경제민주화, 잘 돼가고 있는가」, 『사상』 6호, 1990, 37~38·50쪽.
27) 신희권, 「우리나라의 경제민주화와 정부-기업관계」, 『한국 사회와 행정 연구』 3호, 1992,
    84~85쪽 ; 최병선, 「경제민주화의 도전과 좌절 : 제6공화국의 경제민주화정책」, 김석준·
    최병선·이은진·백종국, 『경제민주화의 정치경제』, 법문사, 1994, 79·107~108쪽.

반면 민족경제론적 입장에서는 '경제민주화'를 경제자율화 또는 경제자유화로 등치시키는데 반대했다. 경제자유화란 경제주체들 사이의 힘의 균형 없이 시장원리에 입각한 민간주도형 경제이며, 경제자율화란 대외개방과 미국식 자유기업주의에 다름 아니라는 것이다. '경제민주화'란 한국경제의 종속적 특권적 성격을 반성하는 데에서부터 출발해야 하며, 노동자·농민·도시빈민 등 민중이 경제개혁의 주체로 적극 참여할 때 성취될 수 있다고 주장했다.

그리고 한국경제의 대외적 대내적 모순을 극복하는 경제개혁의 방향은 자립경제여야 한다고 보았다. 식민지 경제구조의 유제 위에 전개된 한국자본주의가 구조적 불균형과 대외종속성을 내포하게 된 데에는 관료주도형 경제개발전략, 선성장·후분배의 성장제일주의 개발전략, 자본·토지·단순노동의 양적 확대에 의존한 외연적 성장전략, 대외분업을 지향하는 대외지향적 공업화전략, 공업·수출산업·대기업 우선의 불균형 성장전략 등과 같은 정책의 영향이 컸다는 것이다. 따라서 자립경제의 방향은 민족자본 육성을 통한 종속적인 생산관계 극복, 균형성장을 통한 자생적인 확대재생산 축적 기반 구축, 상대적인 자급체제, 반외세·반독점 성격을 지닌 근로 민중의 광범한 육성을 통한 자립적 자주적 생산관계 확립, 외국자본 및 매판자본, 이들을 비호하는 정치권력의 간섭이 없는 경제의 자율적 순환 등을 제시했다.[28]

이 입장에서 볼 때, 민주화는 노동자계급이 주도하는 국가권력의 민중화까지 포함하는 개념이었으며, 반독점은 정경유착과 매판적인 독점자본의 국민경제 지배를 거부하는데 한정되지만 한편으로는 사회주의를 전망하는 것이기도 했다.[29]

---

28) 정윤형, 「경제민주화를 생각한다」, 『동향과 전망』 2호, 1988, 13~17쪽 ; 이경의, 「경제개혁의 당위성과 제언」, 『기독교사상』 1987년 11월호, 79~81쪽.

'6·29 선언'이 상징하듯이, 노태우정부는 민중성과 지배계급성의 모순적 타협 구조 위에서 출범했는데,[30] 자본주의 틀 내에서 민중이 요구한 최소한의 경제민주화는 복지정책의 전면적 실시, 부동산과 금융자산의 불로소득 환원, 정경유착의 해체 등이었다.[31]

'3저 호황'의 외형적 성장은 생산력 발전이나 경제체질의 강화로 이어지지 못하고, 증권 투기와 부동산 투기를 부채질했는데 재벌이 그 중심에 있었다. 1989년 6월 말 현재 국내 금융기관 총여신의 29%를 점한 30대 재벌은 이 자금으로 부동산과 증권 투기를 일삼았다. 1989년의 경우, 1만 주 이상을 소유한 대주주는 전체 주주의 0.2%에 불과했지만 이들이 소유한 주식 수는 전체 주식의 58%에 달했고, 기업들은 주식을 발행해 조달한 자금의 19%를 다시 주식 매입에 사용했다. 1985~1989년 동안 삼성은 기업 투자의 4배에 달하는 부동산을 매입했고, 민유지의 자본이득 규모는 1989년에 국민총생산의 61%에 달했다.[32] 하지만 조세구조는 간접세 중심이었을 뿐 아니라, 직접세의 경우도 세율이 39%인 근로소득에 의존한 반면 이자소득세율은 20%에 불과했고 주식의 양도차익에 대해서는 아예 세금이 없었다. 뿐만 아니라 지하경제 규모는 1991년 11월 현재 국민총생산의 19~40% 정도로, 사채시장 규모는 5~7조 원으로 국내 총통화량의 8%에 이르는 것으로 추정되었다.[33]

이에 따라 노태우정부는 토지공개념과 금융실명제를 경제개혁의 주요 과제로 제기하지 않을 수 없었다. 토지공개념 관련 정책은 1988년

29) 박현채, 『민족경제의 기초이론』, 돌베개, 1989, 405~409쪽.
30) 김석준, 「경제민주화정책과 국가능력」, 『한국행정학보』 24권 3호, 1990, 1142쪽.
31) 정태인, 「6공 경제정책의 본질」, 『실천문학』 1990년 가을호, 1990, 79쪽.
32) 이상영·이종현, 「금융실명제」, 『동향과 전망』 8호, 1990, 186~189쪽.
33) 위의 글, 195쪽 ; 박충렬, 「금융실명제의 의의와 실현방향」, 『정세연구』 45호, 민족민주운동연구소, 1993, 81·85쪽.

'8·10 부동산종합대책'의 일환으로 발표된 후, 1989년에 '택지소유상한법' '개발이익환수법' '토지초과이득세법' 등으로 입법화되었다. 문희갑 청와대 경제수석비서관에 의하면, 이 정책은 투기자본을 산업자본화하고 사회간접시설을 확충하며 사회적 위화감을 해소하여 혁명을 예방하기 위한 것이었는데, 자본의 입장에서 사회체제의 장기적 안정을 도모하려는 것이었다. 즉 국가가 총자본의 입장에서 보다 높은 차원의 독점자본 이익을 보증하기 위한 조치였다.[34]

'택지소유상한제'는 6대 도시에서 보유 택지·나대지가 200평이 넘으면 새로 매입할 수 없고 초과소유 토지는 2년의 유예기간 후 초과소유 부담금을 부과하는 것이었다. 소유 상한 200평 자체가 너무 넓게 설정되었고, 대상이 되는 주택 부속토지와 나대지는 재벌의 소유토지와 무관했다. 또한 초과소유 부담율도 지가상승분에 비해 소액에 불과했고, 그 마저도 이후 구입자에게 전가할 수 있었다. 개발이익의 일부를 개발부담금으로 환수하는 '개발이익환수법'의 대상은 국가의 공공사업이나 형질 변경으로 인한 지가상승분에 한정하고 토지소유자의 투자에 의한 증가는 제외시켰다. 따라서 개발 주체인 독점자본은 손해 볼 것이 없었으며, 오히려 개발부담금의 재투자로 개발 이윤을 얻거나 부담금을 이후 토지구입자나 세입자에게 전가할 수 있었다. '토지초과이득세법'은 유휴지나 공한지의 3년간 지가상승율이 정상 지가상승률보다 높을 경우 부담금을 징수하는 것인데, 생산이나 생활 목적의 토지는 제외되어 업무용 명목의 독점자본 소유 토지는 대상이 되지 않았다.[35]

토지공개념 정책은 근대경제학의 입장에서 토지의 사유재산제를 바

---

34) 백욱인, 「토지공개념에 대하여」, 『동향과 전망』 6호, 1989, 190쪽 ; 손호철, 「자본주의국가와 토지공개념」, 『한국정치연구』 3호, 1991, 196~205쪽.

35) 이철호·한상진, 「토지공개념과 독점자본의 토지소유」, 『경제와 사회』 7권, 1990, 93~97쪽 ; 장상환, 「자본주의의 전개와 땅」, 『실천문학』 1990년 봄호, 1990, 173쪽.

탕으로 수요와 공급을 조절하고 시장 기구의 기능을 활성화하기 위해 국가가 개입하는 것이며, 이러한 범위 내에서 조세주의의 관점이 일부 수용된 것이었다. 세금 강화를 기본으로 소유 제한을 병행하고자 한 경제정의실천시민연합의 입장 역시 정부 입장과 큰 차이가 없었으며, 독점자본의 토지 소유를 인정한 위에서 개발을 촉진하고 체제 위기를 개선하려는데 그 목적을 두었다.[36]

역사적으로 볼 때, 토지의 독점적 소유로 인해 생산가격 이상으로 농산물 가격이 인상되어 발생하는 절대지대를 철폐해 자본주의 발전을 도모하려는 부르주아적 토지국유화론이 급진적 부르주아에 의해 주장되었지만, 생산수단의 사유에 대한 전반적 부정으로 이어질 가능성 때문에 추진되기 어려웠다. 따라서 농지 이외의 모든 토지를 국유화하기 위해 민중이 주체로 나서 자주적 민주정부와 자립적 민족경제를 확립해야 한다는 주장이[37] 부르주아적 토지국유화와 전인민적 토지소유의 경계에서 제안되었다.

토지공개념 정책에 이어 1988년 10월 14일 노태우정부는 '경제의 안정성장과 선진화합경제 추진대책'을 발표하고, 1991년부터 금융실명제와 금융자산 종합과세를 실시할 것이라고 했다. 금융실명거래실시준비단이 발표한 '금융실명거래제의 실시계획'에 의하면, 금융실명제는 금융자산 소득의 분리 과세로 인한 조세부담의 불공평과 횡행하는 지하경제를 시정해 성장 위주의 경제정책이 야기한 소득불균형을 해소하려는 제도개혁의 일환이었다.[38] 금융실명제는 금융거래에서 실명을 사용하여 금융거래의 투명성을 높이는 것이지만, 정보기반을 제공해

---

36) 이철호 · 한상진, 앞의 글, 91~92쪽 ; 장상환, 위의 글, 174~175쪽.

37) 장상환, 위의 글, 1990, 175~177쪽.

38) 임원혁, 「금융실명제 : 세 번의 시도와 세 번의 반전」, 모종린 · 전홍택 · 이수희 편, 『한국 경제개혁 사례연구』, 오름, 2002, 411쪽.

다른 개혁을 가능하게 하는 선행 조치의 성격을 띠고 있었다. 따라서 사회적 생산력을 증대하고 조세형평을 실현하는 부르주아 민주주의에 상응하는 조치였고, 시장경제체제로 이행하는데 반드시 필요한 제도였다.[39]

금융실명거래실시준비단의 정책안은 금융소득 종합과세를 의견 수렴 후 결정하기로 하는 등 유보 조항이 많았고, 법을 위반할 경우에도 금융기관만 처벌할 뿐 개인에게는 특별한 벌칙이 없었으며, 음성자산에 대해서는 과거를 조사하지 않고 납세의무도 부과하지 않는 등 한계가 많았다.[40] 그럼에도 불구하고 '3당 합당'으로 보수대연합이 구축된 후, 조순에 이어 부총리에 기용된 이승윤은 1990년 '4·4 경제활성화 종합대책'을 통해 금융실명제의 전면 유보와 토지공개념의 완화를 발표했다.

재벌과 보수정치인들은 노동운동에 그 원인을 돌리는 경제위기설을 유포했으며, 금융실명제와 관련해서는 자금 이탈과 저축률 감소로 인한 설비투자의 위축, 투기 강화와 자금의 해외 유출 등을 이유로 들었다.[41] 하지만, 경제성장률과 인구구조에 의해 결정되는 저축 총량이 금융실명제의 실시로 감소될 것이라는 주장은 설득력이 없으며, 자산가들이 자금을 국내외 투자상품으로 이동시키는 것은 그 가능성을 줄이는 정책수단으로 방지할 수 있는 것이었다.[42] 토지공개념 법안의 입법 과정에서도 민주정의당은 사유재산권 침해와 조세저항을 이유로 들어 보완책을 요구했고, 대한상공회의소는 법안의 대폭 수정과 시행시기의

---

39) 임원혁, 위의 글, 384쪽 ; 이상영·이종현, 앞의 글, 195쪽.

40) 진광명, 「한국의 금융실명제 형성과정에 관한 연구」, 1997년도 한국행정학회 정책연구회 1회 학술발표회 논문집, 1997, 57쪽.

41) 이상영·이종현, 앞의 글, 190~192쪽.

42) 임원혁, 앞의 글, 389~392쪽.

연기를 정식 건의하기도 했다.[43)]

'4·4 대책'은 과거 권위주의정권의 성장위주전략으로 회귀하는 것을
의미했는데, 재벌에 대한 특혜적인 여신규제를 완화하고 금리를 인하
하는 한편 임금을 억제해 수출을 극대화하고자 했다. 1992년에 정부는
발전국가론자인 암스덴(A.H. Amsden)의 보고서를 바탕으로 '신산업정
책'을 입안했는데, 그 핵심은 재벌 계열사 간의 상호출자와 지급보증으
로 재벌의 경영권을 유지하는데 핵심 역할을 했던 그룹의 기획조정실
을 해체하고, 재벌의 은행부채를 주식으로 전환하여 준공익기관이 이
를 인수하여 주주권리를 행사하도록 해 정부 개입을 제도화하는 것이
었다. 이 정책은 재벌들의 극심한 반발로 구상단계에서 좌초되었고, 정
주영은 통일국민당을 창당해 대통령선거에 나서게 되었다.[44)]

토지공개념과 금융실명제는 생산의 민주화를 추구한 것은 아니었지
만 유통과 소득분배의 측면에서는 부르주아적 개혁의 내용을 띠고 있
었다.[45)] 정부 초기에 실시되었던 기업의 투자 결정에 대한 국가의 불
개입, 공기업 민영화, 가격 자율화, 금융 자율화 등의 경제자유화 정책
과 공정한 시장경제를 위한 규제정책도[46)] 이와 같은 맥락에서 이해할
수 있다. 경우에 따라서는 노자간의 세력균형에 바탕을 둔 고임금구조
및 복지정책과 내수주도형 케인즈주의적 축적전략으로 전환하기 위한
구조조정의 일환으로 적극 평가되기도 한다.[47)]

그러나 전체적으로 볼 때, 노태우정부가 추진한 경제민주화는 경제

43) 손호철, 앞의 글, 1991, 211~214쪽.
44) 이종찬, 「6공 경제개혁의 정치경제」, 『사회비평』 12권, 나남출판사, 1994, 261·266쪽 ;
　　조성렬, 「노태우 정권의 경제개혁과 국가전략의 변화」, 『한국정치학회보』 30집 2호, 1996,
　　201~203쪽.
45) 정태인, 앞의 글, 1990, 79쪽.
46) 이종찬, 앞의 글, 259쪽.
47) 조성렬, 앞의 글, 196쪽.

자유화에 다름 아니었으나 그것이 추구하고자 한 시장 자율 메커니즘
도 이루지 못한 한계를 보였으며, 토지공개념과 금융실명제로 대표되
는 케인즈주의적 개혁정책의 기조는 정치적 민주화에 상응하는 의사
개량화에 불과했다고 할 수 있다.

3. 김영삼정부의 '신경제'와 독점자본의 강화

  1987년 민주화투쟁은 축적체제에도 변화를 불러왔다. 고생산성은 고
임금과, 대량생산은 대량소비와 결합되었으며, 개발독재와 시장전제주
의의 조절양식은 약화되었다. 하지만 독점자본과 비독점자본 간의 양
극구조는 심화되었고, 국가에 대한 독점자본의 자율성이 커졌으며 독
점자본의 경제력 집중도 강화되었다. 반면 여전히 사회복지는 빈약했
으며 노동자의 경영참가와 정치참여는 배제되었고 정경유착은 심화되
어 공정성을 결여한 포드주의가 형성되었다.[48]
  변화된 경제 환경에 조응하는 새로운 축적체제와 이를 가능하게 할
경제개혁이 필요했으나, 토지공개념과 금융실명제는 지체되거나 완
화·유보되었다. 조순 경제팀은 단기 경기부양책을 쏟아냈지만 인플레
이션을 막는데 실패했고, 뒤이은 이승윤 경제팀 역시 경기부양책으로
경제성장률은 회복시킬 수 있었지만 통화증발의 인플레이션 효과에
불과해 오히려 국제경쟁력은 약화되고 수출은 둔화되었다.[49] 1989년부
터 격화된 인플레이션은 재벌이 주도한 부동산가격 폭등 때문이었다.
평균지가 상승률은 토지공개념 관련 정책이 입법된 후인 1990년에도

---

48) 김형기, 앞의 글, 100~104쪽.
49) 조성렬, 앞의 글, 198, 202쪽.

20.6%에 달해 도시소비자물가 상승률을 2배 이상 초과했다. 이에 비해 임금단가 상승률이 소비자물가 상승률보다 높았던 해는 1989년 한 해 뿐이어서 임금 상승이 인플레이션의 원인이라 할 수는 없었다.[50]

이러한 경제 상황에서 출범한 김영삼정부의 경제개혁은 국가 주도를 지양하고, 대기업의 특혜를 공정한 경쟁으로, 국민의 희생을 국민복지로, 투기적 구조를 건전한 구조로 바꾸는 방향으로 추진되어야 했다.[51] 김영삼정부는 초기에 '신한국 건설'을 내세우며 군부를 개혁하고 통합선거법·정치자금법·공직자윤리법을 제·개정해 부정부패를 척결하며 '깨끗한 정치'를 실현하고자 했으나, 이러한 정치개혁은 지배 블럭 내부의 개혁에 한정되어 지배 블럭과 대중의 관계를 민주화하는 단계로 나아가지 못해 자유민주주의의 실현 수준에도 못 미치는 것으로 평가되기도 했다.[52]

정부는 1993년 3월 단기 경제운영 지침으로 '신경제 100일계획'을 발표했고, 7월에는 구조개혁 차원에서 '신경제 5개년계획'을 확정했다. '신한국'에 대응한 '신경제'는 국민의 자발적 참여와 창의에 기초해 운용하는 경제로 설명되었으며, 정부는 구조적 위기에 봉착한 경제를 회생하려면 잘못된 민주화의 요구가 집단이기주의로 나타나서는 안 되며 정부를 포함해 국민이 고통을 분담해야 한다고 진단했다. 여기서 정부는 '참여와 창의'를 시장질서의 회복, 규제 완화로 해석하는 경향을 보였는데,[53] 규제 완화의 시장주의는 '신경제 5개년계획' 곳곳에 스며 있었다.

---

[50] 이근식, 「한국경제의 위기 : 그 원인과 처방」, 『창작과 비평』 1991년 여름호, 287~297쪽.
[51] 정태인, 「'신경제정책'과 한국경제의 진로」, 『동향과 전망』 20호, 1993, 64쪽.
[52] 강문구, 「한국의 민주적 공고화와 개혁의 과제」, 『21세기 정치학회보』 12집 1호, 2002, 5~7쪽 ; 손호철, 「한국의 국가목표 ─ 반성적 회고」, 『철학과 현실』 1995년 가을호, 93쪽.
[53] 정태인, 앞의 글, 1993, 66쪽.

산업정책으로 제시된 '대규모기업집단의 업종전문화 유도시책'은 기업의 공개 여부, 소유분산 정도, 재무구조의 건전성 등을 주력업종 선정 기준으로 제시했으나, 민주자유당과 정부 내의 반발로 삭제되었고, '공정거래정책의 발전과제' 중에서 획기적 정책으로 평가되었던 기업결합 규제, 언론·방송 규제, 은행부채의 주식화도 재계의 반발로 폐기되었다.[54] 또한 금융산업발전심의위원회의 금융제도 개편안에서는 시중은행과 지방은행의 소유 제한을 현행 8%와 15% 이하로 하자는 안이 있었으나, 결국 애매하게 서술되어 소유분산 문제가 배제되었다. 또한 현행 여신관리는 1995년부터 10대 재벌에만 적용되고 그마저도 1997년에는 규제를 대폭 완화하기로 해 사실상 폐지되는 방향으로 귀결되었다.[55] 토지·주택정책 역시 공급을 통해 부족량을 해결하는데 중점을 두었기 때문에 규제 완화와 시장기능 회복이 중시되었다.[56]

'신경제 5개년계획'이 확정된 직후인 8월 12일 금융실명제가 대통령 긴급명령으로 전격 실시되었다. 이때 실시된 금융실명제는 각 당의 공통된 대통령선거 공약이기도 했지만, 실시 시기나 조세공정성 제고는 언급하지 않고 경제적 충격을 최소화할 필요성만 언급했던 민주자유당의 공약보다 강화된 것이었다. 즉 실시 대상의 예외가 인정되지 않

54) 주성준, 「재벌에 밀린 산업구조의 효율화」, 한국사회과학연구소, 『신경제정책과 한국경제의 미래』, 녹두, 1993, 61~69쪽 ; 정태인 앞의 글, 1993, 70쪽. '공정거래정책의 발전과제'는 1993년 4월 29일 공정거래위원회 주관으로 개최된 정책협의회에서 발표되었는데, 기업결합 규제, 언론·방송 규제, 출자규제 강화, 소유분산 촉진, 채무보증 제한, 기업금융방식 개선, 지배·경영구조 선진화 등으로 구성되었다. 이 중에서 기업결합 규제는 시장독점화가 우려될 경우 기업분할 명령제와 투자회수 명령제를 도입하는 것, 언론·방송 규제는 언론·방송에 대한 대기업집단의 신규 참여를 제한하고 기존 출자도 단계적으로 축소한다는 것이 주된 내용이었다.
55) 유철규, 「시장에 맡겨버린 금융개혁」, 한국사회과학연구소, 『신경제정책과 한국경제의 미래』, 녹두, 1993, 85~87쪽.
56) 김태승, 「공급확대가 투기를 잠재울 수 있을 것인가」, 한국사회과학연구소, 『신경제정책과 한국경제의 미래』, 녹두, 1993, 117~118쪽.

앉으며 기존 비실명 자산에 대해서도 비실명 인출을 허가하지 않았고, 비실명 금융자산 소득은 실명의 4.5배인 96.75%로 중과세했다.[57]

그러나 대통령이 '개혁 중의 개혁'으로 자부했던 금융실명제는 규제 완화의 시장주의 그늘에 갇혀 있었으며, 금융실명제 실시로 보수세력의 반격이 거세지는 시점에서 세계화 정책으로 이행해 갔다. 1994년 5월 '경제국제화 12대 과제'가 제시되었는데, 경제협력개발기구(OECD) 가입 준비를 위한 경제제도 개선, 금융국제화 촉진, 신국제분업구조하의 산업정책 방향 재정립 등 개방과 국제화의 수사가 많았다. '신경제'는 자본분파 간의 관계를 합리화하여 산업자본을 강화하고 산업독점 자본의 이익을 관철하는 신자유주의적 성장정책에 다름 아니며, 그 핵심인 규제 완화의 시장주의는 재벌 지배체제의 심화로 귀결될 가능성이 컸다.[58] 정부의 신자유주의는 경제운용의 중심을 국가에서 시장으로 이동시킨 것이 아니라 독점자본으로 이동시킨 것이었다.[59]

이런 점에서 볼 때, 부정부패 척결과 정경유착 차단도 산업자본의 비용 부담을 줄이고 축적방식을 합리화하기 위한 성격이 있었다. 즉 정부는 금융실명제처럼 때로 독점자본과 갈등을 빚기도 했지만 재벌체제의 후진성을 약화시키고 독점성을 강화하려고 했는데, '개혁적' 신자유주의라고 할 수 있었다.[60] 따라서 과거와는 다른 국가 개입 즉 친자본적·반노동자적 경제통제는 철폐해야 하지만 자본주의적 모순의 심화에 대응하는 합리적 규제는 더욱 강화하여 복지국가로 전환해야 한다는 비판이 제기되었던 것이다.[61]

57) 임원혁, 앞의 글, 415~418쪽.
58) 장상환, 「개방화에 따른 민중운동의 대응」, 『경제와 사회』 22호, 1994, 143~144쪽.
59) 김상조, 「김영삼정부의 개혁실패와 경제위기」, 이병천·김균 편, 『위기, 그리고 대전환』, 당대, 1998, 184쪽.
60) 장상환, 앞의 글, 1994, 144쪽 ; 김상조, 앞의 글, 185쪽.

1993년 12월 우루과이 라운드가 타결되면서 1994년부터 대두하기 시작한 '세계화' 담론은 1995년 3월 '삶의 질 세계화' 선언으로 나타났다. 1996년에는 종합적 계획으로 제시되었지만, 그 내용과 범위가 너무 광범해 일관성 있는 정책으로 간주하기 어려웠다. 더욱이 이 시기의 경제정책 역시 '신경제' 정책과 크게 다를 바 없었는데, '세계화'는 이를 '합리화'하는 담론의 성격이 있었다.[62]

자본의 본성에서 기인하는 하나의 경향이긴 하지만 자본의 국제화가 달성할 수 있는 궁극적 목표인 자본의 세계화를[63] 서둘러 담론화한 데에는 쌀 시장 개방이라는 직접적 이유가 있었지만, 그 배경에는 재벌의 정당성을 옹호하려는 측면이 있었다. 정부는 국제화시대에 대비하기 위해 재벌을 국민적 통제하에 두는 방법을 강구하면서 국민들에게 참여와 헌신을 요구해야 했지만, 현실은 그렇지 못했다. 재벌의 투자파업으로 그 현실적 힘을 인정해야 했던 정부는 독재정권과 동일시되던 재벌의 역할을 홍보할 필요가 있었고, 이는 세계 일류기업에 대한 강조로 나타났다. 자본의 성과가 국민경제의 성과로 직결되는 자유시장 사회에서 정치의 정당성은 자본의 지배력이 관철되는 국민경제의 동태에 구속될 수밖에 없었고, 김영삼정부는 정권 유지와 재창출에 사로잡혀 있었다. 이로써 김영삼정부는 정치적 민주주의와 재벌의 경제적 지배를 무리없이 결합시키게 되었으며, 그 결과 연성 시장국가로 전락했다.[64]

61) 장상환, 「한국자본주의의 위기와 사회갈등의 본질」, 『당대비평』 1호, 생각의 나무, 1997, 221~222쪽 ; 정태인, 앞의 글, 1993, 80쪽.

62) 강문구, 앞의 글, 11~12쪽.

63) 김수행, 「세계화 이데올로기와 한국경제의 진로」, 『사회경제평론』 8호, 한국사회경제학회, 1995, 14쪽.

64) 김수행, 「김수행 교수의 김영삼 국제화 전략 비판」, 『말』 1994년 5월호, 44~49쪽 ; 이병천, 「한국의 경제위기와 IMF 체제」, 『사회경제평론』 13호, 한국사회경제학회, 1999, 130쪽.

결국 '세계화'는 규제 완화의 자유주의가 '국제경쟁력 강화'와 결합되어 재벌 중심의 신자유주의로 귀결되었던 '신경제'를 '합리화'하고자 했던 담론의 성격이 강했으며, 그 결과는 1997년 12월의 경제위기였다.

4. 김대중정부의 '민주적 시장경제'와 신자유주의적 성격

1987년 민주화투쟁 이후 점차 전형적인 모습으로 확립되어간 포드주의적 축적체제에 대항해, 재벌기업 노동자들은 생산현장의 통제력을 바탕으로 노동과정에 참여하고자 하는 탈포드주의적 개입을 시도했다. 이에 대해 기업들은 1990년대 들어 신경영전략을 구사하며 네오 포드주의적(neo-Fordism) 유연화 조치로[65] 대응했다. 비정규직 노동을 활용해 고용의 유연성을 확대하고 성과급에 의해 임금과 직제를 개편해 노동자 간 경쟁을 강화하고자 했으며, 신기술을 도입해 노동강도를 강화하고 생산자동화 설비를 도입해 노동자를 생산현장에서 배제해 기업의 통제력을 회복하고자 했다. 1997년 말 경제위기는 이러한 경향을 강화시키는 결정적 계기가 되었다.[66]

1996년 2월에 정점에 달했던 호황은 과잉투자를 낳았는데, 재벌이 적극 요구한 금융자유화는 이를 가속화했다. 1992년 한·미 금융정책협의에 따라 3단계에 걸쳐 금융자유화와 개방계획이 결정되었고 OECD 가입 목적으로 1994년에는 자본시장 개방이 가속화되어, 1990년대 중반에 금융자유화는 거의 완성되었다. 특히 1994년부터 신설된 종합금융회사는

---

[65] 네오 포드주의는 구상과 실행을 분리하면서도 포드주의에서 나타난 임금과 고용의 경직성을 타파하여 노동이 유연화되어 있는 축적체제인데, 미국이 전형적이다(김형기, 「한국경제의 위기와 대안적 발전모델」, 『사회경제평론』 12호, 한국사회경제학회, 1998, 133~134쪽).
[66] 김수행·김상균·남기곤·양우진·허우긍, 앞의 글, 81~85쪽.

대부분 재벌들이 소유했고 정부의 통제에서 벗어나 있었다.

그 결과 1990년대 초 이미 외자의 단기차입이 자유화된 상태에서, 장기외채 이자율의 절반 정도였던 단기외채가 주로 유입되었다. 총외채 규모는 1996년에 국민총생산의 21%에 달해 국제통화기금의 경고선인 30%에 육박해 갔고, 1997년 6월에는 단기외채 규모가 외환보유액의 67%에 달했다. 재벌들은 비은행의 단기자금에 의존했고, 1997년에 파산한 재벌들 중에는 부채비율이 1,000% 이상인 경우도 있었다.

과잉투자는 기업의 수익성을 악화시켰는데, 제조업의 매출액 경상수익률은 1994~1996년 동안 2.74%, 3.6%, 0.99%를 기록했다. 수출 상품의 약 50%를 점했던 반도체, 철강, 석유화학 등의 수출도 부진해, 96년 경상수지 적자는 국내총생산의 4.7%에 달해 국제통화기금의 경고 수준인 5%에 다가갔다. 1997년 초부터 부채비율이 높던 재벌들이 연쇄 도산했고, 이는 은행과 금융기관의 건전성을 손상시켜 파국적인 경제위기 사태를 야기하게 되었다.[67]

국제통화기금(IMF)을 위시한 자유시장주의 논자들은 한국경제체제의 특수성, 즉 주식 발행보다 은행 차입을 통해 산업자금을 조달하고, 국가가 전략사업을 선정해 적극적인 조세·금융 지원을 하며, 이 과정에서 밀접한 관계를 맺게 된 정부와 은행·기업 관계를 국가가 주도하는 경제체제의 특수성이 위기의 핵심이라고 보았다.[68] 따라서 한국의 'IMF 협약'도 이러한 한국경제체제의 특수성을 해체하는 방향으로 진행될 것이었다.

'협약'은 긴축과 고금리 정책이 핵심인 거시경제 안정화 정책, 자본·

---

67) 김수행·조복현, 「한국의 경제공황과 아시아모델」, 『사회경제평론』 13호, 한국사회경제학회, 1999, 219~224쪽 ; 이병천, 앞의 글, 121~127쪽 ; 장상환, 「한국 자본주의, 왜 IMF시대를 맞았나」, 『역사비평』 1998년 봄호, 98~100쪽.
68) 김수행·조복현, 앞의 글, 210~211쪽.

무역·외환의 자유화정책, 구조조정 및 개혁정책 등이 주 내용이었는데, 그 목적은 한국에 자유시장 자본주의를 확립해 미국의 신자유주의 세계체제로 편입시키려는 것이었다. 책임 자본주의의 요소가 구조조정 및 개혁정책에 삽입되어 있었지만, 대외의존적 주주자본주의의 틀을 벗어나지 않았다.[69] 김대중정부의 경제개혁은 이러한 '협약'의 기초 위에서 진행되었다.

정부는 '민주주의와 시장경제의 병행발전'을 국정 지표로 내세웠는데, 이는 김대중 대통령이 저서나 선거공약에서 제시한 '민주적 시장경제'의 다른 표현이었다. '민주적 시장경제'의 핵심은 규제 완화와 시장경제 강화였는데, 정부의 개입은 경쟁질서의 확립, 소득 재분배, 시장 실패의 교정에 국한시켰다.[70]

'민주적 시장경제'에는 이중성이 내포되어 있었다. 즉 민주주의는 노동기본권을 강화해 친노동자적 효과를, 시장경제는 경영권의 확대를 통해 친자본가적 효과를 미칠 수 있었다.[71] 따라서 '민주적'이란 규정은 시장의 본래 속성인 자유경쟁과 공정경쟁이 작동할 수 있도록 외부의 방해를 제거하는 소극적 의미로 해석될 수 있지만, 이와 달리 자유주의 시장원리에 국가의 사회보장정책과 시장에 대한 시민사회의 민주적 통제를 결합하는 적극적 의미로 해석될 수도 있었다.[72] 이러한 이중성은 미국식 네오 포드주의적 발전모델을 지향하는 자본의 전략과 재벌 개혁, 고용의 경직성, 사회보장 확충 등을 주장하는 노동의 전

---

69) 이병천, 앞의 글, 135~136쪽.

70) 장상환, 「김대중 정권 경제정책의 성격과 전망」, 『경제와 사회』 38호, 한국산업사회학회, 1998(a), 145쪽.

71) 김형기·김애경, 「1997~1998년 한국경제의 위기와 경제개혁」, 『경제발전연구』 11권 1호, 한국경제발전학회, 2005, 54쪽.

72) 김균·박순성, 「김대중정부의 경제정책과 신자유주의」, 이병천·김균 편, 『위기, 그리고 대전환』, 당대, 1998, 370~371쪽.

략이[73] 절충된 것이라 할 수 있다.

　집권 후 '민주적 시장경제'의 의미는 보다 분명해졌다. 정부가 제시한 경제정책의 기본 원칙은 경제적 자유 보장과 자기 책임, 시장경쟁을 통한 보상, 균등기회 보장, 내외국인에 차별없는 시장개방 등이었다. 경제적 민주주의는 공정경쟁과 책임경영체제의 확립 및 소액주주의 권한 강화, 적대적 기업 인수·합병 허용, 자유교역의 감독 강화, 조세 형평성 제고, 사회복지체제의 강화 등으로 제시되었다.[74]

　정부는 관치경제시대의 유산인 비시장적 요소와 시장적 요소가 혼재되어 있는데 경제구조의 근본 문제가 있다고 보고, 시장경쟁 원리를 전면화해 자유시장 경제체제를 확립하고자 했던 것이다. 이와 함께 공정경쟁 질서를 확립하고 기업 경쟁력을 강화하기 위해 전면 개방을 추진하고자 했다. 이때 '민주적' 규정의 적극적 의미라 할 수 있는 노사정위원회는 정부가 노사 양쪽에게 자유시장질서 정책을 요청하는데 필요한 사회적 합의를 끌어내는데 있었다.[75] 정부 역시 '민주적 시장경제'의 핵심이 자유시장경제체제의 확립이라는 점을 확인했다. 즉 규제완화로 시장의 효율성을 강화하면서 경쟁질서와 민주주의를 해치지 않는 방향으로 나아가게 한다는 점에서 김영삼정부의 신자유주의와 차이가 있으며, 케인즈주의가 시장개입주의인데 반해 민주적 시장경제는 시장중심적이라는 점에서 차이가 있다고 설명했다.[76]

　그러나 '민주적 시장경제'에 대한 평가는 초기부터 비관적인 전망이 적지 않아, 미국식 초보수주의, 신자유주의적 경제정책, 반개혁적 사회

73) 김형기, 앞의 글, 1998, 133~134쪽.
74) 이병천, 「한국경제 패러다임의 반성과 전망」, 이병천·김균 편, 『위기, 그리고 대전환』, 당대, 1998, 15쪽 ; 장상환, 앞의 글, 1998(a), 146쪽.
75) 이병천, 위의 글, 1998, 15~16쪽.
76) 장상환, 앞의 글, 1998(a), 146쪽.

적 시장경제, 종속적 신자유주의 등으로 평가되었으며,[77] 이는 현실로
나타났다.

김대중 당선자는 'IMF 협약'을 충실히 이행하기로 미국과 합의하고,
집권 후에는 자본·무역·외환의 자유화조치를 급격히 단행했다. 외국
인의 국내주식 투자 한도가 폐지되었고 외국인의 적대적 인수·합병을
전면 허용했으며, 외국인 투자 개방 업종을 대폭 확대했다. 또한 1년
미만의 단기외화 차입을 허용했으며 해외투자가 신고제로 변경되었다.[78]

기업의 구조조정은 재무구조 개선에 집중되어 생산체제를 개혁하는
데까지 나아가지 못했을 뿐 아니라, 소유분산을 통한 경제력 집중 완화
라는 근본 목적도 실현할 수 없었다. 더욱이 경제적 민주주의의 요소
로 평가되는 소액주주 권한 강화와 사외이사제 등도 재벌 총수의 경영
을 합리화하는 것일 뿐 재벌 자체를 해체하는 것은 아니었다.[79] 금융
부문 구조조정은 부실 금융기관과 부실채권을 정리하는데 초점을 두
면서, 대차대조표(BIS) 중심의 외형적 건전성 지표에 치중했다. 그 결
과 효율성으로 수익성을 창출하지 못하고 10만 명에 달하는 인원감축
에 따른 수익성 증대에 의존해야 했다. 2001년까지 금융부문의 구조조
정에 쏟아 넣은 공적자금은 155조 원에 달했는데, 제일은행의 경우 7조
원의 공적자금을 투입한 후 51%의 지분을 5천억 원에 해외 자본에게
매각했다.[80]

노동부문의 구조조정은 노동시장의 유연화를 위해 정리해고제를 도
입하는 것이 핵심이었다. 비록 정리해고제는 노동 측이 노동조합의 정
치활동을 확보하기 위해 노사정위원회에서 합의한 사항이었지만, 자본

77) 장상환, 앞의 글, 1998(a), 143~144쪽.
78) 이병천, 앞의 글, 1999, 137~139쪽.
79) 김형기·김애경, 앞의 글, 59쪽 ; 장상환, 앞의 글, 1998(a), 155쪽.
80) 김형기·김애경, 앞의 글, 57·63~64·73쪽 ; 이병천, 앞의 글, 1999, 142~143쪽.

측의 일방적인 고용조정으로 대량실업을 초래하고 파견근로제가 합법
화되는 결과를 낳았다. 실업률은 1997년 2.6%에서 1998년 6.8%로 급격
히 상승한 후 2001년에는 3.7%로 줄었지만 경제위기 이전으로 회복되
지는 못했다. 정규직의 비율은 1996년 56.6%에서 2001년에는 48.7%로
하락해 비규정직의 비중이 늘었다. 임금체계도 유연화되어, 노동자 100인
이상 사업장 중에서 연봉제를 실시하는 업체는 1996년 94개에서 2001년
에는 1,612개로 증가했다.[81]

　결국 이중성을 내장했던 '민주적 시장경제'는 미국식 구조조정과 전
면 개방, 자유시장경제를 모범으로 하는 디제이노믹스로 변질되어[82]
대외의존적 신자유주의로 귀결되었다. 소액주주 권한 강화, 사외이사
제, 노사정위원회 등 경제적 민주주의의 성격도 있었지만, 그 역시 자
유시장경제를 강화하기 위한 성격이 강했다. 소액주주 권한 강화는 시
민운동의 소액주주운동과 연동되어 있었기 때문에 경제적 민주주의의
상징으로 보일 수 있었다.

　하지만 참여연대의 소액주주운동은 자본소유주 간의 평등 즉 '1주
1표' 원칙을 실현해 시장민주주의를 제도화하기 위한 최소한의 장치이
며, 그런 점에서 자유주의의 틀 내에 있다고 할 수 있다. 따라서 진보적
시민운동은 사회공동체적 제도와 법체계를 확충해 경제의 공정성과
안정성을 강화하려는 탈자본주의적 힘과 자유주의적 힘이 균형을 이
루도록 하는 방향으로 정립되어야 할 필요성이 강조된다. 이러한 체제
는 자본주의 원칙이 주도적이지만 시장자본주의에 한정되지 않고 탈
자본주의적 원리를 동시에 내포한다.[83] 김대중정부의 제한적인 경제

81) 김형기 · 김애경, 앞의 글, 59~61 · 67~69쪽.
82) 이병천, 앞의 글, 1999, 134쪽.
83) 조원희, 「경제민주화 운동의 재검토」, 『사회비평』 22권, 나남출판사, 1999, 150~154쪽.

NO.

적 민주주의도 이러한 평가의 범위 내에 있다고 할 수 있다.

5. 노무현정부, '더불어 사는 균형사회 발전'의 형해화

경제위기를 해결해야 할 과제를 떠안고 출범했던 만큼 김대중정부의 경제개혁 방향에 대해서는 논란이 많았는데, 신자유주의적 개혁 방향에 반대하는 입장에서는 대체로 국민의 참여가 개혁의 원칙이 되어야 한다고 보았다. 즉 국가, 금융기관, 기업 각 단위의 협조가 필요한데, 이를 위해서는 먼저 각 단위가 자립하고 각 단위 내에서 노동자의 참여를 보장해 내외적 감시체제를 확립해야 한다는 것이다.[84]

또한, 전지구화 시대에 대처하기 위해 정부는 시장과 대립할 것이 아니라 시장을 첨단 분야로 유도하는 역할을 해야 하며, 시민사회와 적극 협력해 시장과 시민사회가 견제와 균형을 이루도록 해야 한다고 주장하기도 했다. 이를 위해서는 무엇보다 시민사회가 역량을 적극적으로 행사해 새로운 정치를 실천해야 한다고 보았다.[85] 구체적으로 반노동자적 노동법과 노동자의 정치활동을 막고 있는 국가보안법의 철폐를 제시하기도 했다.[86] 경우에 따라서는, 민주주의와 자본주의가 상조하는 민주적 협력자본주의를 구체적 대안으로 제안하며, 그 모델을 사회적 시장경제와 사회적 법치국가를 원리로 하는 독일형 협력자본주의에서 구하기도 했다.[87]

---

[84] 정태인, 「한국 경제 위기와 개혁과제」, 『동향과 전망』 38호, 한국사회과학연구소, 1998, 175~176쪽.
[85] 김수행·김상균·남기곤·양우진·허우긍, 앞의 글, 79~80쪽.
[86] 장상환, 앞의 글, 1998(a), 113쪽.
[87] 이병천, 앞의 글, 1998, 28~36쪽.

국민의 참여를 바탕으로 하는 경제개혁이란 경제적 민주주의의 실현을 의미했다. 더욱이 그러한 경제적 민주주의는 서구 사회민주주의의 성취에 한정될 수도 있지만, 국민이 참여하고 노동자의 정치활동을 추동하여 강화된 시민사회의 역량으로 새로운 정치를 실천하고자 하는 경제적 민주주의에는 탈자본주의적 요소도 내장되어 있었다. 하지만 김대중정부의 경제개혁이 신자유주의적 방향으로 귀결되면서, 이러한 과제는 노무현정부로 넘어가게 되었다.

노무현정부는 국정 목표로 '국민과 함께하는 민주주의', '더불어 사는 균형사회 발전', '평화와 번영의 동북아시대'를 내세우고, 12대 국정과제를 발표했다. 경제 분야 국정과제로는 '동북아 경제 중심국가 건설', '자유롭고 공정한 시장질서 확립', '과학기술 중심사회 구축', '미래를 열어가는 농어촌' 등이 제시되었고, 그 외의 분야에서 '지방분권과 국가균형발전', '사회통합적 노사관계 구축' 등이 제시되었다. '자유롭고 공정한 시장질서'를 확립하기 위한 구체적인 과제로는 기업하기 좋은 환경 조성, 투명하고 공정한 경제시스템 구축, 선진적 금융 인프라 구축, 재정 세제 개혁 등이 설정되었다.[88]

정부는 뚜렷한 산업정책을 제시하지는 않았다. 하지만 '동북아 경제 중심국가 건설'은 지구화된 세계경제 상황에서 한국경제의 새로운 성장 동력을 창출하기 위한 거시 패러다임의 성격을 띠고 있었다. 즉 한국경제가 동북아의 물류, 금융, 투자, 산업혁신의 거점이 되어 동북아 지역의 역동성을 활용하기 위해서는 국내 제도의 환경을 정비하고 개혁해 대내 역량을 제고해야 한다는 것이다. 이와 함께 '국가 균형 발전'이 국가경쟁력 강화와 국민통합 즉 성장과 균형이 병행되는 새로운 분권형 국가발전모델로 제시되었다. '국가균형발전'의 핵심 기제는 지역

---

[88] http://www.allim.go.kr/jsp/dataroom/dataroom_policy

내의 혁신역량을 창출해 지역활성화를 도모하는 내생적 발전체제인 지역혁신체제였는데, 가치 이전만 요구하던 기존의 지방분권과 달리 가치를 창출하기 위한 기제였다. 이러한 점에서 '동북아 경제 중심국가 건설'과 '국가균형발전'은 새로운 산업정책이라 할만 했다.

이러한 산업정책은 정부에 의한 총동원체제 대신 인센티브에 의한 자발적 발전을 추구하기 때문에, 정부가 아니라 지역 차원의 경제주체들 특히 민간부문이 주체가 되어 자발적으로 참여하는 것이 핵심 관건이라는 점에서 기존 산업정책과 달랐다. 또한 민주적 동원에 기반한 거시 산업정책을 모색하고, 남북 경제협력뿐 아니라 동북아의 새로운 분업구조와 경제협력 네트워크를 창출해 동북아의 평화와 번영을 모색한다는 점에서 글로벌시대 개방적 민족경제의 확립이라는 의의도 함축하고 있다고 평가되었다.[89]

이러한 중장기적 경제정책 과제는 학자 출신의 청와대 참모들에 의해 기획되었으나 실제 경제운영은 보수 관료들이 주도했으며, 결과적으로 경제개혁은 국민의 참여를 바탕으로 한 경제적 민주주의를 실현하지 못했다.

노무현 당선자는 자유롭고 공정한 시장질서를 확립하고 한국경제의 기본틀을 국제적 기준에 맞춰갈 것이라고 하면서, 경제정책의 방향을 자율성·투명성·공정성 확보에 두고 장기적·점진적·자율적으로 추진해 가겠다고 했다.[90] 김대중정부의 신자유주의적 기조와 크게 다르지 않았다.

2003~2005년 동안 정부는 경제정책 목표를 안정과 성장에 두었다.

89) 정건화, 「동북아시대 참여정부 산업정책의 방향과 쟁점」, 『동향과 전망』 59호, 2003, 7·24~26·52~54쪽.
90) 장상환, 「참여정부 경제정책 2년 비판」, 『문화과학』 43호, 문화과학사, 2005, 69쪽.

비록 성장과 분배의 선순환 구조 정착, 국가 균형 발전 등이 나열되긴
했으나, 중심은 기업하기 좋은 환경 만들기에 있었다. 중장기적 과제로
제시된 경제시스템 선진화는 시장경제 확립과 효율성 제고가 핵심이
었고, 노사관계 개혁은 안정성보다 유연성에 중심을 두었다. 즉 경제개
혁은 불합리한 비시장적 요소를 시장화하는 것이었으며, 노동정책은
이 과정의 부작용을 보상해 사회 안정을 도모하려는 보완적 수단의 성
격이 강했다.[91]

시장경제 확립과 기업하기 좋은 환경의 상호 관계는 재벌개혁의 성
격에 반영되었다. 정부는 상속 · 증여세 완전포괄주의, 증권집단소송
제, 재벌금융회사에 대한 계열분리 청구제 도입, 출자총액제한제 유지,
재벌금융회사의 계열사에 대한 의결권 행사금지 등을 재벌개혁의 핵
심 과제로 제시했지만, 각종 예외 조치로 이를 완화시켰다.[92] 공정거래
위원회는 재벌금융회사가 보유한 계열사 지분의 의결권 한도를 2005년
현재 30%에서 2008년까지 15%로 줄이기로 해 금지에서 완화로 변경했
으나, 삼성 그룹은 이에 반발해 위헌소송을 냈다. 또한 산업자본과 금
융자본을 분리하기 위해 제정된 '금융산업 구조개선에 관한 법률'은 금
융기관이 계열사 기업의 지분을 5% 이상 소유할 경우 금융감독위원회
의 승인을 받도록 규정하고 있는데, 2004년 삼성카드와 삼성생명을 포
함한 10개 금융사가 이 법을 위반했지만 삼성은 시정하기를 거부했다.
이에 정부는 삼성의 과거 법위반에 면죄부를 주는 법률 개정안을 내놓
기도 했다.[93]

[91] 강수돌, 「'참여정부'의 경제주의 비판과 대안경제의 전망」, 『문화과학』 43호, 문화과학사,
    2005, 97~101쪽.
[92] 법원은 경제개혁연대가 공정거래위원회를 상대로 낸 소송에서, 그동안 적용 제외 혹은
    예외 인정으로 공개가 거부되어 왔던 출자총액제한제도 적용 기업의 일부 출자내역을
    공개하라고 원고 승소 판결했다(『한겨레신문』 2007.10.8).

그 결과 재벌의 경제적 지배력이 강화되어, 2004년 자산 규모 5조 원 이상 23개 기업집단의 영업이익과 순이익은 전년 대비 각각 42%, 72% 증가한 반면, 순현금유출 대비 설비투자 비중은 2003년 83%에서 65%로 크게 떨어졌다. 2005년 4월 현재 상호출자가 제한된 38개 기업집단의 총수 일가는 4.9%의 지분으로 계열사 간 순환출자 등으로 51.2%의 내부지분율을 가지고 있었다.[94] 이에 반해, 사회 전반의 양극화는 심화되었다. 비정규직 노동자는 2002~2005년 동안 전체 임금노동자의 27.4%에서 36.6%로 증가했고, 저임금노동자의 비중도 23.2%에서 26.8%로 늘었다. 소득 10분위별 가구당 월평균 가계수지는 하위 20% 대비 상위 20%의 평균소득이 2003년 1/4분기 7.81에서 2006년 1/4분기 8.36으로 늘었다.[95]

2005년 연두 기자회견에서 노무현 대통령이 성장 잠재력과 사회통합 기반을 훼손하는 양극화 현상을 시정하기 위해 강조한 '동반 경제성장'은 분배나 복지를 형해화하면서 규제 완화와 개방의 신자유주의적 성격으로 귀결되어 갔다.[96] 특히 분권형 국가발전모델로 제시된 '국가균형발전'은 신행정수도 문제에서 보듯이 투기자본의 창궐을 초래했고, 기업도시와 골프장 개발로 형해화되었다. 기업도시 개발은 지역의 균형 발전을 도모하고 수도권 주택문제를 해결하기 위한 개혁적 성격도 있으나, 동시에 일자리 창출을 위해 기업에게 개발특권을 부여하고 규제를 완화하는 성장만능주의의 성격을 동시에 내포한다. '기업도시개

93) 장상환, 앞의 글, 2005, 77쪽 ; 장상환, 「세계화 이후 경제·사회민주주의의 위기」, 『기억과 전망』 15호, 2006, 66~67쪽 ; 유종일, 「참여정부의 '좌파 신자유주의' 경제정책」, 『창작과 비평』 133호, 2006, 306쪽.
94) 장상환, 앞의 글, 2006, 64~66쪽.
95) 유종일, 앞의 글, 302~303쪽.
96) 장상환, 앞의 글, 2005, 74쪽.

발특별법'은 후자의 성격이었다. 이와 동시에 정부가 2004년에 제시한 '농촌·농민 종합대책'은 대규모 기업농만 경쟁력을 담보할 수 있다는 사고를 국가정책으로 제시한 것이었으며, 그해 국회에서 통과된 농지법 개정안은 경자유전의 원칙을 완전히 포기한 것이었다.[97]

그 결과 김영삼정부와 김대중정부 집권 기간 동안 각각 약 100조 원 상승한 전국 부동산가격이 2003~20055년 동안 821조 원이나 상승했다.[98] 따라서 지방 토호들이 남미 경제의 몰락을 재촉했듯이, 참여정부 역시 지방 토호들의 정부가 되어 몰락의 길을 재촉하고 있다고 비판되었다.[99]

양극화 문제로 어려움이 가중되는 가운데, 2006년 들어 한·미 자유무역협정(FTA: Free Trade Agreemnet) 체결 문제가 급작스레 제기되었다. 정부는 한·미 FTA 체결로 시장경제와 개방경제가 확대되면 생산성이 높아지고 소득이 증대되어 양극화 문제를 해결할 수 있을 것이라는 논리를 내세웠다. 좀 더 구체적으로 재정경제부는 중국의 추격으로 더 이상 제조업 중심의 수출 주도 발전전략이 유효하지 않기 때문에 그 대안으로 서비스산업의 경쟁력을 강화해야 한다고 주장했다.

2001년 '9·11사건' 이후, 미국은 전략적으로 중요한 동맹국과 FTA를 체결해 정치군사적 동맹을 쌍무적 경제동맹으로 강화하려고 했는데, 이런 점에서 FTA는 미국의 안보를 강화하기 위한 대외경제정책 수단이며 포괄적인 정치·경제 협정이라 할 수 있다. 특히 부시(George W. Bush) 행정부는 동아시아 국가에 대한 중국의 공세적인 FTA 협상 요구를 차단하고 동아시아지역통합과 역내 FTA 체결에서 자신의 헤게모니

---

97) 강수돌, 앞의 글, 102~110쪽.

98) 유종일, 앞의 글, 302쪽.

99) 우석훈, 「한국 경제의 위기가 저성장이 아닌 이유」, 『당대비평』 29호, 생각의 나무, 2005, 99~103쪽.

를 유지하기 위해 종래의 미온적 입장을 바꾸어 FTA 체결을 서둘렀다. 한·미 FTA는 노무현정부의 동북아균형자론은 무력화시키고, 균열 조짐을 보이는 한미관계를 군사·안보·경제 동맹관계로 강화하고자 한 기획의 성격이었다.[100] 뿐만 아니라 미국－재벌－관료 복합체를 공고화하고 지배 블럭 내 한미동맹파의 지위를 보전하는 데에도 유리한 환경을 조성할 수 있다고 비판되기도 했다.[101]

1995년에 출범한 세계무역기구(WTO)체제하에서의 FTA는 1947년의 GATT체제(관세 및 무역에 관한 일반협정)와 달리 그 대상이 상품에 한정되지 않고 경제활동 전 영역을 포괄하기 때문에, 가히 경제통합 협정이라 할 만한 것이고 광범한 신자유주의적 구조개혁을 수반했다. 한미 FTA의 경제 효과에 대해서는 통계마다 제 각각이지만, 대부분 대미 수출도 늘어나지만 대미 수입도 2배 이상 늘어나 무역적자가 증가하는 반면, 국내총생산의 증가는 매우 미미할 것으로 분석되었다. 또한 2004년 시가총액 기준 외국인 국내주식 보유는 40%로 세계최고 수준이며, 더욱이 외국인 투자는 투기성이 강한 증권투자가 51%나 되고 21%인 직접투자라 하더라도 공장설립형보다는 인수·합병의 비중이 2005년 현재 45.6%에 이르고 있어, 금융 투기가 가속화될 것으로 분석되었다. 특히 미국은 최대 외국인 투자국인데, IMF 이후 2002년까지 외국인 투자자가 한국 증권시장에서 걷어간 평가차익은 1,000억 달러를 넘었다.[102] 이에 반해 농가소득은 저하되어 이농이 증가하고 자본의 지배력은 강화되는 반면 노동자의 힘은 약화되어, 양극화가 더욱 심화될 것으로 전망되었다.[103]

100) 전창환,「한미 FTA 협상 결정의 배경과 그 파장」,『동향과 전망』67호, 한국사회과학연구소, 2006, 157~167쪽.
101) 이해영,「한미 FTA의 소위 '경제효과' 비판」,『문화과학』45호, 문화과학사, 2006, 266쪽.
102) 위의 글, 263 · 267~272쪽.

결국, 노무현정부가 신자유주의적 개혁으로 확립하고자 했던 공정한 자유시장경제체제는 재벌에게 기업하기 좋은 환경을 만들어주고 그 성장을 촉진하는 방향으로 귀결되어 갔고, 국민의 자발적 참여로 분권형 국가발전모델을 실현하고자 했던 '국가 균형 발전'은 성공하지 못하게 되었다. 이에 따라 양극화가 점차 심화되었을 뿐 아니라, 한국경제의 새로운 성장 동력을 창출하고자 기획했던 '동북아 경제중심 국가 건설' 역시 한미 FTA로 좌절되어 갔다.

6. 경제의 민주적 사회통제에 대한 희망

1987년 민주화 이후 제기된 '경제민주화'의 과제는 이념적 지평에서 사회민주주의적인 경제적 민주주의를 중심으로 자유주의적인 경제자유화와 사회주의로 분화되었지만, 이후 정부들의 경제개혁 차원에서는 자유주의적인 경제자유화와 사회민주주의적인 경제적 민주주의 간의 긴장이 중심축을 이루었다. 이것은 자본주의 사회의 민주주의에 내장된 이중성 즉 계급성과 평등성 간의 현실적 각축이었다.

노태우정부는 경제민주화의 요구를 과거 군부출신정부들의 개발주의로 회귀시켰고, 이후 이어진 민간정부들의 경제개혁은 재벌 중심의 신자유주의적 경제자유화를 확대 심화해 간 과정이었다. 민간정부들은 다 같이 국민의 참여를 강조하면서 민주주의를 내세웠지만, 과거 정권과 다를 바 없는 재벌 중심의 성장체제로 정권을 마감했으며 저마다 강조했던 공정한 시장원리 역시 제대로 실현하지 못했다. 그 결과 우리 사회는 사회 양극화가 심화되는 방향으로 나아가게 되었다.

---

103) 장상환, 「한미 FTA와 한국사회의 양극화」, 『실천문학』 87호, 실천문학사, 2007, 389~392쪽.

'인민의 지배' 즉 민주주의를 실현하기 위해서는 그 경제적 토대에서
도 '인민의 지배'가 실현되어야 한다. 하지만 완전한 민주주의를 실현
하기 위해서는 많은 우회로가 필요할지 모르고, 더욱이 역사적 사회주
의의 실패는 그 실패를 보정할 새로운 상상력과 실천을 요구한다. 서
민들의 삶의 근거를 뒤흔들고 있는 사회 양극화가 민주주의에 대한 성
찰을 요구했듯이, 그 경제적 해결 역시 새로운 삶의 철학으로서 경제를
인식할 것을 요구한다.

따라서 당시에도 돈의 논리에 압도되어 온 경제구조를 삶의 논리로
바꾸고, '파이 크기' 중심의 경제정책을 '파이의 분배'와 '파이의 원천'
중심으로 바꾸어 사람과 사람이, 사람과 자연이 더불어 살 수 있도록
해야 한다는 제안이[104] 제기되기도 했다. 더불어 사는 사회가 어떻게
가능할지 구체적으로 제시하기도 했다. 즉 고도성장은 적절한 수준의
균등분배로만 가능할 뿐 아니라, 세계공황이 우려되는 상황에서 해외
시장과 외국자본에 의존하기보다 국내 시장을 확대해 서민 생활수준
의 향상과 성장의 선순환 구조를 마련해야 한다는 것이다.[105] 또한, 노
동과 자본의 계급타협체제로 이해당사자 자본주의를 성립시켜 시장을
사회적으로 착근시키고, 신용을 민주적 사회적으로 통제해 금융의 공
공성을 신장하며 국민경제의 내발적 분업연관을 신장시키는 방안이
제시되기도 했다.[106]

이처럼 양극화를 해소하여 사회를 통합하고 민주주의의 목표에 한
걸음 다가가기 위해 우선 요청되는 과제는 자본과 시장의 규율이 지배

---

104) 강수돌, 앞의 글, 113쪽.
105) 김수행, 「더불어 사는 사회'의 현실적·경제적 타당성」, 『아세아연구』 48권 4호, 고려대
    아세아문제연구소, 2005.
106) 이병천, 「자유화, 양극화 시대와 무책임 자분주의」, 『아세아연구』 48권 3호, 고려대 아세
    아문제연구소, 2005, 57~69쪽.

하는 경제사회를 민주적 사회적으로 통제할 수 있는 제도적 기반을 마련하여, 성장을 위해 사회를 양극화하는 '성장과 분배'의 악순환이 아니라 양극화된 사회를 통합하고 보다 평등한 사회로 나아가기 위한 '분배와 성장'의 선순환 구조를 만드는 것이 요구되었다. 그리고 이 과정에서 국가의 역할은 무엇보다 핵심적이었다.

더욱이 경제를 민주적 사회적으로 통제하고 국가의 역할을 이러한 방향으로 맞추어 갈 때, 자본주의적 근대를 벗어날 수 있는 다양한 계기를 포착할 수 있으며 궁극적으로 국가와 시민사회의 분리를 넘어서 완전한 민주주의에 이르게 될 것이었다. 또한 이러한 민주주의의 진전은 남북 간에 평화와 경제가 선순환하는 구조의 정착을 가능하게 할 뿐 아니라 한층 의미 있게 만드는 밑바탕이 될 것이었다. 양육강식의 논리로 자유화된 시장 및 자본의 규율과 성장의 논리로 양극화를 더욱 심화시킬 것인지, 아니면 사회통합을 이루고 '더불어 사는' 삶의 철학이 우리 사회의 상식이 되는 새로운 계기를 마련할 것인지. 2007년은 그런 선택의 기로에 서 있었다.

결론

.

.

1945년 8 · 15 '해방' 공간에서 격화되었던 정치 · 사회세력들 간 대립
과 갈등은 새로운 근대 국민국가 건설의 방향을 두고 전개되었으나 결
국 분단으로 귀결되었다. 해방 '공간'에서 대립과 갈등의 중심에 놓여
있던 토지개혁 문제, 적산을 비롯한 중요산업의 처리 문제 등은 분단
이후 대한민국정부로 이월되었다. 자본은 단순한 상품의 생산과 유통
을 의미하는 것이 아니라 사회적 계급관계 속에서 재생산된다는 점에
서 자본주의적 생산관계의 사회적 성격을 내포하고 있는 이 문제들은
향후 형성될 경제 · 사회질서의 성격을 규정하고 그 주도 세력을 형성
하는 주요 요인이 될 수 있었으며 정부를 중심으로 한 국가 권력과 사
회의 역관계는 그 방향을 결정해 갔다.

이승만정부가 실시한 농지개혁은 지주 계급을 해체해 부르주아적
발전의 길을 열어갔다. 하지만 토지자본은 산업자본으로 전환되지 못
했고, 자작농의 영세성은 농업자본주의적 발전 전망보다는 재소작으로

회귀할 가능성이 더 컸으며, 6·25전쟁은 농지개혁에 의한 이 두 가지 전망을 차단하는 중요한 계기가 되었다. 식민지시대에 형성된 적산 기업체가 미군정을 거쳐 한국 정부로 이양된 귀속기업체의 불하는 한국 자본주의의 새로운 담당자로서 부르주아 계급을 육성해 가는 과정이었다.

사회정의의 실현과 균형 있는 국민경제의 발전을 지향한 제헌헌법의 경제질서는 정치군사적 성격이 강한 미국의 대한원조가 본격화되면서 점차 균열되어 갔다. 원조는 단순한 외부경제의 영역이 아니라 내부경제에 깊이 침윤되어 국가·경제·사회 각 부문에서 공적 영역과 사적 영역을 분할하고 양자 사이의 관계에 대한 질서를 재구성하는 매개가 되었다. 사적 대자본은 산업자본이기는 했지만 생산력보다는 원료 및 판매 독점에 축적 기반을 두는 상업자본의 성격을 띠었고 그 과정에서 정부와 유착되었다. 원조를 매개로 한 정부의 각종 지원에서 소외된 중소 공장들은 수입대체공업화의 논리에 의해 존재 형태가 분화해 갔다. 방대한 군사력을 유지하는데 필수적인 안정적인 경제기반을 구축하기 위해 인플레이션 압력은 미국의 농산물 원조를 바탕으로 농업부문에 전가되었고, 농지개혁으로 창출된 영세 자작농은 다시 소작농으로 전락해 갔다.

1950년대 후반 미국 원조정책의 변화에 따라 '제3세계'에 대한 개발주의가 대두하고 개발재원의 차관화가 진행되면서 원조가 삭감되었다. 따라서 개발재원을 주로 원조에 의존하고 있던 이승만정부는 민간자본을 동원하기 위한 각종 시책을 시행했다. 이 과정에서 헌법의 경제질서 개정으로 촉발된 자유시장경제 메커니즘이 확산되어 갔고, 미국은 원조 삭감을 대치하기 위해 일본경제와 지역적 분업구조를 형성할 것을 요구했다. 이러한 경향은 통제·관리경제로 방일적 산업화를 추구해온 이승만정부의 붕괴를 의미했다. 1957년을 정점으로 한 원조의 감소와 때를 같이 하여 불황이 파급되어 가자 소비재 공업 중심의 수입대체공업은 국내외 시장 부족으로 축적 위기에 직면하게 되었다.

4·19 시기에 통일과 민주를 지향하는 운동들이 사회 각 영역에서 분출되었지만, 그 '미완의 혁명'은 경제제일주의를 내세운 민주당정부로 귀결되었고, 이는 곧 군사정부로 대체되었다. 세계적으로 20세기 후반에 널리 퍼진 군인들의 정치 개입은 불안정하고 불확실한 주변 상황과 관계가 있었으며 일상의 정치가 결여되어 생긴 공백을 메우는 경향이 있었다. 더욱이 경제적 독립과 발전을 추구하던 전후의 신생국들은 안정적이고 제대로 기능하는 효율적인 국가를 필요로 했다. 자유주의 정부에 대한 보수적 대안으로 평가되기도 하는 군사정부는 민주당정부의 의회주의적 절차에 기반한 경제개발을 정부의 강력한 지도로 환치하며 급속한 공업화를 추구하고자 경제개발5개년계획을 수립했다.

제2차 세계대전 후 케인즈 이론의 핵심인 경제에 대한 정부의 적극적인 개입은 세계적 사조가 되었으며, 더욱이 케인즈 이론은 인력과 기계에 대한 투자를 증가해 생산을 확대하려는 각국 정부의 강력한 정책으로 확대되어, 경제성장과 이를 위한 정부의 장기경제개발계획 역시 하나의 사조가 되었다.

장기경제개발계획은 미국의 원조가 삭감되기 시작한 1957년 이후에 태동되기 시작해 이승만정부 말기에 '경제개발3개년계획'으로 구체화되었으나 실행에 옮겨지지 못하고 4·19를 맞았다. 장기경제개발계획의 수립은 원조가 점차 줄어드는 대외적 환경에 강제된 것이기도 하기 때문에 민주당정부에서도 추진될 수밖에 없었고 민주당정부는 '제1차 5개년경제개발계획'을 성안했으나 5·16 군사정변으로 공표하지 못했다. 군사정부의 '제1차 경제개발5개년계획'은 이전 정부들의 경제개발계획의 연장선에 있었고 비약은 없었다.

군사정부는 자유로운 경제활동에 정부의 강력한 계획성을 가미하는 경제체제를 초기에 구상했지만, 관료와 학계 그룹과 융합되면서 자본주의 일반의 경제계획으로 경제운영원리를 구체화해 갔다. 정부의 지도 혹은 정부의 강력한 계획성은 통화개혁의 실패로 조기에 자유시장 경제로 환원되었고, '제2차 경제개발5개년계획'에서는 정부의 지도나 정부의 강력한 계획성 같은 용어는 사라지게 되었다. 하지만 사기업 영역에 대한 정부의 지도와 우위는 국가가 장악한 금융기관의 통제를 통해 관철되었으며, 수입대체와 수출지향 정책이 병행되는 가운데 국가−은행−재벌의 발전 연합이 하나의 제도적 형태로 발전했다. 반면 국가체제는 강한 국가와 약한 사회로 재편되어, 약한 사회는 자율적이고 능동적인 시민사회의 활동 영역으로 기능할 수 있는 시장에 대한 관념을 축소시키고 있었다.

경제적 체제 대결에서 북한 '공산주의'를 압도해 승리하고자 했던 박정희정부와 미국 정부의 공통된 이해를 기반으로 추진되었던 1960년대의 공업화 과정은 미국의 동북아 반공 지역통합전략에 부응하면서 한·미·일 삼각동맹체제를 구축하는 방향으로 연동되었다. 하지만 1960년대 말 남북 간에 긴장이 격화되고 그로 인해 한미 간의 갈등이 불거지면서 박정희정부는 '자주국방'의 기치 아래 자체 무기생산을 위한 중화학공업화 육성으로 이행하게 되었다.

하지만 전후에 확대되어 갔던 국제화의 요소는 1970년대 중반에 들어 케인즈주의가 입각하고 있던 정부 기반의 경제정책과 구조적 갈등을 일으키게 되었다. 더욱이 케인즈주의는 비용 인플레이션 문제를 고려하지 않은 이론적 한계를 보였고, 인플레이션은 일부 부유층에게 이익을 가져다 준 반면 다른 사람들을 희생양으로 삼아 새로이 계급투쟁이 야기되었다. 각국 정부들은 경제에 대한 적극적인 개입 정책에서 후퇴해 통화주의로 돌아서게 되면서 계획의 시대는 저물어갔다. 1970년대의 유신체제와 안보 위기는 1960년대 산업화 과정의 모순을 증폭시키면서 대내적 불균형을 확대해 갔고, 이는 변화된 국제환경에 적응하는 또 다른 시대를 요구하게 되었다.

　1987년 정치적 민주화 과정을 거치면서 냉전과 탈냉전, 반공과 평화, 분단과 통일, 독재와 민주, 규율과 자율, 성장과 분배, 독점과 균형, 민족과 외세, 자립과 종속 등 상호 상반된 가치들이 근대화를 중심으로 분화되고 경쟁하면서 이후 한국의 경제질서 관념을 형성해 가는데 주요 가치로 작동했다. 1987년 경제민주화의 요구는 경쟁적인 시장경제 체제의 구축을 지향하는 경제적 자유화와 자립적이고 자주적인 생산관계를 바탕으로 하는 민중 주체의 경제체제 지향 사이에서 길항했다. 노태우정부에서 노무현정부에 이르는 기간 동안 경제적 민주주의는 세계경제를 지배해 간 신자유주의의 제약에서 자유로울 수 없었고, 신자유주의적 경제자유화는 점차 확대되어 갔다.

참고문헌

■

■

1. 저서

경제기획원, 『예산개요』 1962년.

경제기획원, 『예산개요』 1963년.

公報部, 『官報』 제2860호, 제2866호, 1961.

公報處, 『週報』 제90호, 1954.

공제욱, 『1950년대 한국의 자본가 연구』, 백산서당, 1993.

國家再建最高會議 綜合經濟再建企劃委員會, 『綜合經濟再建計劃(案) 解說(自檀紀
4295年 至檀紀4299年)』, 1961.

國家再建最高會議 綜合經濟再建企劃委員會, 『綜合經濟再建計劃(案) 解說(自檀紀
4295年 至檀紀4299年) 附屬諸計劃表』, 1961.

國家再建最高會議 韓國軍事革命史編纂委員會, 『韓國軍事革命史』 第1輯(下),
1963.

국회도서관 입법조사국, 『미국의 대한원조관계자료(제1집)』, 1964.

國會圖書館 立法調查局, 『憲政史資料 第3輯 憲法改正會議錄(第2代國會)』, 1968.

企劃調整室, 『第1次 經濟開發5個年計劃(1962~1966) 評價報告書(評價敎授團)』, 1967.

김기원, 『미군정기의 경제구조』, 푸른산, 1990.

金洛中, 『韓國勞動運動史 -解放後 篇-』, 靑史, 1982.

金命潤, 『韓國財政의 構造』, 高麗大學校出版部, 1967.

金成斗, 『財閥과 貧困 -韓國資本主義의 메카니즘과 그 전개』, 百耕文化社, 1965.

김성호 외, 『한국농지개혁사연구』, 한국농촌경제연구원, 1989.

김수행·안삼환·정병기·홍태영, 『제3의 길과 신자유주의』, 서울대학교출판부,
    2003.

金正濂, 『韓國經濟政策30年史』, 중앙일보사, 1995.

김종현, 『근대일본경제사』, 비봉출판사, 1991.

大韓金融團, 『韓國金融二十年史』, 1967.

大韓民國政府, 『第1次 經濟開發5個年計劃(1962~1966)』, 1962.

大韓民國政府, 『第2次 經濟開發5個年計劃(1967~1971)』, 1966.

大韓民國政府, 『第3次 經濟開發5個年計劃(1972~1976)』, 1971.

民主韓國革命靑史編纂委員會, 『民主韓國革命靑史』, 1962.

박영구, 『한국의 중화학공업화: 과정과 내용(I)』, 해남, 2012.

박진도, 『한국자본주의와 농업구조』, 한길사, 1994.

박현채, 『한국농업의 구상』, 한길사, 1981.

박현채, 『민족경제의 기초이론』, 돌베개, 1989.

朴喜範, 『韓國經濟成長論』, 高麗大學校出版部, 1968.

復興部 産業開發委員會, 『檀紀 4293年度 經濟開發三個年計劃』, 1960.

宋仁相, 『回顧錄: 復興과 成長』, 21세기북스, 1994.

스테판 해거드, 『주변부로부터의 오솔길 -신흥공업국의 정치경제학』, 문학과지
    성사, 1994.

에릭 홉스봄, 『극단의 시대: 20세기 역사 (상)』, 까치, 1997.

雲石會, 『한알의 밀이 죽지 않고는 -張勉 博士 回顧錄(增補版)』, 가톨릭출판사,
    1999.

柳原植, 『5·16祕錄 革命은 어디로 갔나』, 人物硏究所, 1987.

윤도현·김성희·김정훈, 『한국의 빈곤과 불평등』, 민주화운동기념사업회, 2004.

李大根, 『韓國戰爭과 1950年代의 資本蓄積』, 까치, 1987.

이정전,『두 경제학의 이야기』, 한길사, 1993.

이종훈,『한국경제론』, 법문사, 1979.

이한빈,『이한빈 회고록 일하며 생각하며』, 조선일보사 출판국, 1996.

이현진,『미국의 대한경제원조정책 1948~1960』, 혜안, 2009.

財務部,『1959年度 財政白書』, 1960.

財務部,『財政金融三十年史』, 1978.

財務部 理財1課,『우리나라의 財政安定計劃槪觀』, 1967.

財務部 司稅局,『稅政白書』, 1963.

財務部・韓國産業銀行,『韓國外資導入 30年史』, 1993.

車東世・金光錫 編,『韓國經濟 半世紀 : 歷史的 評價와 21世紀 비전』, 韓國開發研
    究院, 1995.

D.C. 콜, 朴英哲,『韓國의 金融發展:1945~80』, 韓國開發研究院, 1984.

坂井昭夫,『독점자본주의와 군사노선』, 세계, 1986.

필립 암스트롱, 앤드류 글린, 존 해리슨,『1945년 이후의 자본주의』, 동아출판사,
    1993.

韓國開發研究院,『韓國財政 40年史』第1卷, 第3卷, 第4卷, 1991.

韓國農村經濟硏究院,『韓國農政四十年史 (上)』, 1989.

韓國産業銀行調査部,『韓國産業經濟十年史』, 1955.

韓國産業銀行調査部,『經濟政策의 構想』, 1956.

韓國産業銀行調査部,『韓國産業銀行十年史』, 1964.

韓國銀行,『韓國銀行十五年史』, 1965.

韓國銀行調査部,『經濟年鑑』1949년, 1955~1958년.

한국일보社,『財界回顧』7, 1981.

洪性囿,『韓國經濟와 美國援助』, 博英社, 1962.

Alice H. Amsden,『한국의 경제발전』, 시사영어사, 1988.

Herman Van der Wee, *Prosperity and Upheaval*, University of California Press, 1986.

Jung-En Woo, *Race to the Swift*, Columbia University Press, 1991.

U.S. Department of States, *Foreign Relations of the United States, 1952~1954*, vol 15,
    part 2, 1984.

2. 논문

강문구, 「한국의 민주적 공고화와 개혁의 과제」, 『21세기 정치학회보』 12집 1호, 2002.

강수돌, 「'참여정부'의 경제주의 비판과 대안경제의 전망」, 『문화과학』 43호, 문화과학사, 2005.

建設部, 「第1次 5個年經濟開發計劃(建設部試案) 特輯을 내면서」, 『經濟調査月報』 6(5), 1961.

建設部, 「第1次5個年經濟開發計劃(建設部試案) 槪觀」, 『經濟調査月報』 6(5), 1961.

建設部, 「第1次5個年經濟開發計劃(建設部試案)」, 『經濟調査月報』 6(5), 1961.

공제욱, 「1950년대 한국사회의 계급구성」, 『경제와 사회』 제3권, 1989.

구라타 히데야(倉田秀也), 「박정희 '자주국방론'과 미·일 '한국조항'」, 『시장·국가·국제체제』, 아연출판부, 2003.

김균·박순성, 「김대중정부의 경제정책과 신자유주의」, 이병천·김균 편, 『위기, 그리고 대전환』, 당대, 1998.

김기승, 「민주당 정권의 경제정책과 장면」, 『한국사학보』 7, 1999.

김기승, 「제2공화국의 경제개발계획에 관한 연구 -군사정부의 경제개발계획과의 비교를 중심으로-」, 『한국민족운동사연구』 30, 2002.

金大煥, 「1950년대 韓國經濟의 연구」, 『1950년대의 인식』, 한길사, 1981.

김병태, 「농지개혁의 평가와 반성」, 『한국경제의 전개과정』, 돌베개, 1981.

김상조, 「김영삼정부의 개혁실패와 경제위기」, 이병천·김균 편, 『위기, 그리고 대전환』, 당대, 1998.

김석준, 「경제민주화정책과 국가능력」, 『한국행정학보』 24권 3호, 1990.

金成植, 「民族主義와 民主主義」, 『思想界』 통권 127호, 1963.

김수행, 「김수행 교수의 김영삼 국제화 전략 비판」, 『말』 1994년 5월호.

김수행, 「세계화 이데올로기와 한국경제의 진로」, 『사회경제평론』 8호, 한국사회경제학회, 1995.

김수행, 「'더불어 사는 사회'의 현실적·경제적 타당성」, 『아세아연구』 48권 4호, 고려대 아세아문제연구소, 2005.

김수행·김상균·남기곤·양우진·허우긍, 「탈현대의 한국경제」, 『사회경제평론』

15호, 한국사회경제학회, 2000.

김수행·조복현, 「한국의 경제공황과 아시아모델」, 『사회경제평론』 13호, 한국사회경제학회, 1999.

金洋和, 「1950年代 製造業大資本의 資本蓄積에 관한 研究 -綿紡, 梳毛紡, 製粉工業을 中心으로-」, 서울대 박사학위논문, 1990.

김양화, 「1945-59년 시기 한국의 경제성장 전략 : 그 내용, 귀결 및 평가」, 『동향과 전망』 제28호, 1995.

김양화, 「1950년대 한국의 공업화과정」, 『工業化의 諸類型(II)』, 經文社, 1996.

金佑枰, 「經濟五個年計劃案에 對한 所見 (上)」, 『東亞日報』 1961.8.31.

金裕澤, 「經濟建設策을 論함 -特히 革命 第二段階 目標 達成을 中心해서」, 『最高會議報』 통권 1호, 1961.

김윤수, 「8·15 이후 귀속기업체 불하에 관한 일 연구」, 서울대 석사학위논문, 1988.

김정훈, 「민주화 20년의 한국 사회」, 『경제와 사회』 74호, 2007.

金鎭炫·池東旭, 「韓國長期開發計劃의 內幕」, 『新東亞』 1966년 9월호.

김창수, 「한미관계, 종속과 갈등」, 『박정희를 넘어서』, 푸른숲, 1998.

김태승, 「공급확대가 투기를 잠재울 수 있을 것인가」, 한국사회과학연구소, 『신경제정책과 한국경제의 미래』, 녹두, 1993.

김형기, 「노동자계급의 성장 및 내부구성의 변화와 주체 형성」, 『한국자본주의와 노동문제』, 돌베개, 1985.

김형기, 「1980년대 한국자본주의: 구조전환의 10년」, 『동향과 전망』 29호, 1996.

김형기, 「한국경제의 위기와 대안적 발전모델」, 『사회경제평론』 12호, 한국사회경제학회, 1998.

김형기·김애경, 「1997~1998년 한국경제의 위기와 경제개혁」, 『경제발전연구』 11권 1호, 한국경제발전학회, 2005.

南惠祐, 「2次 5個年計劃 批判(2) : 인플레 危險을 內包」, 『東亞日報』 1966.7.12.

南載熙, 「朴政權의 公約과 '未知數' 民主主義」, 『思想界』 통권 128호, 1963.

文聖模, 「綜合經濟再建計劃案을 批判한다 (上)」, 『朝鮮日報』 1961.7.30.

文聖模, 「綜合經濟再建計劃案을 批判한다 (下)」, 『朝鮮日報』 1961.7.31.

박순우, 「T. H. Marshall 시민권론의 재해석」, 『사회복지정책』 20집, 2004.

朴正熙, 「革命政府의 使命」, 『最高會議報』 통권 1호, 1961.

박주원, 「민주주의란 무엇인가」, 한국정치연구회 사상분과, 『현대민주주의론 I』, 창작과비평사, 1992.

박진도, 「한국자본주의와 농민층분해」, 『민족경제론과 한국경제』, 창작과비평사, 1995.

박충렬, 「금융실명제의 의의와 실현방향」, 『정세연구』 45호, 민족민주운동연구소, 1993.

朴忠勳, 「政府管理企業體의 實態와 展望」, 『最高會議報』 통권 3호, 1961.

朴玄埰, 「해방 후 한국노동쟁의의 원인과 대책」, 『한국노동문제의 인식』, 동녘, 1983a.

朴玄埰, 「4월 민주혁명과 民族史의 방향」, 『4월혁명론』, 한길사, 1983b.

朴喜範, 「經濟自立을 爲한 外資導入」, 『最高會議報』 통권 4호, 1962.

반성환, 「한국 농지개혁 후의 농지 이동에 관한 실증적 고찰」, 서울대 석사학위 논문, 1987.

백욱인, 「토지공개념에 대하여」, 『동향과 전망』 6호, 1989.

백종국, 「경제민주주의의 고전이론」, 김석준·최병선·이은진·백종국, 『경제민주화의 정치경제』, 법문사, 1994.

변형윤, 「경제민주화의 의의와 과제」, 변형윤 외, 『경제민주화의 길』, 비봉출판사, 1992.

杉谷 滋, 「發展途上國의 경제체제 문제」, 趙容範 編著, 『經濟體制論』, 한울, 1985.

成昌煥, 「五·一六軍事革命과 經濟改革」, 『最高會議報』 통권 1호, 1961.

成昌煥, 「勝共을 爲한 經濟政策」, 『最高會議報』 통권 9호, 1962.

손호철, 「자본주의국가와 토지공개념」, 『한국정치연구』 3호, 1991.

손호철, 「한국의 국가목표 -반성적 회고」, 『철학과 현실』 1995년 가을호.

손호철, 「민주화 운동, 민주화, 민주주의」, 『한국과 국제정치』 43호, 2003.

宋基澈, 「保險業 育成'에 對한 管見」, 『京鄕新聞』 1962.10.16.

신용옥, 「국방비 순석으로 본 대충자금 및 미국 대한원조의 성격(1954~1960)」, 『한국사학보』 3·4호 합집, 1998.

신용옥, 「1950년대 대충자금 및 미국 대한원조의 경제적 성격」, 『한국민족운동사연구』 31, 2002.

신용옥, 「제헌헌법 및 2차 개정 헌법의 경제질서에 대한 인식과 그 지향」, 『사학
　　연구』 제89호, 2008.

신용옥, 「대한민국 제헌헌법상 경제질서의 사회국가적 성격 검토」, 『사림』 제47
　　호, 2014.

신희권, 「우리나라의 경제민주화와 정부 - 기업관계」, 『한국 사회와 행정 연구』
　　3호, 1992.

심상완, 「산업 민주주의의 논리와 기본 모델」, 『산업노동연구』 4권 1호, 1998.

安霖, 「經濟開發5個年計劃에 對한 批判(上)」, 『京鄕新聞』 1962.1.15.

安霖, 「經濟開發5個年計劃에 對한 批判(中)」, 『京鄕新聞』 1962.1.16.

안석교, 「산업민주주의의 사상과 실제」, 『경상논총』 7호, 한독경상학회, 1989.

양원태, 「우리나라 경제민주주의에 관한 연구」, 『경제학논집』 7권 3호, 1998.

오영재, 「정부의 부흥정책과 업적」, 『國防의 當面課題』, 大韓民國 國防部, 1955.

吳在璟, 「革命公約과 革命口號를 論함」, 『最高會議報』 통권 1호, 1961.

吳致成, 「統計行政의 重要性」, 『最高會議報』 통권 13권, 1962.

오코노기 마사오(小此木政夫), 「시냉전에서의 한미일 체제」, 『시장·국가·국제
　　체제』, 아연출판부, 2003.

우석훈, 「한국 경제의 위기가 저성장이 아닌 이유」, 『당대비평』 29호, 생각의 나
　　무, 2005.

유광호, 「장면정권기의 경제정책」, 『한국현대사의 재인식 5 : 1960년대의 전환적
　　상황과 장면정권』, 오름, 1998.

柳原植, 「綜合經濟再建計劃의 目標와 展望」, 『最高會議報』 통권 2호, 1961.

유종일, 「참여정부의 '좌파 신자유주의' 경제정책」, 『창작과 비평』 133호, 2006.

俞鎭午, 「憲法改正의 方向과 이에 따르는 諸問題」, 『最高會議報』 통권 6호, 1962.

유철규, 「시장에 맡겨버린 금융개혁」, 한국사회과학연구소, 『신경제정책과 한국
　　경제의 미래』, 녹두, 1993.

柳赫仁, 「5月의 얼굴(12) : 吳定根 經濟企劃委員」, 『東亞日報』 1962.5.14.

이경의, 「경제개혁의 당위성과 제언」, 『기독교사상』 1987년 11월호.

이근식, 「한국경제의 위기 : 그 원인과 처방」, 『창작과 비평』 1991년 여름호.

이병천, 「한국경제 패러다임의 반성과 전망」, 이병천·김균 편, 『위기, 그리고 대
　　전환』, 당대, 1998.

이병천, 「한국의 경제위기와 IMF 체제」, 『사회경제평론』 13호, 한국사회경제학
　　　회, 1999.
이병천, 「자유화, 양극화 시대와 무책임 자분주의」, 『아세아연구』 48권 3호, 고려
　　　대 아세아문제연구소, 2005.
이상영 · 이종현, 「금융실명제」, 『동향과 전망』 8호, 1990.
李相殷, 「朴正熙氏에게 부치는 글」, 『思想界』 통권 127호, 1963.
이종영, 「이데올로기로서의 민주주의」, 『진보평론』 21호, 현장에서 미래를, 2004.
李種元, 「アイゼンハワ政權の對韓政策と日本」(二), 『國家學會雜誌』 第107券 5 · 6號,
　　　1994.
李種元, 「アイゼンハワ政權の對韓政策と日本」(三), 『國家學會雜誌』 第108券 1 · 2號,
　　　1995.
이종찬, 「6공 경제개혁의 정치경제」, 『사회비평』 12권, 나남출판사, 1994.
李周一, 「當面한 經濟政策」, 『最高會議報』 통권 1호, 1961.
李周一, 「革命政府 經濟政策의 方向」, 『最高會議報』 통권 2호, 1961.
李昌烈, 「내가 바라는 經濟再建方案」, 『最高會議報』 통권 8호, 1962.
이철호 · 한상진, 「토지공개념과 독점자본의 토지소유」, 『경제와 사회』 7권, 1990.
李漢彬, 「經濟再建計劃과 政府役割」, 『最高會議報』 통권 2호, 1961.
이해영, 「한미 FTA의 소위 '경제효과' 비판」, 『문화과학』 45호, 문화과학사, 2006.
이홍락, 「일제하 '식민지 공업화'에 대한 재고」, 『동향과 전망』 제28호, 1995.
임원혁, 「금융실명제 : 세 번의 시도와 세 번의 반전」, 모종린 · 전홍택 · 이수희
　　　편, 『한국 경제개혁 사례연구』, 오름, 2002.
林鍾哲, 「로스토우의 새 經濟史觀」, 『思想界』 통권 127호, 1963.
장상환, 「농지개혁과정에 관한 실증적 연구」, 『해방전후사의 인식 2』, 한길사,
　　　1985.
장상환, 「자본주의의 전개와 땅」, 『실천문학』 1990년 봄호, 1990.
장상환, 「개방화에 따른 민중운동의 대응」, 『경제와 사회』 22호, 1994.
장상환, 「한국자본주의의 위기와 사회갈등의 본질」, 『당대비평』 1호, 생각의 나
　　　무, 1997.
장상환, 「김대중 정권 경제정책의 성격과 전망」, 『경제와 사회』 38호, 한국산업사
　　　회학회, 1998a.

장상환, 「한국 자본주의, 왜 IMF시대를 맞았나」, 『역사비평』 1998년 봄호, 1998b.

장상환, 「참여정부 경제정책 2년 비판」, 『문화과학』 43호, 문화과학사, 2005.

장상환, 「세계화 이후 경제·사회민주주의의 위기」, 『기억과 전망』 15호, 2006.

장상환, 「한미 FTA와 한국사회의 양극화」, 『실천문학』 87호, 실천문학사, 2007.

전창환, 「한미 FTA 협상 결정의 배경과 그 파장」, 『동향과 전망』 67호, 한국사회
　　　과학연구소, 2006.

정건화, 「동북아시대 참여정부 산업정책의 방향과 쟁점」, 『동향과 전망』 59호,
　　　2003.

정병수, 「산업민주주의의 이념과 목표」, 『경제학연구』 36집 1호, 1988.

정운찬, 「경제민주화, 잘 돼가고 있는가」, 『사상』 6호, 1990.

정윤형, 「경제민주화를 생각한다」, 『동향과 전망』 2호, 1988.

鄭眞阿, 「제1공화국기(1948~1960) 이승만정권의 경제정책론 연구 -국가 주도 산
　　　업화정책과 경제개발계획을 중심으로-」, 연세대 박사학위논문, 2007.

정태인, 「최근의 경제동향과 그 실천적 함의」, 『동향과 전망』 4호, 1989.

정태인, 「6공 경제정책의 본질」, 『실천문학』 1990년 가을호.

정태인, 「'신경제정책'과 한국경제의 진로」, 『동향과 전망』 20호, 1993.

정태인, 「한국 경제 위기와 개혁과제, 『동향과 전망』 38호, 한국사회과학연구소,
　　　1998.

朱碩均, 「農村經濟의 振興策 -指導者의 思想革命으로부터」, 『最高會議報』 통권
　　　2호, 1961.

조성렬, 「노태우 정권의 경제개혁과 국가전략의 변화」, 『한국정치학회보』 30집
　　　2호, 1996.

주성준, 「재벌에 밀린 산업구조의 효율화」, 한국사회과학연구소, 『신경제정책과
　　　한국경제의 미래』, 녹두, 1993.

조원희, 「경제민주화 운동의 재검토」, 『사회비평』 22권, 나남출판사, 1999.

조이스 콜코, 가브리엘 콜코, 「세계경제의 재편성」, 『분단전후의 현대사』, 일월서
　　　각, 1983.

진광명, 「한국의 금융실명제 형성과정에 관한 연구」, 1997년도 한국행정학회 정
　　　책연구회 1회 학술발표회 논문집, 1997.

최갑수, 「사회민주주의란 무엇인가」, 『사회평론』 창간호, 1991.

최병선, 「경제민주화의 도전과 좌절 : 제6공화국의 경제민주화정책」, 김석준 · 최
　　　병선 · 이은진 · 백종국, 『경제민주화의 정치경제』, 법문사, 1994.
韓國産業銀行調査部, 「휴전후 대한경제원조의 실태」, 『調査月報』 1954년 7월호.
韓國産業銀行調査部, 「기업합리화와 자산재평가」, 『調査月報』 1955년 6월호.
韓國産業銀行調査部, 「대한 경제원조운용의 개황과 그 전망」, 『調査月報』 1959년
　　　8월호.
韓國銀行調査部, 「공동성명서」, 『調査月報』 1954년 1월호.
韓國銀行調査部, 「FOA자금에 의한 원조물자구매절차」, 『調査月報』 1954년 3월호.
韓國銀行調査部, 「국공유기업의 한계와 자유 사기업화」, 『調査月報』 1954년 6월호.
韓泰淵, 「憲法改正의 方向과 이에 따르는 諸問題」, 『最高會議報』 통권 6호, 1962.
황한식, 「현대소작제도의 성격에 관한 고찰」, 『한국농업문제의 새로운 인식』, 돌
　　　베개, 1984.
「콘랏드 아데나워」, 『最高會議報』 통권 9호, 1962.

3. 국가기록원 자료

「경제개발 5개년계획 완성을 위한 긴급건의의 건」, 국가기록원(관리번호:
　　　DA0547078).
「제1차 5개년 경제개발계획(시안) 보고의 건」, 국가기록원(관리번호: BA0084264).
「제1차 경제개발5개년계획(안) 승인」, 국가기록원(관리번호: DA0547078).
「제1차 경제개발 5개년계획(안)」, 국기기록원(관리번호: BA0084283).
「제1차 경제개발5개년계획 공표」, 국가기록원(관리번호: DA0547078).
「제1차 경제개발5개년계획 요약」, 국기기록원(관리번호: BA0246469).
「第2次 經濟開發5個年計劃 作成指針」, 국가기록원(관리번호: BA0084429).
「第2次 經濟開發5個年計劃 計劃資料」(1966.8)」, 국가기록원(관리번호: BA0587801).
「제3차 경제개발5개년계획 지침(안) 검토」, 국가기록원(관리번호: BA0177293).

4. 기타

『京鄕新聞』
『東亞日報』
『每日經濟新聞』
『朝鮮日報』
『한겨레신문』

찾아보기

신 용 옥

.

.

1962년 부산에서 태어나 고려대학교에서 학사, 석사, 박사 학위를 받았다.
계간 『내일을 여는 역사』 편집장으로 20년간 일했고, (재)내일을여는역사재
단 상임이사로 15년간 일하다가 재단이 다른 단체와 통합된 후 재단을 떠났
다. 한국 현대경제사를 연구해 왔으며 생산관계의 실상을 밝히고 싶어 한다.
「대한민국 헌법상 경제질서의 사회국가적 성격 검토」, 「1950년대 대충자금
및 미국 대한원조의 경제적 성격」, 『20세기 역사학 21세기 역사학』(공저) 등
을 저술했다.